통합사회
30일 달성
학습 계획표

학습 계획표

학습 계획표를 따라 차근차근 독해 공부를 시작해 보세요.
빠작과 함께라면 통합사회 독해, 어렵지 않습니다.

영역	지문명	교재 쪽수	학습한 날		
지리	경도의 기준, 그리니치 천문대	016~019쪽	1일차	월	일
	대륙과 섬을 구분하는 기준	020~023쪽	2일차	월	일
	튀르키예는 아시아일까, 유럽일까?	024~027쪽	3일차	월	일
	신비로운 고대 도시, 마추픽추	028~031쪽	4일차	월	일
	아프리카의 국경선	032~035쪽	5일차	월	일
	북극과 남극은 어떻게 다를까?	036~039쪽	6일차	월	일
	히말라야산맥의 형성	040~043쪽	7일차	월	일
	기후에 따라 다른 세계의 집	044~047쪽	8일차	월	일
	지구의 허파, 아마존 열대 우림	048~051쪽	9일차	월	일
	온대 기후의 다양한 특징	052~055쪽	10일차	월	일
	백야와 극야	056~059쪽	11일차	월	일
역사	왜 남북이 통일되어야 하는가	062~065쪽	12일차	월	일
	대통령 직선제를 이룬 6월 민주 항쟁	066~069쪽	13일차	월	일
일반사회	세계 인구 1위는 중국이 아닌 인도	072~075쪽	14일차	월	일
	한 나라였던 인도와 파키스탄, 방글라데시	076~079쪽	15일차	월	일

초등 비문학 독해

통합사회

6학년

❝『빠작 초등 비문학 독해 통합사회·통합과학』은 교과서 중심의 비문학 학습이 어떠해야 하는지를 아주 쉽게, 효과적으로 제시하고 있습니다.❞

흔히 교과서를 읽는 것이 중요하다고 말합니다. 그런데 교과서를 어떻게 읽고 학습해야 하는지 올바로 가르치는 경우는 적습니다.

이번 『빠작 초등 비문학 독해 통합사회·통합과학』은 교과서 중심의 비문학 학습이 어떠해야 하는지를 아주 쉽게, 효과적으로 제시하고 있습니다. 특히 지문을 읽고 내용을 독해한 뒤 이어지는 교과 개념 학습이 아이들에게는 교과 개념을 반복 학습시키는 데 매우 도움이 될 것으로 기대됩니다. 그뿐만 아니라 기존의 독해 파트 역시 내용 이해, 추론, 적용의 단계를 구분하여 체계적으로 독해력을 훈련 시키고 있어 학습 효과 향상이 기대됩니다.

최성호
에이프로 아카데미

❝비문학은 단계별 독법이 중요한데, 내용 독해에서 이해, 적용, 추론으로 진행되는 배움의 과정이 매우 체계적입니다.❞

저는 비문학 교재를 볼 때 스스로 몇 가지 질문을 던지곤 합니다. '좋은 제시문을 선정했는가?' '학생들의 배경지식을 활성화하고 의미 있는 지식과 정보를 제공하는가?', '비문학을 읽어내는 독법, 즉 읽는 역량을 키워 주는가?'

『빠작 초등 비문학 독해 통합사회·통합과학』은 이러한 저의 질문에 고개를 끄덕이게 해 주었습니다. 사회, 과학의 세부 영역에서 좋은 제시문을 선정했을 뿐 아니라 내용 독해에서도 이해, 추론, 적용으로 진행되는 탄탄한 구성과 글에 블록 조각이 결합되는 것처럼 깔끔하게 구성된 어휘, 표현과 해제까지도 모두 체계적입니다.

무엇보다 구조 분석을 통해 단락에서 전체 글을 한눈에 보게 하는 과정이 좋았습니다. 이 교재를 한번 공부한 학생들이 나중에 각각의 글을 '한 판 구조도'로 다시 만들어 복습한다면, 더욱 큰 효과가 있을 것으로 예상합니다.

비문학 공부는 때로 인내심과 끈기가 필요합니다. 하지만 그만큼 배움의 효과를 크게 돌려주는 공부라는 점을 잊지 말았으면 합니다.

강용철
EBS 국어 대표 강사

❝독해력은 교과 내용을 이해하는 데 필수적이고, 배경지식은 이해를 돕고 학습의 흥미를 높이는 데 결정적인 역할을 합니다.❞

초등학교 6학년부터는 사회, 과학 교과 공부가 시작됩니다. 그런데 생각보다 많은 아이들이 사회, 과학 교과를 어려워합니다. 이야기책보다 흥미 요소가 적고 내용이 어렵기 때문입니다. 학년이 올라갈수록 어려워지는 교과 내용을 이해하려면 두 가지가 필요합니다. 바로 독해력과 배경지식입니다. 독해력은 교과 내용을 이해하는 데 필수적이고, 배경지식은 이해를 돕고 학습의 흥미를 높이는 데 결정적인 역할을 합니다. '아는 만큼 보인다'고 하듯이 배경지식이 풍부한 아이일수록 사회, 과학 과목을 더 재미있게 받아들일 수 있습니다.

이번에 출간된 『빠작 초등 비문학 독해 통합사회·통합과학』은 양질의 비문학 지문을 통해 국어 독해력을 향상 시키는 것은 물론이고 사회, 과학 공부에 필요한 배경지식을 쌓아갈 수 있도록 구성되었습니다. 이렇게 국어 독해력과 교과 배경지식 두 마리 토끼를 잡은 책이 출시되어 반갑습니다. 각 학년 별, 과목 별 교육과정이 체계적이고 충실하게 반영된 것도 눈에 띕니다. 매일 일정 분량을 학습하며 교과 개념 지식과 배경지식을 쌓아 나간다면 어느새 사회, 과학이 재미있게 느껴질 것입니다.

최선민
초등교사, 『오늘부터 초등 어휘왕』 저자

❝ 과학과 사회 과목 학습이 탄탄한 학생이 비문학 독해에 강하다는 것은 누구도 부정할 수 없는 현실입니다. ❞

고등학생들을 지도하고 수능 대비를 하면서 가장 크게 절감하는 것이 학생들의 비문학 독해 능력 격차입니다. 단기간의 학습으로 극복이 어려운 비문학 독해 및 문제 풀이 능력은 학생들의 개인적 역량에 의존하는 경향이 크기 때문입니다.

그리고 정말 불편한 진실은, 비문학 독해의 성패는 국어 능력에 의해서라기보다는 여러 과목 공부를 잘하는 학생인가 그렇지 않은가에 따라 좌우된다는 점입니다. 특히 '과학'과 '사회' 과목 학습이 탄탄한 학생이 비문학 독해에 강하다는 것은 누구도 부정할 수 없는 현실입니다. 그러나 지금은 독해법으로 문제를 푸는 시대가 아닙니다. 어찌 보면 수능의 취지에 가장 부합한, 충실한 범교과적 학습이 필요한 시대입니다.

그래서 초등학교 때부터 미리 '과학'과 '사회' 과목의 배경지식을 기르고, 교과 개념과 연계된 문제 풀이를 통해 수능과 고등 교과 학습의 기초를 다지는 것이 중요합니다.

『빠작 초등 비문학 독해 통합사회·통합과학』은 그런 길을 열어가는 기준이 될 학습서입니다. 교과 개념을 충실하게 반영하면서도 우리 아이들이 흥미를 갖고 도전하고 싶은 지문들로 구성되어 있기 때문입니다. 아이들뿐만 아니라 학부모님들도 지문을 함께 읽다 보면, 배경지식이 쌓이는 느낌을 받을 수 있을 것입니다.

이석호
이석호국어학원 원장

❝ 국어 또한 난도가 계속 올라가고 있으며, 여러 분야의 텍스트 독해력이 미치는 영향이 절대적입니다. ❞

『빠작 초등 비문학 독해 통합사회·통합과학』은 모든 초등학생에게 권하고 싶을 정도로 꼭 필요한 것과 심화 내용이 흥미롭게 구성되어 있습니다. 교과 연계 개념이기 때문에 친숙하면서도 깊이가 있고, 내용이 재미있어 지식을 확장하는 데에도 크게 도움이 될 듯합니다.

국어의 독서 과목에도 사회, 과학 지문이 어려운 난이도로 출제되어 힘들어하는 고등학생들이 많은데, 초등학생 때부터 이렇게 공부하면 중고등 내신과 수능까지 매우 든든할 것입니다.

중·고등과 수능까지 2022개정 교육 과정을 배우게 되어 시험을 치르게 될 초등학생들에게는 통합사회, 통합과학이 사·과탐 영역에서 최대 비중이 됩니다. 국어 또한 난도가 계속 올라가고 있으며, 여러 분야의 텍스트 독해력이 미치는 영향이 절대적입니다.

『빠작 초등 비문학 독해 통합사회·통합과학』을 통해 최신 사회 현상과 과학 원리를 공부해 추론하고 적용하는 힘을 기르면 국어, 사회, 과학은 물론이고 범교과적인 성적과 사고력 향상을 기대할 수 있을 것입니다.

김소희
한올국어학원 원장

❝ 『빠작 초등 비문학 독해 통합사회·통합과학』은 최신 사회 현상과 과학 원리를 접목한 교과 연계 독해 학습으로 학생들에게 흥미를 더해 줍니다. ❞

사회와 과학을 암기 과목이라고 생각하고 달달 외우는 경우가 많습니다. 하지만 그 많은 개념을 외우기란 쉬운 일이 아닐뿐더러 재미없는 과목으로 인식하게 되는 지름길이 됩니다. 사회와 과학 교과서를 제대로 읽고 이해하지 못하는 학생들의 어려움은 결국 '어휘'에 있습니다. 낯선 어휘를 익숙하게 만들면 교과 개념을 쉽게 이해할 수 있습니다.

『빠작 초등 비문학 독해 통합사회·통합과학』은 최신 사회 현상과 과학 원리를 접목한 교과 연계 독해 학습으로 학생들에게 흥미를 더해 줍니다.

'다음에는 또 어떤 이야기가 나올까?'라는 생각이 들며 궁금해지는 지문과 문제, 비주얼 개념이 한데 어우러져 '어휘–개념–독해'를 한 번에 해결할 수 있도록 돕습니다. 문항 구성에 있어 내용 이해에만 국한하지 않고 목적, 추론, 어휘·어법, 요약, 적용 등 다양한 문제를 접할 수 있게 만들어 폭넓은 독해 능력 향상에도 도움을 줍니다. 초등학생의 사회와 과학 공부에 도움을 줄만한 학습서를 찾기 어려웠는데 좋은 교재가 나와 기쁜 마음입니다.

정예슬
교육인플루언서, 전직 초등 교사

『빠작』을 소개합니다

독해

초등 국어 문학 독해

- 지문 독해–지문 분석–어휘 학습 3단계로 학습하는 초등 독해 기본서
- 소설, 시, 수필 등 문학 작품의 갈래별 지문 감상 훈련으로 바른 독해 학습

초등 국어 비문학 독해

- 지문 독해–지문 분석–어휘 학습 3단계로 학습하는 초등 독해 기본서
- 언어, 역사, 사회, 문화, 경제, 과학, 기술, 예술, 인물, 환경 등 10개 영역별 지문으로 배경지식 습득 및 어휘력 향상

초등 비문학 독해 통합사회

- 사회 현상과 관련 있는 비문학 지문 독해 훈련
- 3~6학년이 꼭 알아야 하는 사회 교과 개념 연계

초등 비문학 독해 통합과학

- 과학 원리와 관련 있는 비문학 지문 독해 훈련
- 3~6학년이 꼭 알아야 하는 과학 교과 개념 연계

어휘

초등 국어 어휘×독해

- 독해 학습을 통해 학년별 필수 어휘 이해
- 핵심어 중심의 비문학 지문 독해 학습
- 핵심어의 뜻과 주제로 어휘 확장 학습

문법

초등 국어 문법

- 문법의 기초 개념을 탄탄하게 학습
- 풍부한 예시로 정확하게 문법 이해
- 다양한 문제로 폭넓게 적용하여 문법 학습

다음 내용을 보고 우리 아이에게 어떤 학습 순서가 알맞을지 살펴보세요.

A 타입 　기본부터 차근차근 공부하고 싶어요!

기초부터 천천히 학습하여 문해력을 키우고 싶은 친구, 적은 분량이라도 매일 꾸준히 독해 공부를 해서 실력을 탄탄하게 다지고 싶은 친구는 A타입의 순서로 학습하는 것을 추천합니다. 매일 정한 분량을 꾸준히 학습하고 마지막으로 문해력을 완성하는 문법까지 전 권을 학습하고 나면 국어 실력이 한층 향상됩니다.

추천 학습

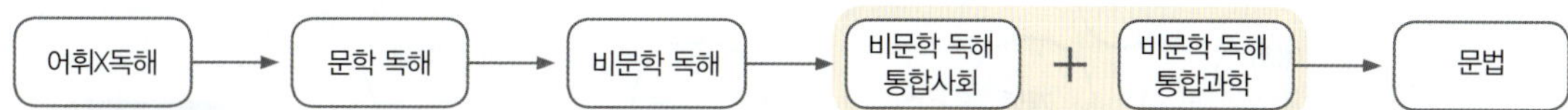

B 타입 　비문학보다 문학이 어려워요!

비문학 글의 핵심 주제 파악이나 글쓴이의 관점을 파악하는 것은 쉽지만 문학 작품에서 숨겨진 작가의 의도를 파악하고, 작품의 중요 내용을 정리하는 것이 어려운 친구에게는 B타입을 추천합니다. 빠작 문학은 문학 작품의 갈래별 지문 감상 훈련 위주로 구성되어 있어서 문학 독해가 쉬워집니다.

추천 학습

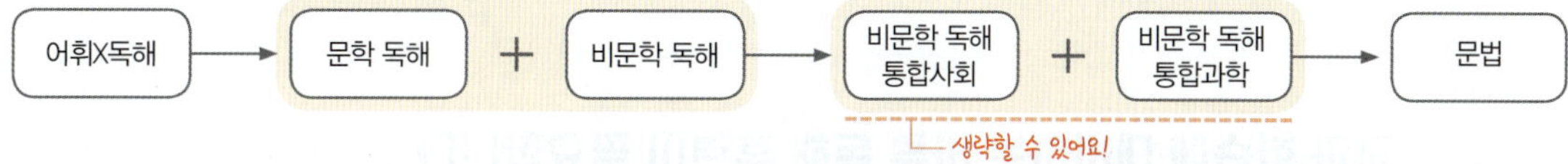

C 타입 　문학보다 비문학이 어려워요!

문학 작품을 읽으며 작가의 의도를 파악하는 것은 쉽지만, 비문학의 핵심 주제 파악이나 글쓴이의 관점 이해가 어려운 친구에게는 C타입을 추천합니다. 어휘로 기본을 다진 뒤, 비문학으로 세분화된 지문을 공부하고, 특화된 통합사회·통합과학 지문을 이어서 차례대로 학습하면 글의 중심 내용을 파악하고, 글쓴이의 생각을 이해하는 것이 쉬워집니다.

추천 학습

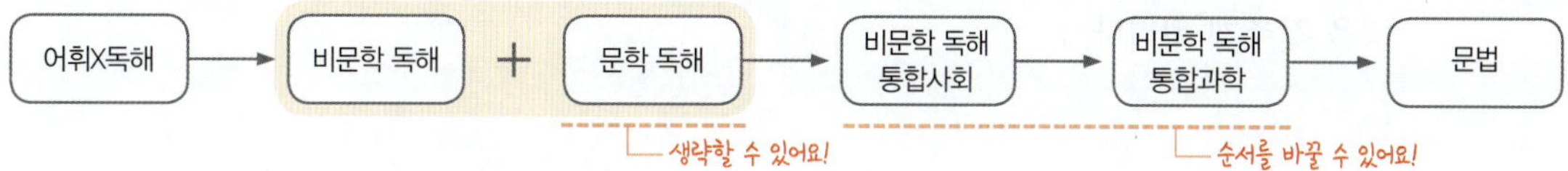

D 타입 　좋아하는 영역만 집중해서 공부해요!

지문을 독해하는 데는 문제가 없지만 사회나 과학 중 자신이 좋아하는 한 영역만 집중해서 책을 읽는 친구나, 교과와 관련 있는 지문이 어렵게 느껴지는 친구에게는 D타입을 추천합니다. 빠작 비문학 독해를 공부하며 먼저 비문학 전 영역을 두루 살펴보고, 비문학 독해 통합사회와 통합과학을 함께 공부하면 특정한 영역에 치우치지 않고 학습하며 교과 배경지식도 쌓을 수 있습니다.

추천 학습

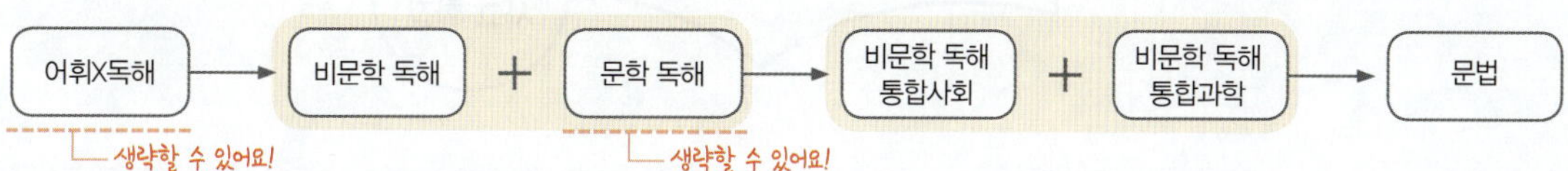

독해력 형성, 수월한 교과 학습의 지름길입니다.

교과 지식은 글을 통해 전달됩니다. 지식을 전달하는 글은 핵심 개념과 그에 대한 부연 설명을 압축적으로 제시하기 때문에 글의 수준이 높습니다. 또한 이해를 돕는 예시들이 한데 모여 있지 않고 다양한 활동이나 문제들 곳곳에 흩어져 있기도 합니다. 따라서 글을 정확하고 바르게 읽어내는 능력, 즉 독해력이 형성되어 있어야 수월한 교과 학습이 가능해집니다.

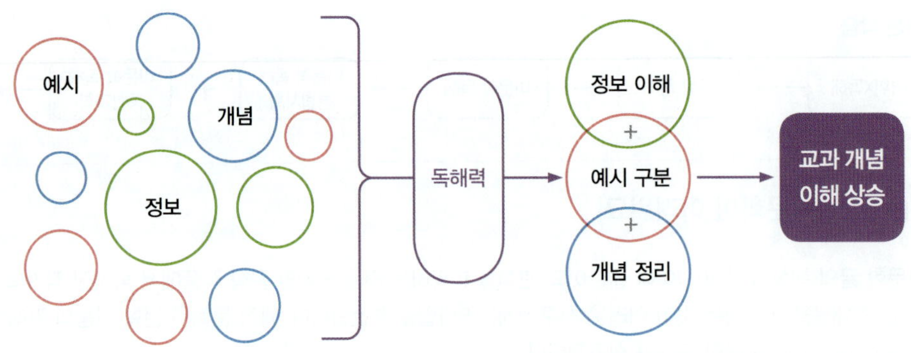

교과 학습에 대비하는 바른 독해 훈련이 필요합니다

01 교과와 관련된 글을 독해하며 배경지식을 쌓습니다

교과와 관련된 글을 읽는 것만으로도 교과 학습을 돕는 배경지식을 자연스럽게 쌓을 수 있습니다. 교과 지식은 관련 맥락을 풀어 쓴 글을 읽으면 보다 쉽고 흥미있게 학습할 수 있기 때문입니다. 그리고 글을 읽는 것에서 그치지 않고 문제를 통해 내용을 정확하게 이해하고, 드러나지 않은 정보를 찾아낸 뒤, 글의 주제와 관련하여 사고를 확장시키는 단계까지 가야 합니다. 이러한 과정을 거치고 나면 비로소 글을 바르고 정확하게 소화하는 능력을 갖추게 됩니다.

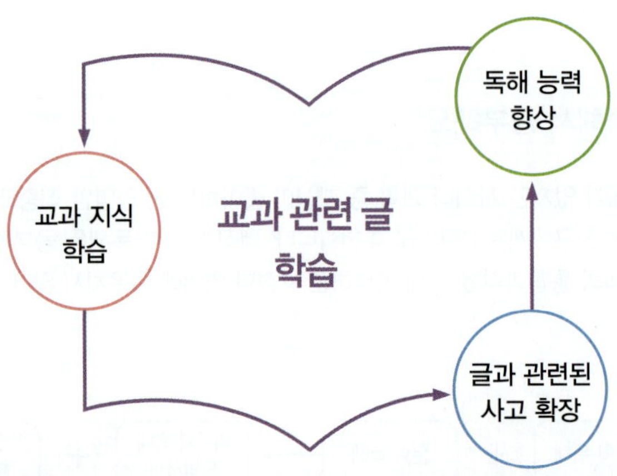

02 학습 도구어가 되는 어휘를 익힙니다

교과 학습을 어렵게 하는 가장 큰 원인은 어려운 어휘입니다. 개념을 설명하는 어휘는 주로 추상적인 뜻을 나타내는 한자어로 이루어져 있지만, 개념어로 사용될 때에는 구체적이고 명확한 뜻으로 한정하여 쓰입니다. 따라서 독해하며 글에 나온 어휘의 뜻을 정확하게 확인하고, 다시 다른 맥락에서 그 어휘를 활용해 볼 수 있어야 합니다.

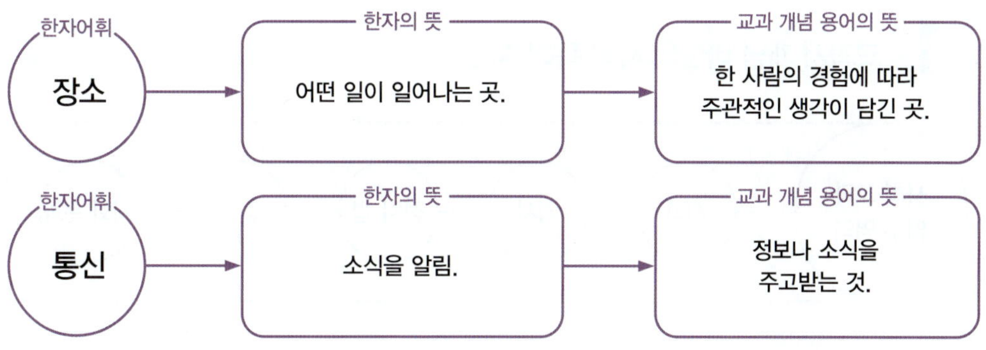

03 글과 교과 개념을 연결하여 이해의 폭을 넓힙니다

글을 독해한 뒤에는 글에 담긴 교과 핵심 용어를 확인하고, 그 속에 담긴 개념을 정리해야 합니다. 글의 내용과 교과 개념을 유기적으로 연결하여 이해해야 교과 학습을 할 때 학습한 배경지식을 활성화하여 떠올릴 수 있습니다.

이렇게 글 속에 숨어 있던 교과 개념을 확인하고, 글과 교과 개념을 연결하여 쉽고 자연스럽게 익히는 것은 교과 개념에 대한 이해도와 글에 대한 이해도를 동시에 높이는 길입니다.

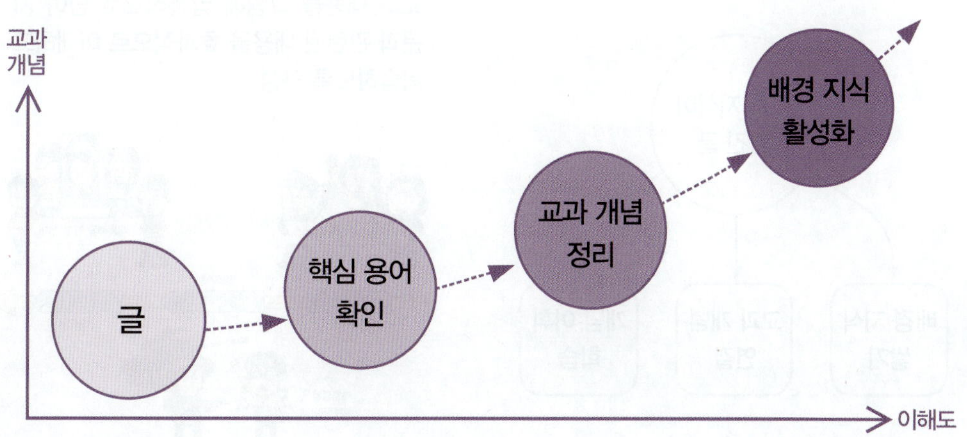

『초등 비문학 독해 **통합사회 6학년**』 구성과 특징

빠작 초등 비문학 독해 통합사회는 초등 6학년 학생들이 비문학 사회 지문을 읽고 내용을 이해한 뒤, 연결된 교과 개념을 파악하는 훈련 중심으로 구성하였습니다. 설명문, 논설문 등 정보 글의 구조 분석 훈련을 통해 글에 담긴 배경지식을 이해하고, 그 내용이 교과 개념과 어떻게 연결되는지 파악하며 깊이 있는 독해 학습이 가능하도록 구성하였습니다.

1 교과서 개념 바탕의 사회 독해 지문

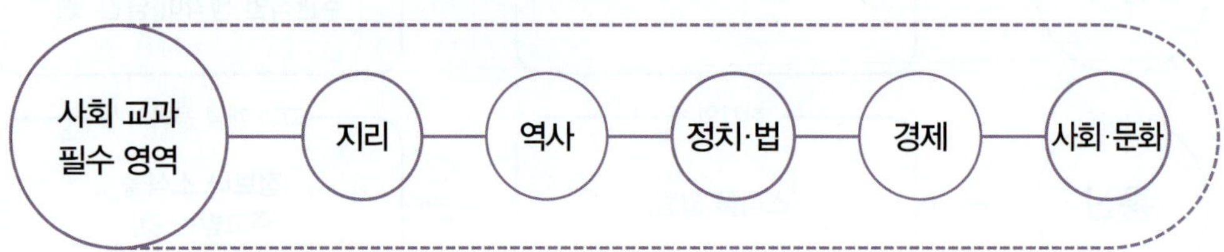

2 유기적으로 연결된 학습 구성

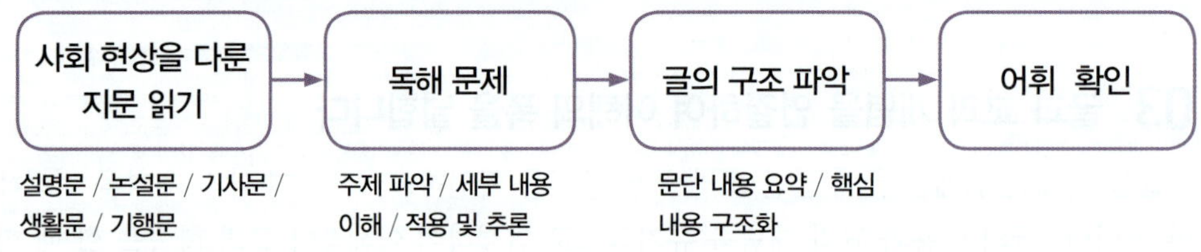

설명문 / 논설문 / 기사문 / 생활문 / 기행문

주제 파악 / 세부 내용 이해 / 적용 및 추론

문단 내용 요약 / 핵심 내용 구조화

3 교과 배경지식 확대

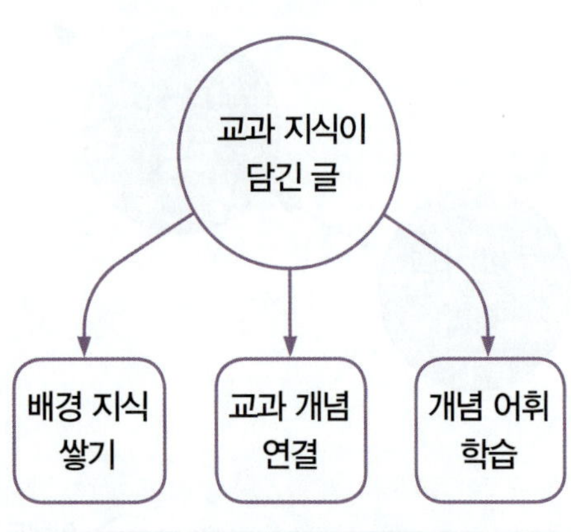

4 이미지로 교과 개념 학습

교과 내용을 그림에 압축적으로 담아 지문과 관련된 내용을 효과적으로 이해하고 학습하도록 구성

▼ 교과서 개념 바탕의 독해 지문

▼ 구조화된 독해 문제

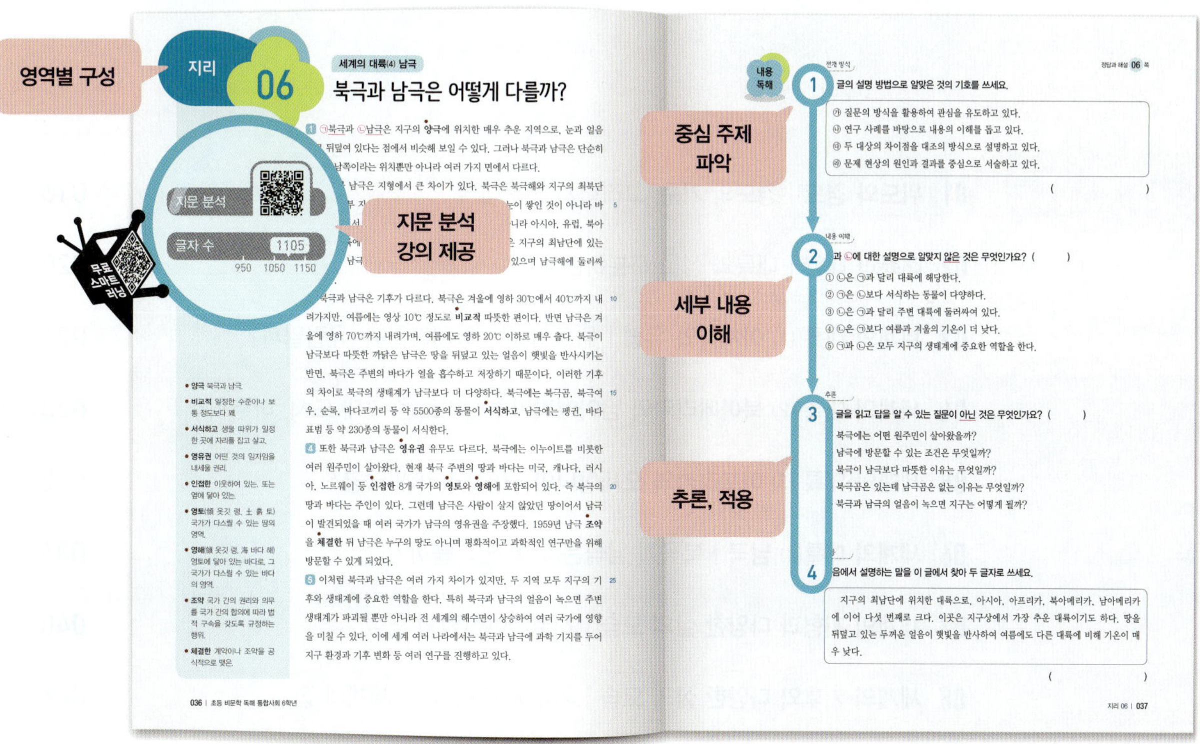

▼ 지문 구조 분석과 어휘

▼ 교과 개념 배경지식

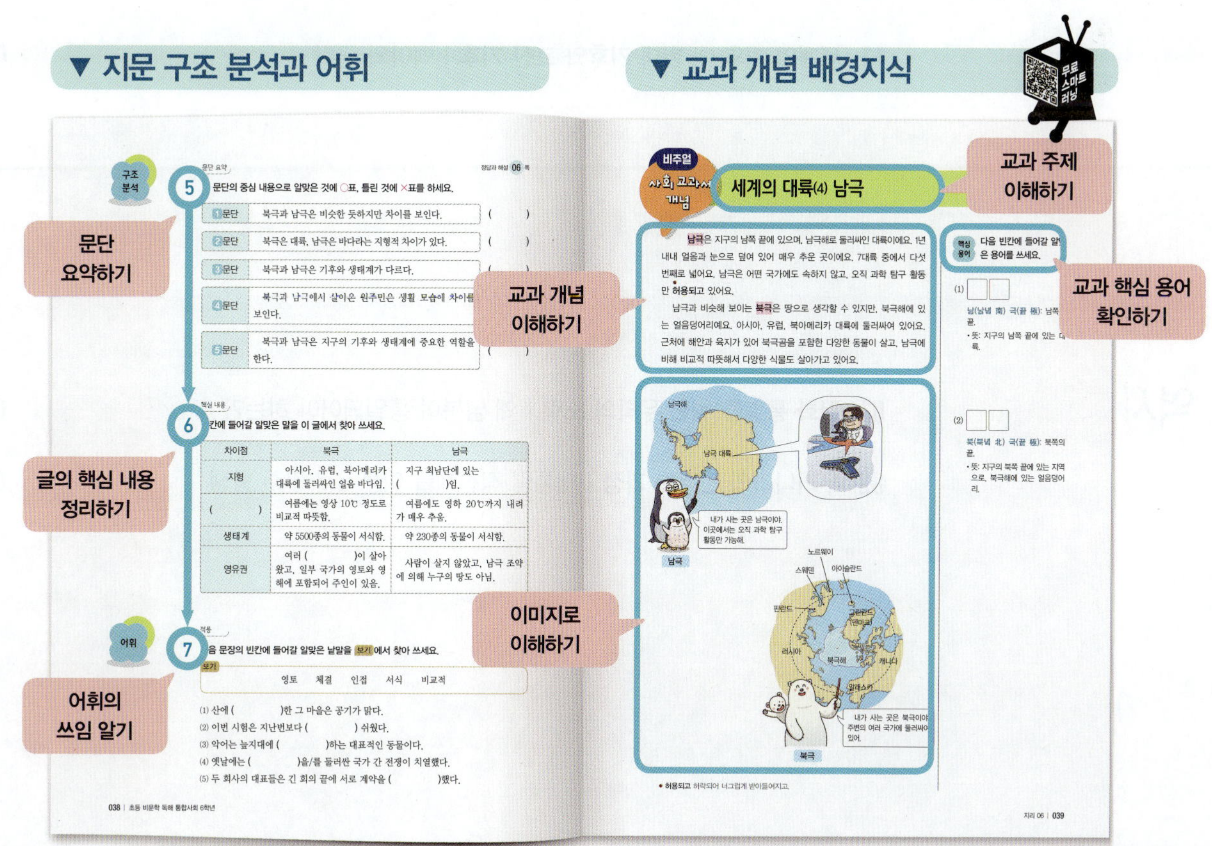

초등 비문학 독해
통합사회

『빠작 초등 비문학 독해 통합사회』는 3~6학년 사회 교과서 짜임에 따라 지리, 역사, 일반사회(사회·문화, 법·정치, 경제)의 세 영역으로 구분되어 있습니다. 학년별로 교과서에서 배우는 내용에 따라 영역을 나누고, 영역별로 필요한 내용을 학습할 수 있도록 구성하였습니다.

영역	3학년	4학년	5학년	6학년
지리	• 독립운동의 역사를 간직한 고장, 천안 • '대전역'의 역사 • 혼일강리역대국도지도 • 바다로 돌아간 바다거북 • 대한민국 여러 지역의 랜드마크	• 방향을 알 수 있는 방법 • 지도 그리기 • 땅의 높낮이 나타내기 • 할머니 댁을 찾아가요 • 디지털 영상 지도의 기능 • 다양한 지역 축제 • 거제와 부산을 연결하는 거가대교 • 단양이 좋아요 • 화려한 도시의 그늘 • 사람들이 모이는 곳 • 조선 팔도 • 지역 불균형 문제	• 한반도는 토끼인가, 호랑이인가? • 갯벌 개발의 미래 • 독도의 주인을 증명하는 기록 • 사계절의 균형이 무너진다면 • 봄철의 불청객들 • 농어촌을 구할 빈집 정비 사업 • 수도권 집중에서 더불어 잘 사는 국토로	• 경도의 기준, 그리니치 천문대 • 대륙과 섬을 구분하는 기준 • 튀르키예는 아시아일까, 유럽일까? • 신비로운 고대 도시, 마추픽추 • 아프리카의 국경선 • 북극과 남극은 어떻게 다를까? • 히말라야산맥의 형성 • 기후에 따라 다른 세계의 집 • 아마존 열대 우림 보호의 필요성 • 온대 기후의 다양한 특징 • 백야와 극야
역사	• 연표에서 사라진 고구려와 발해 • 조선 시대를 대표하는 화가, 신윤복 • 잃어버린 가족을 찾아서 • 지금은 사라진 추억 속 물건들 • 지명으로 알 수 있는 지역의 특징 • 자연의 시간표, 절기 • 윷놀이, 국가무형유산 되다 • 로마 제국을 키운 도로 • 진도로 떠나는 여행 • 미래의 교통수단, 상상에서 현실로 • 횃불과 연기로 전한 조상들의 지혜 • 뇌를 망가뜨리는 스마트폰	• 유네스코가 정한 세계 유산 목록 • 박물관의 역사 • 도산 안창호 선생의 정신 • 고구려의 흔적 • 강진 답사기	• 구석기 유물을 발굴한 손보기 • 8조법에 나타난 불평등 사회 • 의자왕과 삼천 궁녀는 가짜 뉴스? • 위대한 정복자, 광개토 대왕 • 김춘추와 토끼의 간 이야기 • 사라진 철의 나라 • 비운의 천재, 최치원 • 빼앗길 수 없는 발해의 역사 • 고려 멸망의 촉매, 권문세족 • 지폐를 차지한 조선의 인물들 • 조정을 둘로 나눈 전쟁 • 종교에서 저항 운동으로 • 광화문의 수난 • 독립운동을 한 어린 영웅들 • 다시 찾은 빛, 그러나 분단 • 6·25 전쟁과 이산가족	• 왜 남북이 통일되어야 하는가 • 대통령 직선제를 이룬 6월 민주 항쟁
일반 사회	• 4차 산업혁명으로 변하는 일상 • 저출산이 가져온 학교의 변화 • 키오스크가 만든 디지털 격차 • 노인을 돕는 인공 지능 스피커 • 알파 세대 • 늘어나는 1인 가구 • 물물 교환에서 화폐까지 • 지폐에 숨겨진 비밀 • 놀이공원 우선 탑승권은 정당한가 • 민주 정치의 시작, 그리스 아테네 • 바다로 돌아간 돌고래 • 세계의 다양한 선거 방법 • 은행나무 열매 제거 작전	• 빅터와 사회화 • '다름'을 바라보는 태도 • 보호해야 하는 저작권 • 경제 활동으로 굴러가는 생활 • 인구 문제를 해결하기 위한 노력 • 기회비용을 고려한 선택 • 우리를 유혹하는 묶음 판매 • 우리 나라의 산업 발전 • 식탁에서 만나는 지역 간 교류 • 국가의 주인 • 학급 회의로 자리를 정해요 • 주민 참여 제도 • 폐기물 매립장 설치 반대	• 국경일은 모두 공휴일인가? • 종교의 자유가 보장된 우리나라 • 사라지는 은행 점포 • 세금을 내지 않으면? • 헌법 소원을 남용하는 사람들 • 편견에 맞선 어기의 성장 일기 • 유네스코 세계 문화유산이 된다는 것	• 세계 인구 1위는 중국이 아닌 인도 • 한 나라였던 인도와 파키스탄, 방글라데시 • 팔레스타인의 눈물 • 지구 온난화에 대한 경고 • 공정거래위원회는 무슨 일을 할까? • 기업의 사회적 책임 • 탄소세 도입에 대한 논쟁 • 노동자의 권리를 외치다 • 세계 무역의 파수꾼, 세계 무역 기구 • 미래 산업 박람회를 다녀와서 • 다수결의 원칙은 늘 옳은가 • 공정한 선거를 책임지는 국가 기관 • 법이 만들어지는 과정 • 대통령제란 무엇일까? • 우리나라의 심급제도, 3심제 • 삼권분립의 중요성 • 미디어의 사회적 기능

『빠작 초등 비문학 독해 통합과학』은 3~6학년 과학 교과서 짜임에 따라 물질, 생명, 운동과 에너지, 지구와 우주, 과학과 사회의 다섯 영역으로 구분되어 있습니다. 학년별로 교과서에서 배우는 내용에 따라 영역을 나누고, 영역별로 필요한 내용을 학습할 수 있도록 구성하였습니다.

영역	3학년	4학년	5학년	6학년
물질	• 상상을 이루어 주는 물질 • 환경을 살리는 플라스틱 • 불의 상태는 무엇일까? • 언 호수에서 물고기가 살 수 있는 까닭	• 돌고 도는 물 • 얼음으로 만든 집, 이글루 • 겨울철 강이나 호수, 바다의 변화 • 짠 바닷물의 변신 • 구름을 둘러싼 과학적 원리 • 하늘에서 본 튀르키예 • 최초의 화학자, 보일 • 수소의 특성	• 생명을 살리는 빨대 • 맛보기 전에는 모른다 • 손난로가 열을 내는 원리 • 붉은 바다 • 대서양에 큰일이 났다고?	• 과학의 역사 속 우연한 발견 • 하늘에서 산성 물질이 내린다고? • 생활의 재주꾼, 염기성 물질 • 인체의 중화 반응 • 불의 정체를 찾아서 • 리튬 이온 전지의 위험성
생명	• 비슷하지만 다른 동물들 • 심해 생물의 특징 • 세상에서 가장 큰 꽃 • 사막에서 살아가는 식물 • 여왕벌의 일생 • 오리너구리의 한살이 • 씨앗 속의 온도계 • 미래 먹거리 문제를 해결하는 스마트팜 • 가장 오래 사는 나무	• 버섯의 정체 • 쓸모 있는 미세 조류 • 손 씻기의 중요성 • 우리와 함께 살아가는 미생물 • 생태계의 지킴이, 꿀벌 • 생태계 평형의 중요성을 깨닫다 • 플라스틱 쓰레기의 심각성 • 곰팡이에서 발견한 페니실린	• 우리 몸의 뼈 • '간'에 기별도 안 가는 이유 • 혈관의 종류와 기능 • 사레가 들리는 이유 • 오줌의 재발견 • 티라노사우루스의 감각 기관 • 왜 헛스윙을 하게 될까?	• 식물 세포의 특징 • 뿌리의 종류 • 괴력의 곤충, 거품벌레 • 자연의 기본 원리, 삼투 현상 • 인공 광합성 기술 • 진달래와 철쭉의 차이점 • 신기한 유전의 법칙
운동과 에너지	• 우주에 일어나는 몸의 변화 • 자동차 범퍼의 비밀 • 지레의 원리 • 저울의 역사 • 기계저울과 전자저울 • 목소리의 과학 • 고대 그리스의 원형 극장 • 들을 수 없는 소리, 초음파 • 우주에서 소리를 들을 수 있을까? • 우리에게 도움이 되는 백색 소음	• '이그노벨상'은 어떤 상일까? • 배를 끌어당기는 섬의 비밀 • 비행기보다 빠른 자기 부상 열차 • 지구 자기장을 이용해 길을 찾는 연어	• 그림자의 원리 • 거울의 원리 • 별은 거기에 없다 • 적외선 열화상 카메라 • 온도계의 변천 • 물을 시원하게 만들려면 • 과학적인 난방 장치 '온돌' • 지구 온난화 현상 • 우주에서 어떻게 살 수 있을까?	• 휴대 전화의 위치를 찾는 방법 • 파리와 데카르트 좌표 • 사회의 기준이 되는 도량형 • 번개 잡은 사나이의 성공 비결 • 진화하는 배터리 • 멀티탭의 연결 구조 • 무선 충전 기술 • 스마트 그리드가 필요하다
지구와 우주	• 대기가 우주로 흩어지지 않는 까닭 • 지구 온난화로 높아지는 해수면 • 바닷물은 왜 짤까? • 프랑스 에트르타의 절벽과 해변 • 밀물과 썰물을 이용한 조력 발전소 • 소중한 갯벌을 지키자	• 강이 만든 터전, 메콩강 삼각주 • 한강의 시작점은 어떤 모습일까? • 화산 활동으로 만들어진 섬, 하와이 • 폼페이가 갑자기 사라진 이유 • 제주도의 돌하르방과 현무암 • 일본에서 왜 지진이 자주 일어날까? • 작품에 나타난 달의 독특한 모양 • 망원경으로 발견한 천왕성 • 밤하늘의 나침반, 북극성 • 제2의 코로나를 부르는 기후 변화	• 어떤 지층이 먼저일까 • 퇴적암의 특징 • 화석의 가치 • 번개가 생기는 원리 • 안개와 스모그 • 어린이날부터 강한 비 예상 • 태풍	• 천구란 무엇인가 • 싼샤 댐이 지구에 미치는 영향 • 천동설과 지동설 • 천상열차분야지도 • 경주 첨성대의 정체 • 한옥의 지붕에 숨어 있는 과학 • 지구는 살아 있다
과학과 사회	• 감염병 위험을 높이는 폭염		• 에너지의 날 • 에너지를 만드는 바람개비	• 생명을 살리는 프린터 • 과학 기술의 양면성

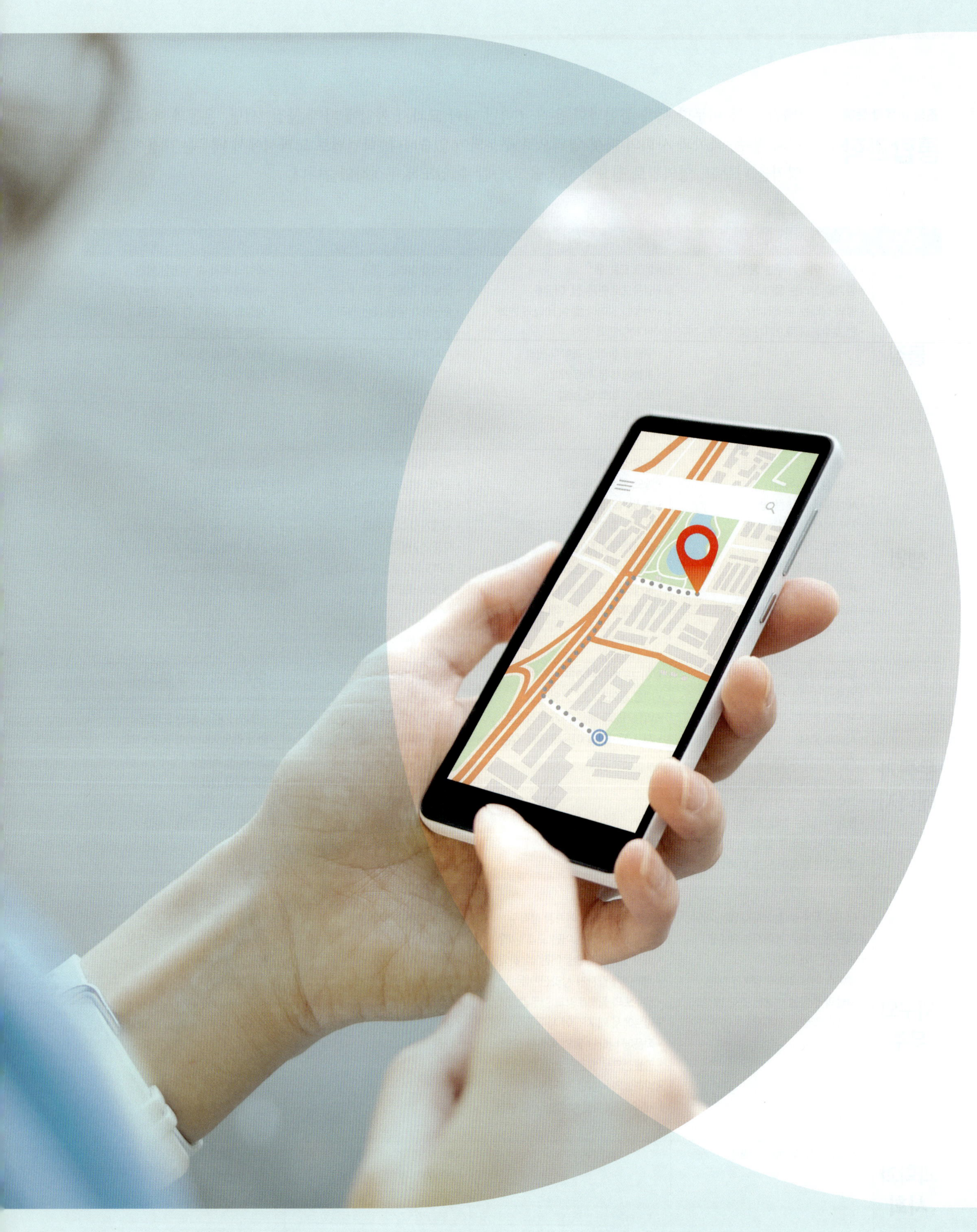

지리

위도와 경도

 가 의 기준, 그리니치 천문대

1 위도와 경도는 지구 위의 한 지점의 위치나 거리를 나타낼 때 쓰인다. 위도는 **적도**를 기준으로 북쪽 또는 남쪽으로 떨어진 거리를 나타내고, 경도는 **본초 자오선**을 기준으로 동쪽 또는 서쪽으로 떨어진 거리를 나타낸다. 또한, 경도는 지구 위의 한 지점의 시각을 정할 때에도 활용된다. A지점과 B지점의 경도가 서로 다르면, 두 지점의 시각은 달라진다. 5

2 경도의 기준이 되는 본초 자오선은 경도가 0°인 선으로, 영국의 그리니치 천문대를 지나는 **경선**을 말한다. 그런데 경도의 기준을 정하는 것에는 여러 어려움이 있었다. 지구의 남북을 중앙으로 가르는 선은 적도 하나이지만, 지구의 동서를 중앙으로 가르는 선은 지구가 매시간 **자전하여** 하나로 정할 수 없기 때문이다. ㉠그렇다면 경도의 기준은 왜 영국의 그리니치 천문대를 지나 10 는 경선으로 정해졌을까?

3 과거에는 세계 각국이 자국의 수도를 경도의 기준점으로 삼아 나라마다, 지역마다 시간이 제각각이었다. 그런데 나라 간 교류가 활발해지면서 혼란이 발생하기 시작했다. 기차나 배를 타고 다른 국가로 이동할 때 출발 시각과 도착 시각을 표시하는 기준이 나라마다 서로 달랐던 것이다. 더 큰 혼란을 막으 15 려면 경도의 기준에 대해 모두가 **동의할** 수 있는 국제적인 약속이 필요했다.

4 1884년, 혼란을 해결하기 위해 미국 워싱턴에서 25개국의 대표가 모인 '국제 자오선 회의'가 **개최되었다.** 이 회의에서 영국의 그리니치 천문대를 지나는 경선이 본초 자오선으로 정해졌다. 영국이 활발하게 항로를 개척하여 1850년대부터 많은 배가 그리니치 천문대를 기준점으로 만든 해양 지도를 사 20 용했기 때문이다. 본초 자오선이 그리니치 천문대로 결정됨으로써 영국은 경도의 정확한 측정을 위해 오랫동안 연구에 **기여한 성과**를 인정받을 수 있었다.

5 현재 세계의 시간대는 영국의 그리니치 천문대를 지나는 본초 자오선을 경도 0°로 삼고, 경도 15°마다 1시간의 **시차**를 두어 정한다. 이를 세계시라고 하며, 세계시는 본초 자오선을 기준으로 동쪽으로는 빠른 시간대를, 서쪽으로는 25 느린 시간대를 적용한다.

- **적도** 위도의 기준이 되는 선. 지구의 남극과 북극으로부터 같은 거리에 있는 지구 표면에서의 점을 이은 선.

- **본초 자오선** 지구의 경도를 결정하는 데 기준이 되는 선.

- **경선** 지구를 남극과 북극을 지나는 평면으로 잘랐을 때, 그 평면과 지구 표면이 만나는 가상의 선.

- **자전**(自 스스로 자, 轉 구를 전)**하여** 천체가 스스로 고정된 축을 중심으로 회전하여.

- **동의**(同 한 가지 동, 意 뜻 의)**할** 의사나 의견을 같이할.

- **개최되었다** 모임이나 회의 따위가 주최되어 열렸다.

- **기여한** 도움이 되도록 이바지 함.

- **성과**(成 이룰 성, 果 실과 과) 이루어 낸 결실.

- **시차** 세계 표준시를 기준으로 하여 정한 세계 각 지역의 시간 차이.

내용 독해

1

㉮에 알맞은 말을 넣어 이 글의 제목을 완성하세요.

(   )의 기준, 그리니치 천문대

2

내용 이해

이 글을 통해 알 수 있는 내용이 <u>아닌</u> 것은 무엇인가요? (   )

① 경도의 쓰임

② 지구가 자전하는 원리

③ 그리니치 천문대의 경도

④ 국제 자오선 회의가 개최된 시기

⑤ 경도의 기준이 나라마다 달랐을 때 생긴 문제점

3

추론

㉠에 대한 답으로 알맞은 것은 무엇인가요? (   )

① 세계적으로 영국의 그리니치 천문대가 가장 오래되었기 때문에

② 영국의 그리니치 천문대가 지구의 남북을 중앙으로 가르는 곳에 있었기 때문에

③ 영국의 그리니치 천문대가 지구의 동서를 중앙으로 가르는 유일한 곳이었기 때문에

④ 영국의 그리니치 천문대가 세계에서 경도를 가장 정확하게 측정하여 상을 받았기 때문에

⑤ 당시 영국의 그리니치 천문대를 기준점으로 만든 해양 지도를 많은 배에서 사용했기 때문에

4

적용

이 글을 읽고 알맞게 말한 친구는 누구인지 쓰세요.

> 이수: 지구의 북쪽 또는 남쪽으로 떨어진 거리를 나타내려면 경도를 활용해야 해.
>
> 지영: 지구의 남북 방향의 중심이 어디인지 찾아보면 본초 자오선의 위치를 알 수 있어.
>
> 윤호: 영국의 그리니치 천문대를 기준으로 동쪽으로 15° 떨어진 곳에 있다면 1시간이 더 빠르겠구나.

(   )

구조 분석

문단 요약

5 각 문단의 중심 내용으로 알맞은 것에 ○표, 틀린 것에 ×표를 하세요.

1문단	위도와 경도의 쓰임	( )
2문단	경도의 기준을 정하기 어려웠던 이유	( )
3문단	경도의 기준이 나라마다 다른 현재	( )
4문단	국제 자오선 회의를 통해 본초 자오선으로 정해진 그리니치 천문대	( )
5문단	그리니치 천문대를 기준으로 적용하게 된 세계시	( )

핵심 내용

6 빈칸에 들어갈 알맞은 말을 이 글에서 찾아 쓰세요.

( )의 기준을 정한 과정

세계 각국이 자국의 ( )를 경도의 기준점으로 삼아 나라마다, 지역마다 시간이 달랐음.	→	나라 간 교류가 많아지면서 혼란을 막기 위해 국제적인 약속이 필요했음.	→	국제 자오선 회의에서 ( )를 지나는 경선을 본초 자오선으로 정함.

어휘

적용

7 다음 문장의 빈칸에 들어갈 알맞은 낱말을 [보기] 에서 찾아 쓰세요.

[보기]
개최   기여   동의   성과   시차

(1) 노력한 만큼 일의 ( )를 얻을 수 있다.
(2) 중국과 우리나라는 1시간의 ( )가 있다.
(3) 안건이 통과되려면 친구들의 ( )가 필요하다.
(4) 세계 각국의 대표가 모인 국제회의가 ( )되었다.
(5) 그는 세계 평화에 ( )한 공로로 노벨 평화상을 수상하였다.

위도와 경도

위도와 경도는 지구상의 위치를 나타내는 **좌표**예요. **위도**는 적도를 기준으로 남북으로 얼마나 떨어져 있는지를 나타내는데, 북쪽을 북위, 남쪽을 남위라고 해요. 위도는 적도에 가까운 순으로 저위도, 중위도, 고위도로 구분해요. 세계의 기후는 위도에 따라 달라지기도 해요.

경도는 본초 자오선을 기준으로 동서로 얼마나 떨어져 있는지를 나타내는데, 동쪽을 동경, 서쪽을 서경이라고 해요. 세계의 시간대는 경도에 따라 달라져요.

우리나라의 위치는 동경 124°~132°, 북위 33°~43° 사이에 있어요. 즉, 본초 자오선보다 동쪽으로 124°~132° 떨어져 있고, 적도보다 북쪽으로 33°~43° 위에 있는 거예요.

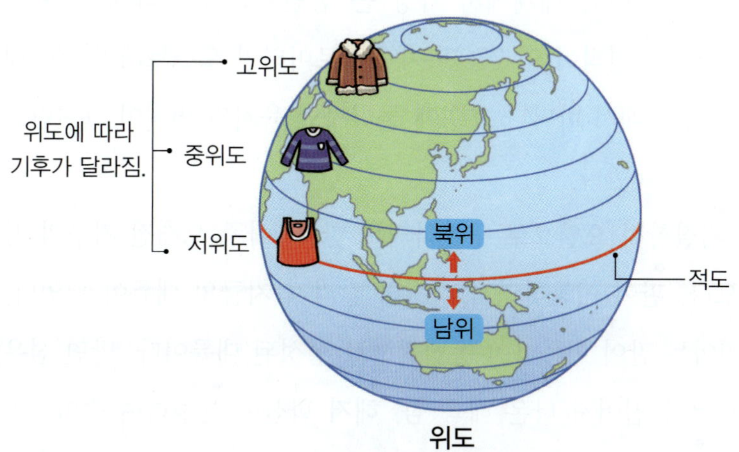

위도

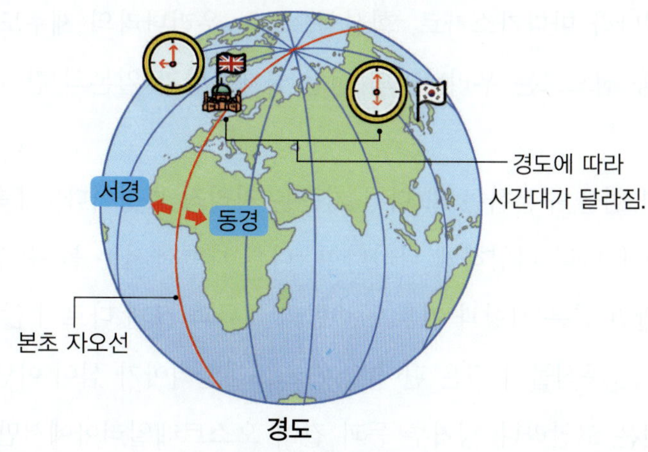

경도

● **좌표** 평면이나 공간 안의 임의의 점의 위치를 나타내는 수나 수의 짝.

핵심 용어 다음 빈칸에 들어갈 알맞은 용어를 쓰세요.

(1) ☐☐

위(씨줄 緯) 도(정도 度): 씨줄처럼 가로로 나타낸 정도.
• 뜻: 지구상의 위치를 나타낼 때 쓰여 적도를 중심으로 남북으로 얼마나 떨어져 있는지 나타내는 것.

(2) ☐☐

경(날실 經) 도(정도 度): 날실처럼 세로로 나타낸 정도.
• 뜻: 지구상의 위치를 나타낼 때 쓰여 본초 자오선을 중심으로 동서로 얼마나 떨어져 있는지 나타내는 것.

02

대륙과 대양

대륙과 섬을 구분하는 기준

1 세계 지도를 보면 지구상의 모든 땅은 바다로 둘러싸여 있다. 그런데 바다로 둘러싸여 있는 나라들 중 영국과 일본은 섬으로 분류하고, ㉮오스트레일리아는 대륙으로 분류한다. 대륙과 섬을 구분하는 기준은 무엇일까? 사실 대륙과 섬을 구분하는 정확한 기준은 없다. 오랫동안 이어진 약속과 **관습**에 의해 대륙과 섬을 구분할 뿐이다. 일반적으로 대륙과 섬을 구분하는 기준은 세 가 5 지이다.

2 대륙과 섬은 크기에 따라 구분할 수 있다. ㉠대륙은 매우 큰 육지 덩어리로, 넓은 **면적**을 가진다. 지구에는 아시아, 아프리카, 북아메리카, 남아메리카, 유럽, 오세아니아, 그리고 남극 대륙이 있는데, 여기서 오세아니아는 대륙국 오스트레일리아와 섬나라 뉴질랜드, 피지 등을 포함한다. 반면, ㉡섬은 대 10 륙보다 훨씬 작은 육지이다. 세계에서 가장 큰 섬인 그린란드의 면적은 약 216만 제곱킬로미터로, 면적이 약 770만 제곱킬로미터인 오스트레일리아 대륙국에 비하면 작다. 그래서 바다나 호수에 둘러싸인 육지의 면적이 그린란드보다 작으면 섬으로 분류한다.

3 대륙과 섬은 **지질학적** 요인으로 구분하기도 한다. 아주 오래전 지구의 땅 15 은 한 덩어리였으나, **판**이 이동하면서 서서히 갈라져 지금의 대륙이 되었다. 즉, 오스트레일리아는 판이 이동하여 독립적으로 형성된 대륙이다. 반면 섬은 대륙에서 땅의 일부가 떨어져 나온 대륙 섬, **해저** 화산이 **분출하여** 솟아올라 만들어진 화산섬, **인공적**으로 만든 인공 섬 등을 말한다. 대륙 섬으로는 아프리카의 섬나라 마다가스카르, 화산섬으로는 우리나라의 제주도와 미국의 하 20 와이, 인공 섬으로는 우리나라의 인천 국제공항과 일본의 간사이 공항 등이 있다.

4 대륙과 섬을 구분하는 또 다른 기준은 **지리적** 특성이다. 대륙은 **지형**과 기후가 지역에 따라 다양하게 나타나며, 다른 대륙에서는 볼 수 없는 동식물이 자란다. 반면 섬은 지형과 기후가 주변의 대륙과 크게 다르지 않고, 그 섬에서 25 만 서식하는 동식물이 적은 편이다. 오스트레일리아가 섬이 아닌 대륙으로 분류되는 것은 코알라나 캥거루 등과 같이 오스트레일리아에서만 발견되는 동물이 있기 때문이기도 하다.

- **관습** 어떤 사회에서 오랫동안 지켜 내려와 그 사회 사람들이 널리 인정하는 질서와 풍습.
- **면적** 면이 이차원의 공간을 차지하는 넓이의 크기.
- **지질학적** 지구를 구성하는 것과 지구가 형성된 과정 등 지구와 그 주위의 지구형 행성을 연구하는 학문에 근거한.
- **판** 지구의 겉 부분을 둘러싸는, 두께 100km 안팎의 암석판.
- **해저**(海 바다 해, 底 밑 저) 바다의 밑바닥.
- **분출하여** 액체나 기체 상태의 물질이 솟구쳐서 뿜어져 나와.
- **인공적**(人 사람 인, 工 장인 공, 的 과녁 적) 사람의 힘으로 만든 것.
- **지리적** 지구상의 기후, 생물, 자연, 도시, 교통, 주민, 산업 따위의 상태에 관한.
- **지형**(地 땅 지, 形 모양 형) 땅의 모양이나 형세.

내용 독해

전개 방식

1 이 글의 설명 방법으로 알맞은 것은 무엇인가요? (   )

① 섬에 대한 잘못된 인식을 지적하고 있다.

② 동식물의 서식지를 대륙에 따라 분류하고 있다.

③ 대륙과 섬의 문화적인 차이점을 비교하고 있다.

④ 대륙과 섬을 구분하는 기준을 나누어 설명하고 있다.

⑤ 과거에서부터 현재까지 대륙과 섬을 구분하는 방법을 나열하고 있다.

내용 이해

2 ㉠과 ㉡에 대한 설명으로 알맞지 <u>않은</u> 것은 무엇인가요? (   )

① ㉠은 ㉡에 비해 넓은 면적을 가지고 있다.

② ㉠은 ㉡과 달리 판이 이동하면서 형성되었다.

③ ㉡은 ㉠과 달리 사람이 인공적으로 만들 수도 있다.

④ 지구상에서 7개의 큰 육지 덩어리를 ㉠이라고 한다.

⑤ 바다나 호수에 둘러싸인 육지가 그린란드보다 크면 ㉡이다.

추론

3 ㉎를 읽고 짐작할 수 있는 내용이 <u>아닌</u> 것은 무엇인가요? (   )

① 오스트레일리아는 넓은 면적을 가지고 있겠군.

② 오스트레일리아는 지리적 특성이 유럽과 다르겠군.

③ 오스트레일리아는 영국에 비해 다양한 기후가 존재하겠군.

④ 오스트레일리아는 다른 대륙에서 볼 수 없는 동식물이 자라겠군.

⑤ 오스트레일리아는 해저 화산이 분출하여 솟아올라 만들어졌겠군.

적용

4 다음에서 설명하는 말을 이 글에서 찾아 두 글자로 쓰세요.

> 지구 표면에서 넓은 면적을 가진 육지로, 다양한 지형과 기후가 나타난다. 약 3억 년 전에는 '판게아'라는 하나의 거대한 덩어리로 뭉쳐 있었으나, 아주 오랜 시간에 걸쳐 이동하면서 지금의 모습으로 갈라졌다.

(   )

문단 요약

5 각 문단의 중심 내용으로 알맞은 것에 ○표, 틀린 것에 ×표를 하세요.

1문단	대륙과 섬을 구분하는 정확한 기준	( )
2문단	크기에 따라 구분할 수 있는 대륙과 섬	( )
3문단	지질학적으로 만들어진 원인이 다른 대륙과 섬	( )
4문단	서식하는 동물의 수에 따라 구분되는 대륙과 섬	( )

핵심 내용

6 빈칸에 들어갈 알맞은 말을 이 글에서 찾아 쓰세요.

구분	대륙	섬
면적	넓은 면적을 가짐.	( ) 면적보다 작음.
( ) 요인	판의 이동에 의해 만들어짐.	만들어진 과정에 따라 대륙 섬, 화산섬, 인공 섬 등이 있음.
지리적 특성	지형과 ( )가 다양하며, 다른 대륙에서 볼 수 없는 동식물이 서식함.	지형과 기후가 주변의 대륙과 크게 다르지 않고, 그 섬에서만 서식하는 동식물이 적음.

적용

7 다음 문장에 들어갈 알맞은 낱말에 ○표 하세요.

(1) 사막의 (면적, 부피)이/가 넓어지고 있다.

(2) 타이태닉호는 빙산에 부딪혀 (해안, 해저)에 가라앉아 있다.

(3) 사람이 모래를 가져와 (인공적, 자연적)으로 만든 해변이 있다.

(4) 그곳은 (외형, 지형)이 험해 발을 헛디디지 않게 조심해야 한다.

(5) 현무암은 화산에서 (분출, 돌출)된 용암이 빠르게 굳어진 암석이다.

대륙과 대양

우리가 사는 지구의 **표면**은 육지와 바다로 이루어져 있어요. 지구의 표면을 덮고 있는 큰 바다를 대양이라 하고, 바다로 둘러싸인 큰 땅덩어리를 대륙이라고 해요.

지구의 대륙은 아시아, 아프리카, 북아메리카, 남아메리카, 유럽, 오세아니아, 남극으로 7개가 있어요. 북아메리카, 유럽, 아시아의 대부분은 **북반구**에 속하고, 남극, 오세아니아, 남아메리카의 대부분은 **남반구**에 속해요. 아프리카는 북반구와 남반구에 걸쳐 있어요. 각 대륙에는 다양한 나라와 문화가 있으며, 여러 가지 자연환경이 나타나요.

대양은 지구의 바다를 크게 나눈 것으로, 태평양, 대서양, 인도양, 북극해, 남극해로 5개가 있어요. 대양은 지구의 대부분을 차지하며, 많은 생물이 살고, 기후와 날씨에 큰 영향을 미쳐요.

핵심 용어 다음 빈칸에 들어갈 알맞은 용어를 쓰세요.

(1) ☐ ☐

대(큰 大) 륙(땅덩어리 陸): 큰 땅덩어리.
- 뜻: 바다로 둘러싸인 큰 땅덩어리.

(2) ☐ ☐

대(큰 大) 양(큰 바다 洋): 큰 바다.
- 뜻: 지구의 표면을 덮고 있는 큰 바다.

• **7대륙과 5대양**

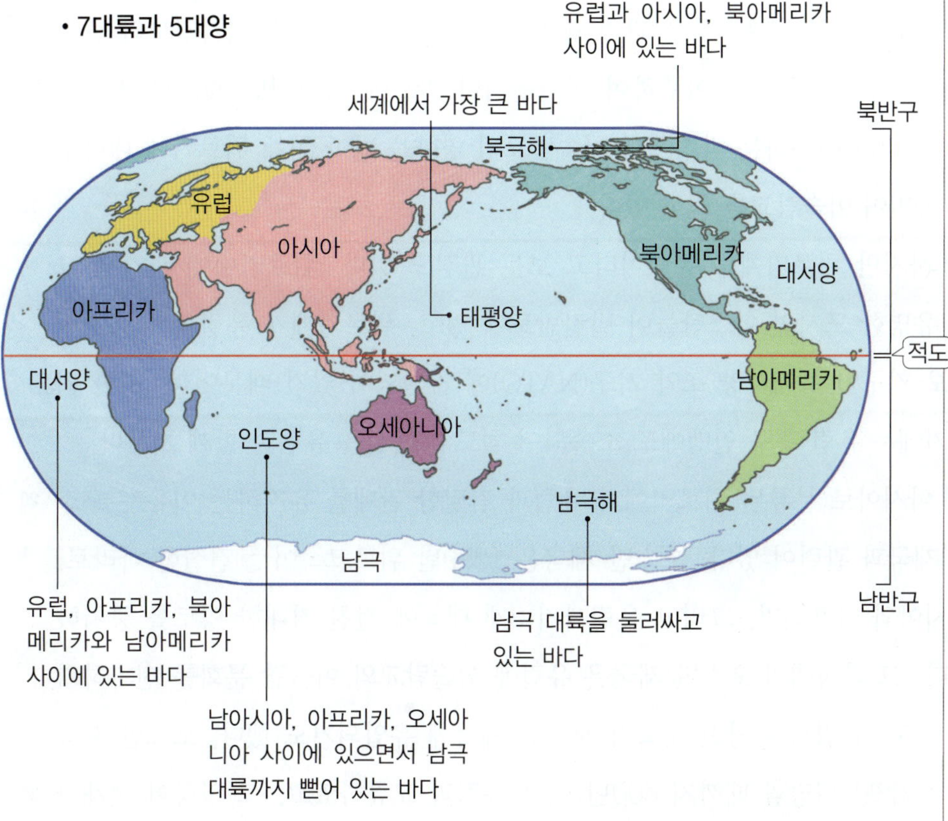

- **표면** 사물의 가장 바깥쪽. 또는 가장 윗부분.
- **북반구** 적도를 경계로 지구를 둘로 나누었을 때의 북쪽 부분.
- **남반구** 적도를 경계로 지구를 둘로 나누었을 때의 남쪽 부분.

튀르키예는 아시아일까, 유럽일까?

지문 분석

글자 수 1000
950 1050 1150

1 대부분의 대륙은 바다를 통해 대륙 간 경계를 쉽게 구분할 수 있다. 그러나 아시아와 유럽은 땅으로 연결되어 있어서 두 대륙은 지리적 관습으로 구분된다. 일반적으로 아시아와 유럽의 경계는 튀르키예의 서쪽에 위치한 보스포루스 **해협**과 러시아의 북쪽에서 남쪽으로 뻗은 우랄산맥 등으로 구분한다.

2 그런데 아시아와 유럽의 경계에 위치한 나라가 있다. 바로 아시아 서쪽 끝 5
의 아나톨리아 반도와 유럽 발칸반도 남쪽의 일부분을 차지하고 있는 튀르키예이다. 튀르키예는 지리적 위치와 역사적 배경으로 인해 동서양의 문화가 다채롭게 **융합된** 국가로, 아시아와 유럽이 **공존하는** 국가라고 불리기도 한다. 그렇다면 튀르키예는 아시아일까, 유럽일까?

3 결론적으로 튀르키예는 아시아로 분류한다. 튀르키예 영토의 대부분을 차 10
지하고 있는 아나톨리아 반도가 아시아에 속해 있기 때문이다. 또한, 튀르키예인의 선조인 튀르크족은 과거 중앙아시아 **유목민**으로, 11세기경부터 중앙아시아에서 서쪽으로 **이주하여** 아나톨리아 반도에 정착했던 것으로 전해진다. 그리고 이주하는 과정에서 이슬람교의 영향을 받아 현재 튀르키예 대다수의 국민이 이슬람교를 믿고 있다. 15

4 하지만 튀르키예를 유럽이라고 보는 관점도 있다. 튀르키예에서 가장 크고 유명한 도시인 이스탄불이 발칸반도에 있고, 튀르키예가 유럽의 대표적인 **안보** 기구인 북대서양 조약 기구(NATO)에 가입되어 있기 때문이다. 또한 튀르키예는 유럽 축구 연맹에도 소속되어 월드컵 예선을 유럽과 함께 치른다.

5 아시아로 분류된 튀르키예가 유럽과 **긴밀한** 관계를 유지하는 이유는 오스 20
만 제국과 관련이 있다. 오스만 제국은 1299년 튀르크족이 ㉠건설한 나라로, 아시아와 아프리카, 그리고 유럽까지 3개 대륙에 걸친 거대한 영토를 통치하였다. 그 과정에서 오스만 제국은 유럽에 이슬람교와 이슬람 문화를 전파하기도 했고, 유럽의 다양한 문화가 오스만 제국에 **유입되기도** 했다. 오스만 제국은 1922년 멸망할 때까지 600년 이상 유럽과 교류하였고, 그 영향이 현재까 25
지 이어져 튀르키예가 유럽과 관계를 이어가는 것이다.

- **해협** 육지 사이에 끼어 있는 좁고 긴 바다.
- **융합된** 다른 종류의 것이 녹아서 서로 구별이 없게 하나로 합하여진.
- **공존**(共 함께 공, 存 있을 존)**하는** 두 가지 이상의 사물이나 현상이 함께 존재하는.
- **유목민** 목축을 업으로 삼아 물과 풀을 따라 옮겨 다니며 사는 민족.
- **이주하여** 개인이나 종족, 민족 따위의 집단이 본래 살던 지역을 떠나 다른 지역으로 이동하여 정착하여.
- **안보** 외부의 위협이나 침략으로부터 국가와 국민의 안전을 지키는 일.
- **긴밀한** 서로의 관계가 매우 가까워 빈틈이 없는.
- **유입되기도** 문화, 지식, 사상 따위가 들어오게 되기도.

중심 내용

1 빈칸에 알맞은 말을 넣어 이 글의 중심 내용을 완성하세요.

아시아와 유럽이 공존하는 국가, (   )

내용 이해

2 이 글의 내용과 일치하는 것은 무엇인가요? (   )

① 유럽의 이슬람교가 오스만 제국에 유입되었다.
② 대부분의 대륙 간 경계는 쉽게 구분할 수 없다.
③ 튀르키예는 유럽 발칸반도 전체를 차지하고 있다.
④ 오스만 제국은 아시아와 아프리카, 유럽에 걸쳐 있었다.
⑤ 튀르키예의 가장 크고 유명한 도시인 이스탄불은 아시아 대륙에 있다.

추론

3 이 글을 읽고 답을 알 수 있는 질문이 <u>아닌</u> 것은 무엇인가요? (   )

① 튀르키예의 위치는 어디에 있을까?
② 튀르키예는 어느 대륙으로 분류될까?
③ 오스만 제국이 멸망한 이유는 무엇일까?
④ 아시아와 유럽의 경계는 어떻게 구분할까?
⑤ 튀르키예가 가입한 유럽의 안보 기구는 무엇일까?

어휘·어법

4 ㉠과 바꾸어 쓸 수 있는 낱말을 두 가지 고르세요. (,   )

① 건의한   ② 건국한   ③ 건축한
④ 건립한   ⑤ 건전한

구조 분석

문단 요약

5 각 문단의 중심 내용을 찾아 알맞게 선으로 이으세요.

1문단 •

2문단 •

3문단 •

4문단 •

5문단 •

• 아시아와 유럽의 경계

• 튀르키예를 유럽으로 보는 관점

• 튀르키예를 아시아로 분류하는 이유

• 아시아와 유럽의 경계에 위치한 튀르키예

• 오스만 제국과 관련이 있는 튀르키예와 유럽의 관계

핵심 내용

6 빈칸에 들어갈 알맞은 말을 이 글에서 찾아 쓰세요.

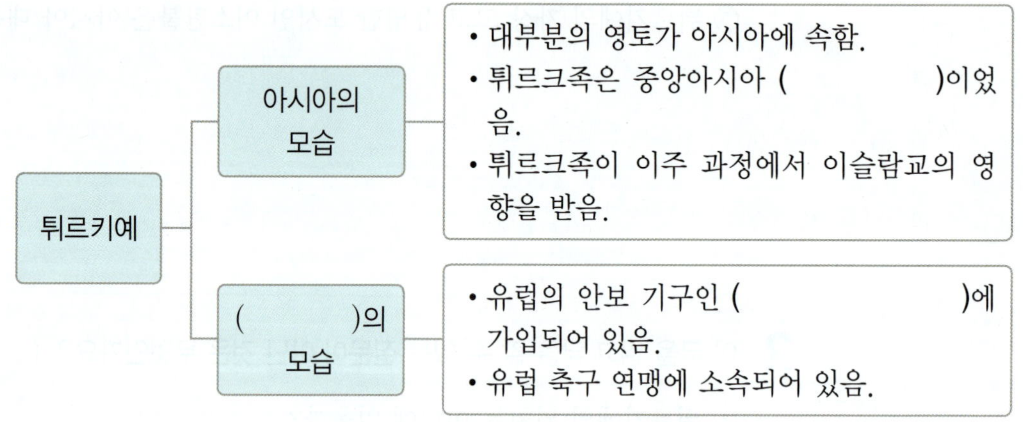

어휘

이해

7 다음 낱말의 뜻을 보기 에서 찾아 기호를 쓰세요.

보기
㉮ 육지 사이에 끼어 있는 좁고 긴 바다.
㉯ 문화, 지식, 사상 따위가 들어오게 되다.
㉰ 서로의 관계가 매우 가까워 빈틈이 없다.
㉱ 두 가지 이상의 사물이나 현상이 함께 존재하다.
㉲ 다른 종류의 것이 녹아서 서로 구별이 없게 하나로 합하여지다.

(1) 해협 (   ) (2) 긴밀하다 (   )
(3) 융합되다 (   ) (4) 공존하다 (   )
(5) 유입되다 (   )

세계의 대륙(1) 아시아와 유럽

정답과 해설 03 쪽

아시아는 태평양, 인도양과 접한 대륙이에요. 세계에서 가장 큰 대륙으로, 대부분 북반구에 포함되어 있어요. 아시아에는 대한민국, 중국, 일본, 몽골, 베트남, 인도네시아 등의 나라가 있어요. 아시아는 대륙이 매우 커서 같은 아시아 국가여도 기후가 다양하게 나타나요.

유럽은 서쪽으로는 대서양, 남쪽으로는 **지중해**와 접한 대륙이에요. 유럽은 다른 대륙에 비해 면적이 좁지만 영국, 프랑스, 독일, 이탈리아, 헝가리, 핀란드 등 많은 나라가 있어요. 유럽 국가들은 정치, 경제, 외교 등의 공동체를 목적으로 유럽 연합을 만들었어요. 유럽 연합에 가입한 국가들은 유로라는 화폐를 공동으로 사용하고 있어요.

핵심 용어 다음 빈칸에 들어갈 알맞은 용어를 쓰세요.

(1) ☐☐☐
- 뜻: 태평양, 인도양과 접한 대륙.

(2) ☐☐
- 뜻: 서쪽으로는 대서양, 남쪽으로는 지중해와 접한 대륙.

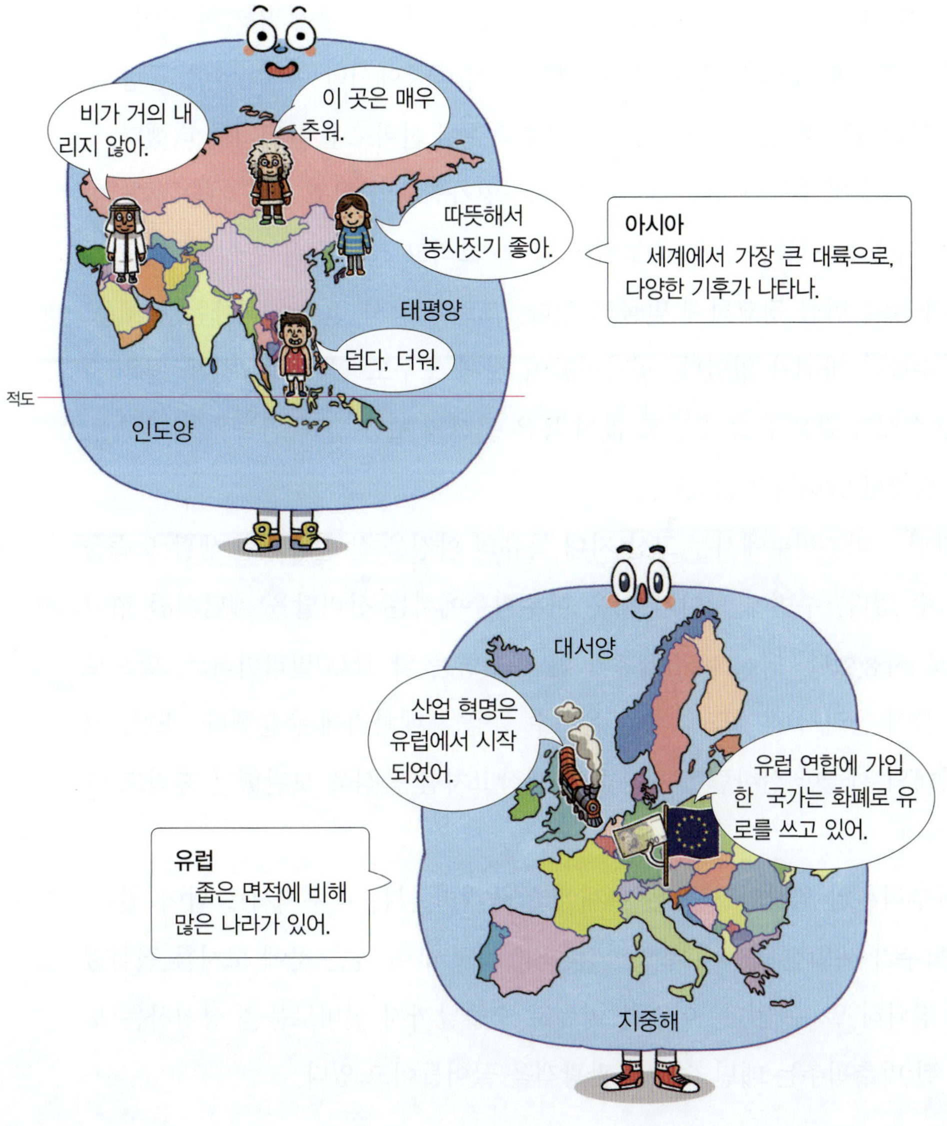

● **지중해** 유럽, 아시아, 아프리카 세 대륙에 둘러싸인 바다.

신비로운 고대 도시, 마추픽추

지문 분석

글자 수 　1087

950　1050　1150

1 세계 7대 **불가사의** 중 하나인 마추픽추는 남아메리카 페루에 있으며, **잉카** 문명을 상징하는 고대 도시이다. 마추픽추의 역사에 대해서는 현재까지 정확하게 밝혀진 바가 없다. **고고학자**들은 1450년쯤에 잉카의 파차쿠티 황제가 휴식처 또는 **요새**를 목적으로 마추픽추를 지었다가 스페인이 잉카를 침략할 당시에 버린 것으로 추측한다. 마추픽추는 해수면으로부터 2430미터 높이의 고지대에 있으며 수풀로 뒤덮여 있어, 스페인의 침략 이후 약 400년 동안이나 사람들의 눈에 띄지 않았다. 그래서 그 모습이 온전히 **보존될** 수 있었다.

2 마추픽추는 1911년에 미국의 역사학자 하이럼 빙엄이 발견하여 세상에 알려졌다. 마추픽추는 발견되자마자 그 역사적 배경과 위치로 인해 사람들에게 놀라움을 안겨 주었다. 마추픽추는 오랜 시간 발견되지 않아 '잉카의 잃어버린 도시'로 불리며, 밑에선 전혀 볼 수 없고 오직 공중에서만 볼 수 있어 '공중 도시'로 불리기도 한다. 이러한 이름은 마추픽추에 신비로운 분위기를 더했다.

3 마추픽추에 주목할 만한 또 다른 점은 잉카인들의 **석조** 건축 기술이다. 마추픽추의 모든 건물은 돌로 **축조되어** 있다. 그리고 그 돌들은 종이 한 장도 들어가지 않을 만큼 **정교하게** 맞물려 있다. 그런데 당시 잉카 제국에는 철제 도구와 수레나 바퀴가 없었다. 잉카인들이 철제 도구도 없이 정교하게 돌을 자르고, 수레와 같은 운송 수단도 없이 높은 곳까지 돌을 날라 건물을 지었던 방법은 정확히 알려지지 않았다.

4 한편 ㉠마추픽추에서는 **고산 지대** 특유의 환경을 잘 활용했던 생활 모습을 엿볼 수 있다. 주변에 평야가 적은 마추픽추에서는 **산비탈**을 계단처럼 깎아 밭으로 사용했다. 당시 마추픽추의 연 강수량은 약 1800밀리미터로, 밭으로 물을 끌어 올리지 않아도 감자나 옥수수 등을 재배하기에 충분했다. 또한, 고산 지대의 서늘한 산바람을 활용하여 냉장고처럼 음식을 보관했던 흔적도 발견되었다.

5 마추픽추의 역사와 모습은 현재에도 풀리지 않는 수수께끼로 남아 있다. 마추픽추가 세워진 목적이 무엇이었는지, 어떻게 이 높은 곳에 도시를 건설했는지 정확히 알 수 없다. 이러한 이유로 오늘날까지 신비로움을 상징하는 도시가 된 마추픽추는 매년 수많은 관광객을 끌어들이고 있다.

5

10

15

20

25

- **불가사의**(不 아닐 불, 可 옳을 가, 思 생각 사, 議 의논할 의) 사람의 생각으로는 미루어 헤아릴 수 없이 이상하고 묘함.
- **잉카** 남아메리카 안데스 지대의 페루를 중심으로 16세기 초까지 잉카족이 이룬 문화.
- **고고학자** 유물과 유적을 통하여 옛 인류의 생활, 문화 따위를 연구하는 사람.
- **요새** 군사적으로 중요한 곳에 튼튼하게 만들어 놓은 방어 시설.
- **보존**(保 지킬 보, 存 있을 존)**될** 잘 보호하고 간수하여 남겨질.
- **석조** 돌로 물건을 만드는 일. 또는 그 물건.
- **축조되어** 쌓아져 만들어져.
- **정교하게** 솜씨나 기술이 정밀하고 교묘하게.
- **고산 지대** 높은 산의 지대.
- **산비탈** 산이 가파르게 기울어져 있는 곳.

**내용
독해**

전개 방식

1 이 글의 설명 방법으로 알맞은 것은 무엇인가요? (   )

① 대상의 발견 과정을 차례대로 나타내고 있다.
② 다양한 통계 자료를 사용하여 대상을 분류하고 있다.
③ 역사적 사실에 대한 전문가의 의견을 소개하고 있다.
④ 유사한 특성을 지닌 대상끼리 비교하여 분석하고 있다.
⑤ 대상과 관련된 과학적인 원리를 자세하게 설명하고 있다.

내용 이해

2 이 글의 내용과 일치하지 <u>않는</u> 것은 무엇인가요? (   )

① 마추픽추에서는 옥수수나 감자를 재배했었다.
② 마추픽추의 역사에 대해서는 정확하게 알려진 바가 없다.
③ 잉카 제국 사람들은 철제 도구와 바퀴를 사용하지 않았다.
④ 과거 마추픽추에는 1년 동안 약 1800밀리미터의 비가 내렸다.
⑤ 마추픽추는 지어진 이후 약 400년 동안 아무에게도 발견되지 않았다.

추론

3 이 글에 대한 반응으로 알맞지 <u>않은</u> 것은 무엇인가요? (   )

① 마추픽추가 오랫동안 발견되지 않은 까닭을 알 수 있었어.
② 마추픽추에 있는 건물이 무엇으로 만들어졌는지 알 수 있었어.
③ 높은 곳에 돌을 어떻게 실어 날랐는지 그 과정을 자세히 알 수 있었어.
④ 공중 도시라고 불리는 마추픽추가 얼마나 높은 곳에 있는지 알 수 있었어.
⑤ 옛날 고산 지대에 살던 사람들은 어떤 방법으로 농사를 지었는지 알 수 있었어.

적용

4 ㉠의 이해를 돕기 위해 활용하면 좋은 자료로 가장 알맞은 것은 무엇인가요? (   )

① 페루의 경제적 현황과 인구
② 과거의 냉장 시설에 대한 연구 자료
③ 고대 잉카인들이 사용했던 도구 그림
④ 수풀에 가려진 마추픽추를 찍은 사진
⑤ 남아메리카 고산 지대의 기후적 특징

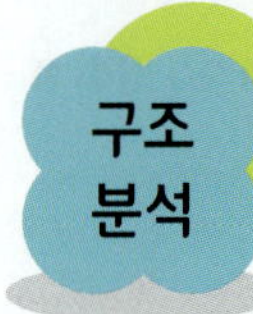

구조 분석

문단 요약

5 각 문단의 중심 내용을 찾아 선으로 알맞게 이으세요.

1문단 •

2문단 •

3문단 •

4문단 •

5문단 •

• 마추픽추의 석조 건축 기술

• 마추픽추의 역사에 대한 추측

• 마추픽추가 발견된 후 붙여진 이름

• 풀리지 않는 수수께끼로 남은 마추픽추

• 고산 지대를 활용한 마추픽추의 생활 모습

핵심 내용

6 빈칸에 들어갈 알맞은 말을 이 글에서 찾아 쓰세요.

마추픽추의 특징	
석조 건축 기술	• 종이 한 장도 들어가지 않을 만큼 돌들이 정교하게 맞물림. • (　　　　　) 도구 없이 돌을 자르고, 운송 수단 없이 높은 곳까지 돌을 날라 건물을 지음.
(　　　　) 지대를 활용한 생활 모습	• 산비탈을 (　　　　)처럼 깎아 밭으로 사용함. • 서늘한 산바람을 활용하여 냉장고처럼 음식을 보관함.

어휘

적용

7 다음 문장에 들어갈 알맞은 낱말에 ◯표 하세요.

⑴ 남한산성은 과거 한양을 지키던 (요새, 요소) 중 하나였다.

⑵ 장인은 나무를 (정당하게, 정교하게) 깎아 가구를 만들었다.

⑶ 이집트의 피라미드는 7대 (불가사의, 불로불사) 중 하나이다.

⑷ 우리는 지구의 환경을 잘 (보존, 의존)해야 하는 의무가 있다.

⑸ 첨성대는 화강암 벽돌을 사용하여 (축적, 축조)된 건축물이다.

세계의 대륙⑵ 북아메리카와 남아메리카

정답과 해설 **04** 쪽

아메리카 대륙은 서쪽으로 태평양, 동쪽으로 대서양과 접해 있고, 북아메리카와 남아메리카로 구분해요.

북아메리카는 북반구에 있으며 북극해와 접해 있어요. 서쪽에는 로키산맥이 길게 뻗어 있고, 중앙에는 넓은 평원이 펼쳐져 있어요. 북아메리카는 지형이나 바다, 바람의 영향 등에 따라 지역별로 다양한 기후가 나타나요. 북아메리카에는 미국, 캐나다, 멕시코 등의 나라가 있어요.

남아메리카는 대부분 남반구에 속하며, 남극해와 접해 있어요. 대부분 열대 기후에 속하는데, 안데스산맥의 높은 지역에는 **고도**가 높아질수록 기온이 낮아지고 기온 변화가 적어지는 **고산 기후**가 나타나요. 남아메리카에는 브라질, 콜롬비아, 페루, 칠레, 아르헨티나 등의 나라가 있어요.

• **북아메리카와 남아메리카**

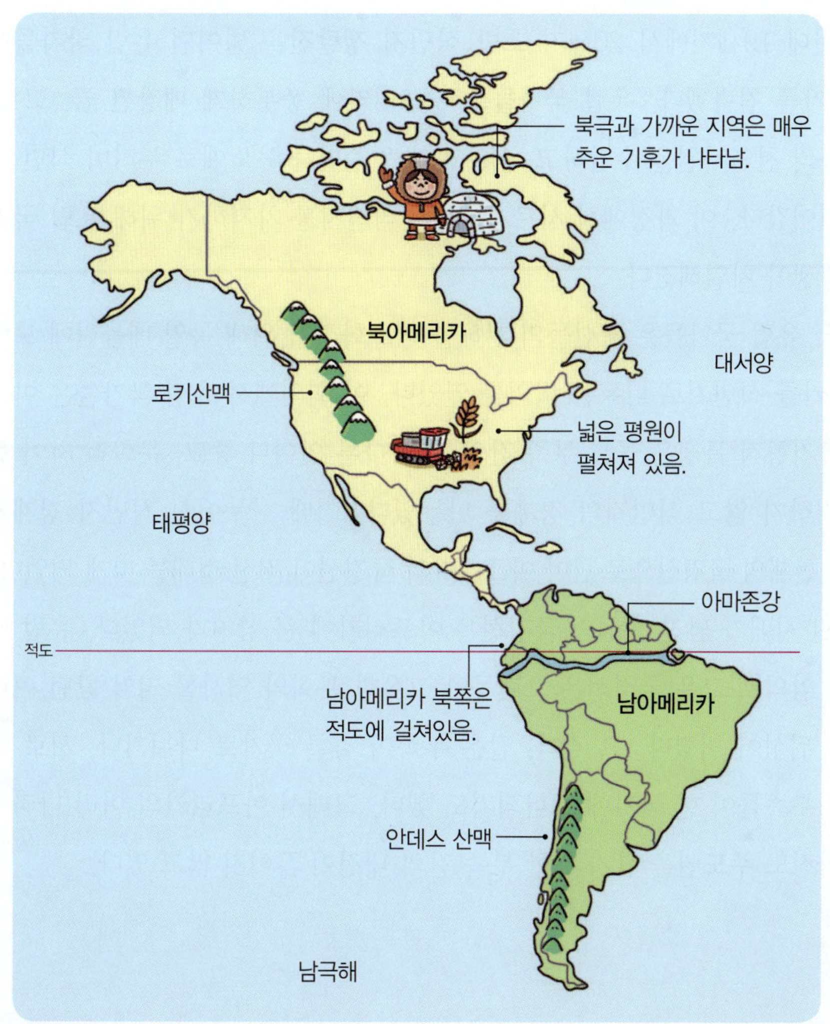

● **고도** 평균 해수면 등을 0으로 하여 측정한 어떤 물체의 높이.
● **고산 기후** 고도가 높은 산지에서 나타나는 기후.

핵심 용어 다음 빈칸에 들어갈 알맞은 용어를 쓰세요.

(1) 

• 뜻: 아메리카 대륙에서 북반구에 있는 대륙.

(2) 

• 뜻: 아메리카 대륙에서 북쪽은 적도에 걸쳐 있으며, 대부분 남반구에 있는 대륙.

아프리카의 국경선

지문 분석

글자 수 993
950 1050 1150

1 일반적으로 국가 간의 경계가 되는 국경선은 지형에 따라 만들어졌다. 과거에는 사람들이 큰 하천이나 산맥 등을 넘어서 교류하는 것이 어려웠다. 그래서 이런 지형을 끼고 사람들의 생활 방식과 **풍습**이 달라지면서 민족이 나누어지고 나아가 국가의 경계가 된 것이다. 하천이나 산맥, 호수, 사막 등 지리적인 조건을 기준으로 정해진 국경선은 구불구불한 형태를 띤다. (㉠) 5
아프리카 대륙의 국경선은 마치 자로 그은 듯이 반듯한 직선이 많다. 이러한 형태의 국경선에는 아프리카의 슬픈 역사가 담겨 있다.

2 아프리카는 과거에 여러 부족으로 이루어진 부족 사회였다. 아프리카 부족들은 주로 한 지역에 정착하여 살지 않고 유목 생활을 했다. 그래서 아프리카 원주민들에게는 국가라는 개념이 형성되지 않았고, 뚜렷한 국경선이 필요 10
하지 않았다.

3 그런데 19세기에서 20세기 초반 **식민지 쟁탈전**을 벌이던 유럽 국가들이 아프리카를 침략했다. 유럽 국가들은 아프리카에 풍부하게 **매장된** 금, 고무, 석유 등의 천연자원을 **수탈하고**, 아프리카 원주민들을 노예로 부리며 식민 지배를 이어갔다. 이 과정에서 서로 더 많은 식민지를 차지하기 위해 유럽 국가 15
간의 경쟁이 치열해졌다.

4 결국 유럽 국가들은 자신들의 피해를 최소화하기 위해 독일 베를린에 모여 아프리카를 식민지로 나누는 회의를 열었다. 이 회의에서 유럽 국가들은 아프리카의 지형적 특성은 물론 부족 간의 서로 다른 언어나 종교, 문화적 차이 등을 고려하지 않고 식민지의 경계를 나누었다. 이때 나누어진 식민지 경계가 20
대부분 현재의 국경선으로 남아 아프리카의 국경선이 직선 형태를 띠게 되었다.

5 식민 지배가 남긴 직선의 국경선은 아프리카에 큰 상처가 되었다. 유럽 국가들이 **임의**로 그은 국경선은 오랫동안 고유한 문화와 역사를 지켜 왔던 여러 부족을 뒤섞어 버렸다. 그 결과, 같은 부족이 다른 국가로 나뉘거나, 서로 **적대적**인 부족들이 한 국가에 포함되기도 했다. 그래서 아프리카의 여러 나라에 25
서는 아직도 **주도권**을 잡기 위한 부족 간의 **내전**이 끊이지 않고 있다.

- **풍습**(風 바람 풍, 習 익힐 습) 풍속과 습관을 이르는 말
- **식민지** 정치적·경제적으로 다른 나라에 예속되어 국가로서의 주권을 상실한 나라.
- **쟁탈전** 사물이나 권리 따위를 서로 다투어 빼앗는 싸움.
- **매장된** 지하자원 따위가 땅속에 묻혀진.
- **수탈하고** 강제로 빼앗고.
- **임의** 일정한 기준이나 원칙 없이 하고 싶은 대로 함.
- **적대적** 적으로 대하거나 적과 같이 대하는 것.
- **주도권** 어떤 일에 주장이 되어 행동하는 위치에서 이끌어 나갈 수 있는 권리나 권력.
- **내전**(內 안 내, 戰 싸움 전) 한 나라 안에서 일어나는 싸움.

**내용
독해**

1 이 글에서 주로 설명하는 것은 무엇인가요? (   )

① 아프리카 부족 간의 문화적 갈등

② 유럽 국가들의 아프리카 침략 과정

③ 식민 지배가 국제 사회에 미친 영향

④ 아프리카의 국경선에 담긴 슬픈 역사

⑤ 지형에 따라 구분되는 사람들의 생활 방식

2 이 글의 내용과 일치하는 것은 무엇인가요? (   )

① 유럽의 식민 지배 이후 아프리카의 여러 부족이 뒤섞이게 되었다.

② 지리적 조건에 따라 나눈 국경선은 대체로 직선의 형태에 가깝다.

③ 아프리카 부족들은 주로 정착 생활을 하며 국가를 이루고 살았다.

④ 유럽 국가들은 식민지를 얻기 위해 아프리카의 지형에 따라 국경을 나누었다.

⑤ 유럽 국가들은 아프리카의 천연자원을 보호하기 위해 서로 치열하게 경쟁했다.

3 ㉠에 들어갈 이어 주는 말로 알맞은 것은 무엇인가요? (   )

① 그리고   ② 그런데   ③ 게다가

④ 왜냐하면   ⑤ 예를 들어

4 이 글을 읽고 알맞게 반응한 친구는 누구인지 쓰세요.

> 유영: 다른 대륙과 달리 아프리카는 국경선에 따라 언어나 종교, 문화가 구분되겠
> 구나.
> 광호: 아프리카 부족들이 정착 생활을 했다면 아프리카에도 일찍부터 국경선이 있
> 었을 수도 있겠구나.
> 현진: 유럽은 부족 사회보다 국가가 효율적인 시스템이라고 생각해서 아프리카에
> 국가 개념을 전파한 것이구나.

(   )

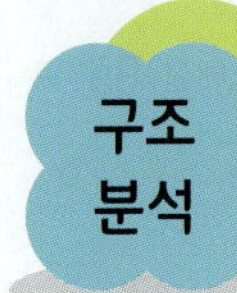

문단 요약

5 다음은 이 글에 나타난 각 문단의 중심 내용입니다. 글의 내용에 맞게 순서대로 기호를 쓰세요.

> ㉮ 아프리카의 국경선이 된 식민지 경계
> ㉯ 뚜렷한 국경선이 없었던 과거 아프리카
> ㉰ 아프리카에 큰 상처가 된 직선의 국경선
> ㉱ 아프리카를 침략한 유럽 국가들의 식민지 쟁탈전
> ㉲ 일반적인 국경선의 형태와 다른 아프리카의 국경선

(   ) → (   ) → (   ) → (   ) → (   )

핵심 내용

6 빈칸에 들어갈 알맞은 말을 이 글에서 찾아 쓰세요.

일반적인 국경선		아프리카의 국경선

• (   )에 따라 만들어짐.
• (   )한 형태를 띰.
	↔	• 유럽 국가들이 그은
		  ( ) 경계가 현재의 국
		  경선이 됨.
		• ( )의 형태가 많음.

이해

7 다음 낱말의 뜻을 찾아 알맞게 선으로 이으세요.

(1) 내전 •　　• ㉮ 풍속과 습관을 이르는 말.

(2) 풍습 •　　• ㉯ 한 나라 안에서 일어나는 싸움.

(3) 임의 •　　• ㉰ 적으로 대하거나 적과 같이 대하는 것.

(4) 적대적 •　　• ㉱ 일정한 기준이나 원칙 없이 하고 싶은 대로 함.

(5) 주도권 •　　• ㉲ 어떤 일에 주장이 되어 행동하는 위치에서 이끌어 나갈 수 있는 권리나 권력.

세계의 대륙(3) 아프리카와 오세아니아

정답과 해설 05 쪽

아프리카는 아시아 다음으로 넓은 대륙이에요. 북반구와 남반구에 걸쳐 있으면서 인도양, 대서양 사이에 있어요. 사하라 사막을 경계로 사막 지대가 많은 북부 아프리카와 초원과 **열대 우림**이 많은 중·남부 아프리카로 구분해요. 아프리카는 모로코, 이집트, 나이지리아 등의 나라가 있어요.

오세아니아는 대륙 중에서 가장 작은 대륙이에요. 아시아의 남쪽, 남반구에 있으면서 태평양과 인도양 사이에 있어요. 오랫동안 다른 대륙과 떨어져 있었던 오세아니아에는 코알라, 캥거루, 오리너구리, 쿼카 등 다른 대륙에서는 볼 수 없는 신기한 동물이 많아요. 오세아니아는 대륙국인 오스트레일리아와 섬나라인 뉴질랜드, 피지, 팔라우 등의 나라가 있어요.

핵심 용어 다음 빈칸에 들어갈 알맞은 용어를 쓰세요.

(1) ☐ ☐ ☐ ☐
- 뜻: 북반구와 남반구에 걸쳐 있으면서 인도양과 대서양 사이에 있는 대륙.

(2) ☐ ☐ ☐ ☐ ☐
- 뜻: 아시아의 남쪽, 남반구에 있으면서 태평양과 인도양 사이에 있는 대륙.

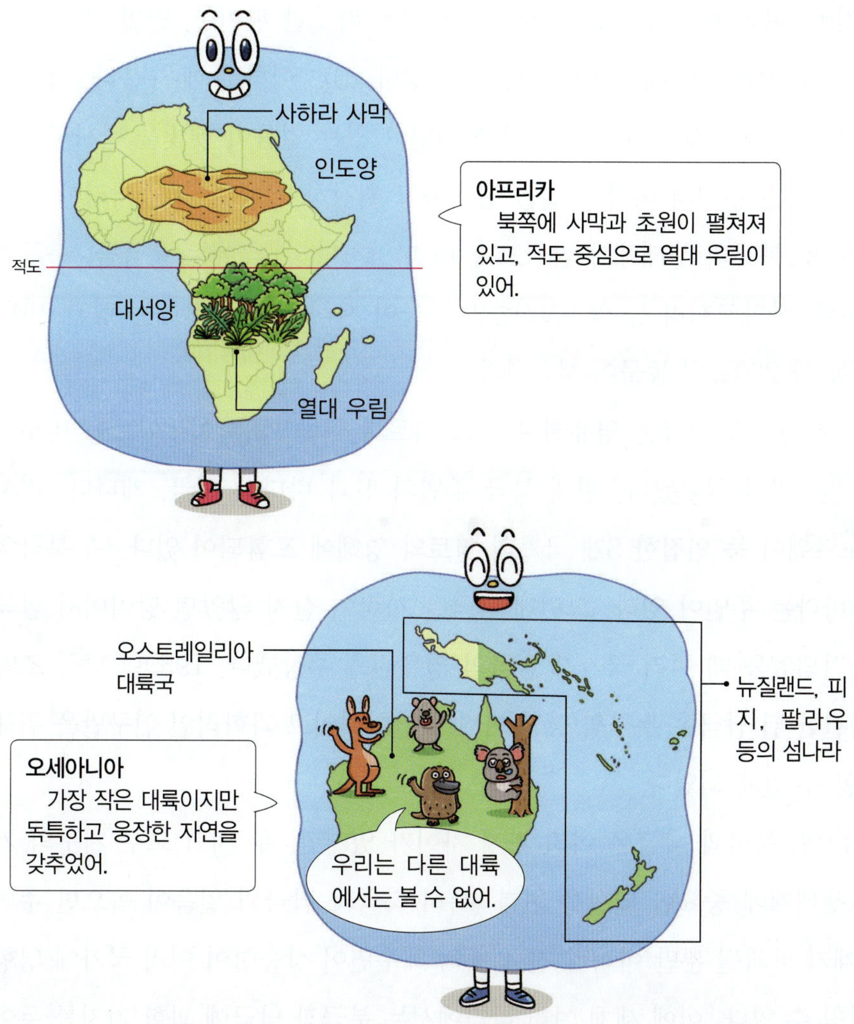

● **열대 우림** 일 년 내내 기온이 높고 비가 많은 적도 근처의 열대 지방에서 발달하는 삼림.

지문 분석

글자 수　1105
950　1050　1150

북극과 남극은 어떻게 다를까?

1 ㉠북극과 ㉡남극은 지구의 **양극**에 위치한 매우 추운 지역으로, 눈과 얼음으로 뒤덮여 있다는 점에서 비슷해 보일 수 있다. 그러나 북극과 남극은 단순히 북쪽과 남쪽이라는 위치뿐만 아니라 여러 가지 면에서 다르다.

2 북극과 남극은 지형에서 큰 차이가 있다. 북극은 북극해와 지구의 최북단에 있는 일부 지역을 포함한다. 북극의 빙하는 땅에 눈이 쌓인 것이 아니라 바닷물이 얼어서 생긴 것이다. 그래서 북극은 대륙이 아니라 아시아, 유럽, 북아메리카 대륙에 둘러싸인 얼음 바다이다. 반면, 남극은 지구의 최남단에 있는 대륙이다. 남극의 땅은 두꺼운 얼음덩어리로 뒤덮여 있으며 남극해에 둘러싸여 있다.

3 북극과 남극은 기후가 다르다. 북극은 겨울에 영하 30℃에서 40℃까지 내려가지만, 여름에는 영상 10℃ 정도로 **비교적** 따뜻한 편이다. 반면 남극은 겨울에 영하 70℃까지 내려가며, 여름에도 영하 20℃ 이하로 매우 춥다. 북극이 남극보다 따뜻한 까닭은 남극은 땅을 뒤덮고 있는 얼음이 햇빛을 반사시키는 반면, 북극은 주변의 바다가 열을 흡수하고 저장하기 때문이다. 이러한 기후의 차이로 북극의 생태계가 남극보다 더 다양하다. 북극에는 북극곰, 북극여우, 순록, 바다코끼리 등 약 5500종의 동물이 **서식하고**, 남극에는 펭귄, 바다표범 등 약 230종의 동물이 서식한다.

4 또한 북극과 남극은 **영유권** 유무도 다르다. 북극에는 이누이트를 비롯한 여러 원주민이 살아왔다. 현재 북극 주변의 땅과 바다는 미국, 캐나다, 러시아, 노르웨이 등 **인접한** 8개 국가의 **영토**와 **영해**에 포함되어 있다. 즉 북극의 땅과 바다는 주인이 있다. 그런데 남극은 사람이 살지 않았던 땅이어서 남극이 발견되었을 때 여러 국가가 남극의 영유권을 주장했다. 1959년 남극 **조약**을 **체결한** 뒤 남극은 누구의 땅도 아니며 평화적이고 과학적인 연구만을 위해 방문할 수 있게 되었다.

5 이처럼 북극과 남극은 여러 가지 차이가 있지만, 두 지역 모두 지구의 기후와 생태계에 중요한 역할을 한다. 특히 북극과 남극의 얼음이 녹으면 주변 생태계가 파괴될 뿐만 아니라 전 세계의 해수면이 상승하여 여러 국가에 영향을 미칠 수 있다. 이에 세계 여러 나라에서는 북극과 남극에 과학 기지를 두어 지구 환경과 기후 변화 등 여러 연구를 진행하고 있다.

- **양극** 북극과 남극.
- **비교적** 일정한 수준이나 보통 정도보다 꽤.
- **서식하고** 생물 따위가 일정한 곳에 자리를 잡고 살고.
- **영유권** 어떤 것의 임자임을 내세울 권리.
- **인접한** 이웃하여 있는. 또는 옆에 닿아 있는.
- **영토**(領 옷깃 령, 土 흙 토) 국가가 다스릴 수 있는 땅의 영역.
- **영해**(領 옷깃 령, 海 바다 해) 영토에 닿아 있는 바다로, 그 국가가 다스릴 수 있는 바다의 영역.
- **조약** 국가 간의 권리와 의무를 국가 간의 합의에 따라 법적 구속을 갖도록 규정하는 행위.
- **체결한** 계약이나 조약을 공식적으로 맺은.

내용 독해

1 이 글의 설명 방법으로 알맞은 것의 기호를 쓰세요.

> ㉮ 질문의 방식을 활용하여 관심을 유도하고 있다.
> ㉯ 연구 사례를 바탕으로 내용의 이해를 돕고 있다.
> ㉰ 두 대상의 차이점을 대조의 방식으로 설명하고 있다.
> ㉱ 문제 현상의 원인과 결과를 중심으로 서술하고 있다.

(   )

2 ㉠과 ㉡에 대한 설명으로 알맞지 <u>않은</u> 것은 무엇인가요? (   )

① ㉡은 ㉠과 달리 대륙에 해당한다.
② ㉠은 ㉡보다 서식하는 동물이 다양하다.
③ ㉡은 ㉠과 달리 주변 대륙에 둘러싸여 있다.
④ ㉡은 ㉠보다 여름과 겨울의 기온이 더 낮다.
⑤ ㉠과 ㉡은 모두 지구의 생태계에 중요한 역할을 한다.

3 이 글을 읽고 답을 알 수 있는 질문이 <u>아닌</u> 것은 무엇인가요? (   )

① 북극에는 어떤 원주민이 살아왔을까?
② 남극에 방문할 수 있는 조건은 무엇일까?
③ 북극이 남극보다 따뜻한 이유는 무엇일까?
④ 북극곰은 있는데 남극곰은 없는 이유는 무엇일까?
⑤ 북극과 남극의 얼음이 녹으면 지구는 어떻게 될까?

4 다음에서 설명하는 말을 이 글에서 찾아 두 글자로 쓰세요.

> 지구의 최남단에 위치한 대륙으로, 아시아, 아프리카, 북아메리카, 남아메리카에 이어 다섯 번째로 크다. 이곳은 지구상에서 가장 추운 대륙이기도 하다. 땅을 뒤덮고 있는 두꺼운 얼음이 햇빛을 반사하여 여름에도 다른 대륙에 비해 기온이 매우 낮다.

(   )

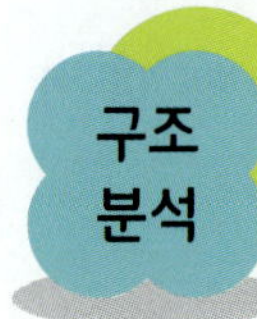

**구조
분석**

문단 요약

5 각 문단의 중심 내용으로 알맞은 것에 ○표, 틀린 것에 ✕표를 하세요.

1문단	북극과 남극은 비슷한 듯하지만 차이를 보인다.	( )
2문단	북극은 대륙, 남극은 바다라는 지형적 차이가 있다.	( )
3문단	북극과 남극은 기후와 생태계가 다르다.	( )
4문단	북극과 남극에서 살아온 원주민은 생활 모습에 차이를 보인다.	( )
5문단	북극과 남극은 지구의 기후와 생태계에 중요한 역할을 한다.	( )

핵심 내용

6 빈칸에 들어갈 알맞은 말을 이 글에서 찾아 쓰세요.

차이점	북극	남극
지형	아시아, 유럽, 북아메리카 대륙에 둘러싸인 얼음 바다임.	지구 최남단에 있는 ( )임.
( )	여름에는 영상 10℃ 정도로 비교적 따뜻함.	여름에도 영하 20℃까지 내려가 매우 추움.
생태계	약 5500종의 동물이 서식함.	약 230종의 동물이 서식함.
영유권	여러 ( )이 살아왔고, 일부 국가의 영토와 영해에 포함되어 주인이 있음.	사람이 살지 않았고, 남극 조약에 의해 누구의 땅도 아님.

어휘

적용

7 다음 문장의 빈칸에 들어갈 알맞은 낱말을 보기 에서 찾아 쓰세요.

보기
영토 체결 인접 서식 비교적

⑴ 산에 ( )한 그 마을은 공기가 맑다.
⑵ 이번 시험은 지난번보다 ( ) 쉬웠다.
⑶ 악어는 늪지대에 ( )하는 대표적인 동물이다.
⑷ 옛날에는 ( )을/를 둘러싼 국가 간 전쟁이 치열했다.
⑸ 두 회사의 대표들은 긴 회의 끝에 서로 계약을 ( )했다.

세계의 대륙(4) 남극

남극은 지구의 남쪽 끝에 있으며, 남극해로 둘러싸인 대륙이에요. 1년 내내 얼음과 눈으로 덮여 있어 매우 추운 곳이에요. 7대륙 중에서 다섯 번째로 넓어요. 남극은 어떤 국가에도 속하지 않고, 오직 과학 탐구 활동만 **허용되고** 있어요.

남극과 비슷해 보이는 북극은 땅으로 생각할 수 있지만, 북극해에 있는 얼음덩어리예요. 아시아, 유럽, 북아메리카 대륙에 둘러싸여 있어요. 근처에 해안과 육지가 있어 북극곰을 포함한 다양한 동물이 살고, 남극에 비해 비교적 따뜻해서 다양한 식물도 살아가고 있어요.

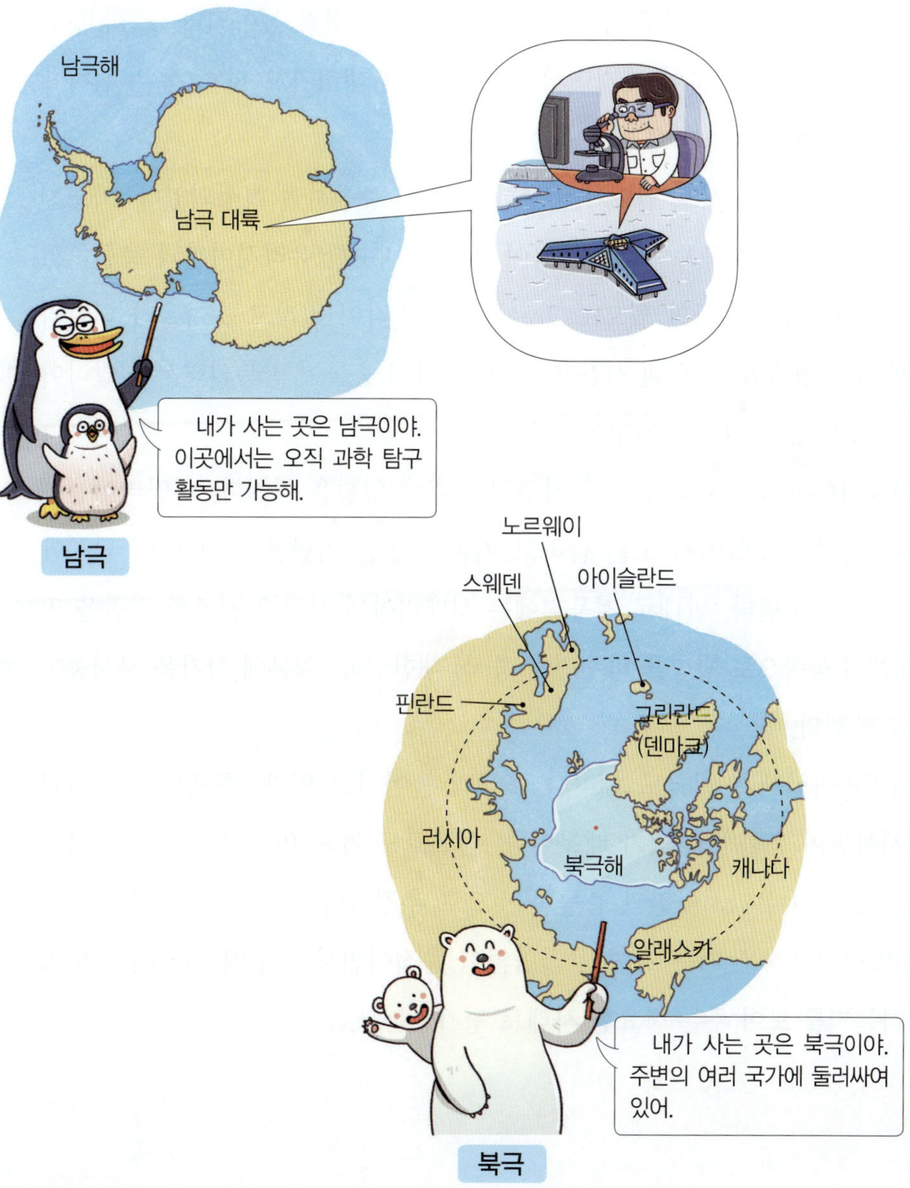

핵심 용어 다음 빈칸에 들어갈 알맞은 용어를 쓰세요.

(1) ☐☐

남(남녘 南) 극(끝 極): 남쪽의 끝.
- 뜻: 지구의 남쪽 끝에 있는 대륙.

(2) ☐☐

북(북녘 北) 극(끝 極): 북쪽의 끝.
- 뜻: 지구의 북쪽 끝에 있는 지역으로, 북극해에 있는 얼음덩어리.

● **허용되고** 허락되어 너그럽게 받아들여지고.

히말라야산맥의 형성

지리 07

지문 분석

글자 수 960
950 1050 1150

1 히말라야산맥은 아시아 남부에서 파키스탄, 인도, 네팔, 중국의 부탄과 티베트에 걸쳐 있는 산맥이다. 히말라야산맥은 세계에서 가장 높은 산인 에베레스트산을 포함해 8000미터가 넘는 14개의 산이 모여 있어 세계의 지붕이라고 불린다. 고대 산스크리트어로 '눈이 사는 곳'을 뜻하는 히말라야산맥은 산봉우리에 일 년 내내 녹지 않는 **만년설**이 쌓여 있다.

2 산맥은 판의 운동으로 만들어진다. 지구의 표면을 이루는 여러 개의 큰 판이 움직이면서 서로 충돌하는데, **밀도**가 더 높은 판이 밀려 내려가면서 밀도가 낮은 판이 솟아올라 산지가 **형성된다**. 밀도가 비슷한 판끼리 충돌하면 서로 밀리지 않으려는 성질로 충돌한 부분의 압력이 점점 높아진다. 그리고 압력에 의해 충돌한 부분이 깨지면서 한쪽은 밀려 내려가고 다른 쪽은 심하게 솟아올라 거대한 산맥이 형성된다.

3 히말라야산맥도 서로 밀도가 비슷한 두 판이 충돌하여 형성되었다. 약 5천만 년 전, 인도판이 북쪽으로 이동하여 밀도가 비슷한 **유라시아**판과 충돌하였다. 인도판이 유라시아판 밑으로 파고들면서 **지각**이 밀리고 솟아올라 히말라야산맥이 형성되었다. 오랜 시간에 걸쳐 두 판의 충돌이 반복되면서 히말라야산맥은 더욱 높고 **험준한** 지형이 되었다.

4 히말라야산맥은 **고도**가 높아 지구의 기후에 영향을 미친다. 히말라야산맥은 여름철에 인도양에서 오는 습하고 기온이 높은 **기단**을 막아 산맥 남쪽에 큰비를 내리게 한다. 반대로 겨울철에는 시베리아의 차갑고 건조한 바람을 막아 바람이 동쪽으로 방향을 바꾸면서 중국, 대한민국, 일본에 차가운 북서풍이 불어오게 한다.

5 히말라야산맥은 지금도 해마다 조금씩 높아지고 있다. 현재도 인도판과 유라시아판이 충돌하고 있기 때문이다. 앞으로도 계속 인도판은 느리게 북쪽으로 이동하며 유라시아판과 충돌할 것으로 **추정된다**. 그래서 지질학 연구에서 히말라야산맥은 지구 표면이 끊임없이 움직이면서 지구의 지형이 어떻게 변화하는지를 보여 주는 중요한 **사례**로 평가받는다.

- **만년설**(萬 일만 만, 年 해 년, 雪 눈 설) 아주 추운 지방이나 높은 산에 언제나 녹지 않고 쌓여 있는 눈.
- **밀도**(密 빽빽할 밀, 度 법도 도) 어떤 물질의 단위 부피만큼의 질량.
- **형성된다** 어떤 형상이 이루어진다.
- **유라시아** 유럽과 아시아 대륙을 합쳐 부르는 말.
- **지각** 지구의 바깥쪽을 차지하는 부분.
- **험준한** 땅의 생긴 모양이 험하며 높고 가파른.
- **고도** 평균 해수면 따위를 으로 하여 측정한 대상 물체의 높이.
- **기단** 넓은 지역에 걸쳐 있는, 수평 방향으로 거의 같은 성질을 가진 공기 덩어리.
- **추정된다** 미루어 생각하여 판정된다.
- **사례** 어떤 일이 전에 실제로 일어난 예.

내용 독해

1 이 글에서 설명하는 내용이 <u>아닌</u> 것은 무엇인가요? (　　　)

① 히말라야산맥의 어원
② 히말라야산맥의 형성 과정
③ 히말라야산맥의 학문적 가치
④ 히말라야산맥에 서식하는 생물들
⑤ 히말라야산맥이 기후에 미치는 영향

내용 이해

2 이 글의 내용과 일치하지 <u>않는</u> 것은 무엇인가요? (　　　)

① 지구의 표면은 움직이는 여러 개의 판으로 이루어져 있다.
② 판의 충돌로 히말라야산맥의 높이는 해마다 조금씩 달라지고 있다.
③ 판이 충돌하면 밀도가 낮은 판이 아래로 밀려 내려가면서 가라앉는다.
④ 히말라야산맥을 넘지 못한 기단이나 바람에 의해 지구의 기후가 달라진다.
⑤ 히말라야산맥은 두 판의 충돌이 오랫동안 반복되면서 험준한 지형이 만들어졌다.

추론

3 4 문단을 통해 추론할 수 있는 내용은 무엇인가요? (　　　)

① 히말라야산맥은 전 세계의 강수량을 결정할 것이다.
② 히말라야산맥에 올라갈수록 기온이 높고 습할 것이다.
③ 히말라야산맥 주변에는 일 년 내내 비가 내리지 않을 것이다.
④ 히말라야산맥이 더 높아지면 산맥 남쪽은 여름철에 더 건조할 것이다.
⑤ 히말라야산맥이 없었다면 우리나라의 겨울은 지금보다 따뜻했을 수도 있다.

적용

4 이 글을 알맞게 이해한 친구는 누구인지 쓰세요.

> 주연: 지구 표면에 있는 판이 움직여도 지구의 지형에는 변화가 없겠구나.
> 지민: 땅이 흔들리지 않는 걸 보니 인도판과 유라시아판이 더 이상 충돌하지 않을 것 같아.
> 연수: 히말라야산맥이 만들어진 과정을 이해하려면 지구의 판의 운동에 대해 알아야 하는구나.

(　　　　　　　　)

구조 분석

문단 요약

5 다음 질문의 답을 찾을 수 있는 문단을 찾아 선으로 이으세요.

| 히말라야산맥은 어디에 있을까? | • | | • | **1** 문단 |

| 히말라야산맥은 어떻게 형성되었을까? | • | | • | **2** 문단 |

| 산맥의 형성은 판의 운동과 어떤 관련이 있을까? | • | | • | **3** 문단 |

| 히말라야산맥은 지구의 기후에 어떤 영향을 미칠까? | • | | • | **4** 문단 |

| 히말라야산맥이 지금도 해마다 조금씩 높아지는 이유는 무엇일까? | • | | • | **5** 문단 |

핵심 내용

6 빈칸에 들어갈 알맞은 말을 이 글에서 찾아 쓰세요.

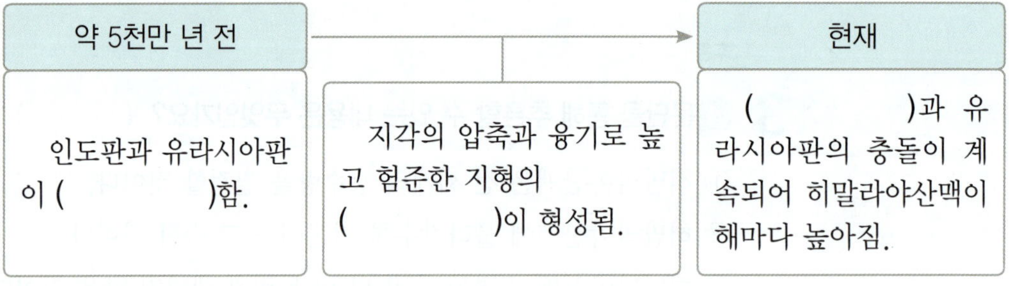

어휘

이해

7 다음 낱말의 뜻을 보기 에서 찾아 기호를 쓰세요.

보기
㉮ 미루어 생각하여 판정함.
㉯ 지구의 바깥쪽을 차지하는 부분.
㉰ 어떤 일이 전에 실제로 일어난 예.
㉱ 땅의 생긴 모양이 험하며 높고 가파른.
㉲ 넓은 지역에 걸쳐 있는, 수평 방향으로 거의 같은 성질을 가진 공기 덩어리.

(1) 기단　　(　　　)　　　　　(2) 사례　　(　　　)

(3) 추정　　(　　　)　　　　　(4) 지각　　(　　　)

(5) 험준한　　(　　　)

산지의 산봉우리들이 연속적으로 길게 이어진 지형을 **산맥**이라고 해요. 아시아의 히말라야산맥, 북아메리카의 로키산맥, 남아메리카의 안데스산맥, 유럽의 알프스산맥 등 세계 곳곳에는 높고 긴 다양한 산맥들이 있어요.

고원은 높은 산간 지대에 넓게 펼쳐진 평평한 지형을 말해요. 고원은 **해발 고도**가 높아서 대체로 서늘하고 바람이 강한 기후가 나타나요. 아시아의 히말라야산맥 근처의 티베트고원과 북아메리카의 로키산맥 근처의 콜로라도고원 등이 있어요.

산맥과 고원에 사는 사람들은 높은 고도에 적응하며 감자나 옥수수, 커피, 차 등을 **재배하거나** 알파카, 산양 등을 기르는 **목축**을 해요.

핵심 용어 다음 빈칸에 들어갈 알맞은 용어를 쓰세요.

(1) ☐ ☐

산(뫼 山) 맥(맥 脈): 산이 이어진 것.
• 뜻: 산지의 산봉우리들이 연속적으로 길게 이어진 지형.

(2) ☐ ☐

고(높을 高) 원(언덕 原): 높은 곳에 있는 언덕.
• 뜻: 높은 산간 지대에 넓게 펼쳐진 평평한 지형.

• 세계의 산맥과 고원

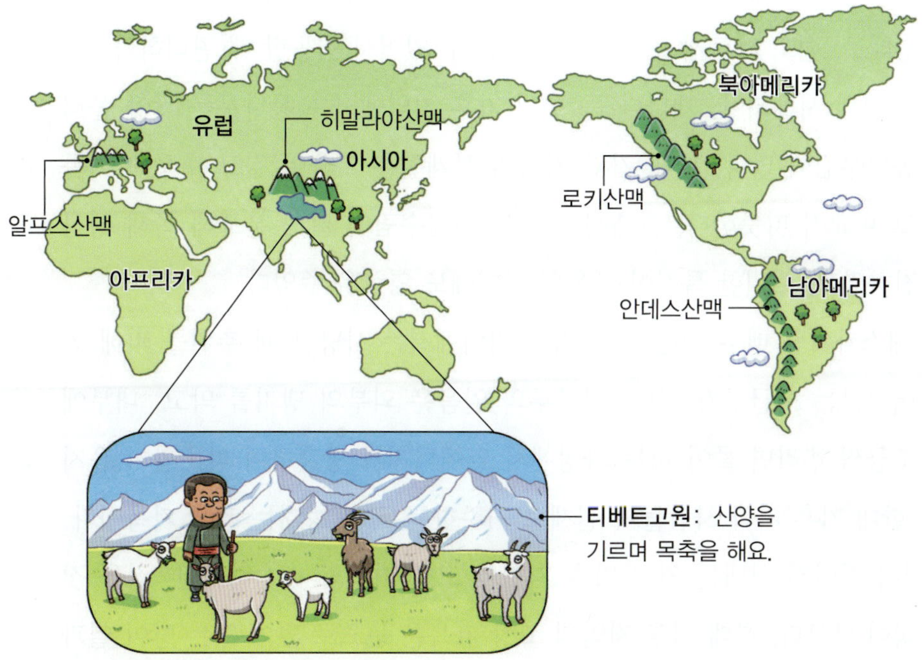

● **산지** 들이 적고 산이 많은 지대.
● **해발 고도** 평균 해수면을 기준으로 하여 잰 어떤 지점의 높이.
● **재배하거나** 식물을 심어 가꾸거나.
● **목축** 소·말·양·돼지·따위의 가축을 많이 기르는 일.

㉮ 에 따라 다른 세계의 집

1 기후는 사람이 살아가는 데 많은 영향을 미친다. 사람들은 기후에 따라 ㉠주변에서 구하기 쉬운 재료로 집을 짓거나, ㉡주변 자연환경에 잘 적응할 수 있는 형태로 집을 짓는다. 이로 인해 세계 곳곳에 오랜 세월이 흐르면서 사람들의 삶의 지혜가 담긴 독특한 **주거** 형태가 존재한다.

2 타이나 베트남 등 매우 덥고 습한 열대 기후 지역에서 흔히 볼 수 있는 주거 형태는 고상 **가옥**이다. 고상 가옥은 지면에서 떨어지도록 땅에 말뚝을 박아 그 위에 집을 지은 것이다. 이렇게 집을 짓는 까닭은 땅에서 올라오는 **열기**와 습기, 뱀이나 **해충** 등을 막기 위해서이다.

3 모로코는 강수량이 적은 건조 기후 지역으로, 주변에서 구하기 쉬운 진흙으로 흙집을 짓는다. 이곳은 비가 거의 내리지 않기 때문에 지붕이 모두 평평하다. 건조 기후 지역 중 몽골과 같이 초원에서 유목 생활을 하는 사람들은 이동식 가옥인 게르에서 생활한다. 게르는 나무로 뼈대를 세우고 그 위에 천을 씌운 형태로, 쉽고 빠르게 조립하고 **분해할** 수 있어서 이동할 때 편리하다.

4 러시아의 시베리아, 캐나다 등 냉대 기후 지역에서는 통나무를 쌓아 올려 만든 통나무집이 많다. 냉대 기후 지역의 사계절은 겨울이 길고 추우며 여름이 짧고 비교적 따뜻하다. 그래서 이곳은 **침엽수림**이 넓게 **분포해** 목재 생산이 발전하였고, 이러한 특징이 가옥의 형태에도 영향을 주었다.

5 알래스카처럼 매우 추운 한대 기후 지역에서는 사냥할 때 추위를 피해 임시로 머무르는 이글루가 있다. 이글루의 얼음은 외부의 냉기를 막고, 내부에 물을 조금씩 뿌리면 물이 어는 과정에서 열에너지를 **방출하여** 따뜻함이 유지된다. 한대 기후 지역 사람들이 실제로 거주하는 집의 형태는 고상 가옥이다. 지면에서 떨어진 형태는 열대 기후 지역의 고상 가옥과 비슷하지만, 집을 짓는 목적이 다르다. 한대 기후 지역의 고상 가옥은 눈으로 덮여 있는 땅이 열과 닿으면 눈이 녹아 집이 **침수될** 수 있어 눈과의 접촉을 피하기 위한 것이다.

- **주거**(住 살 주, 居 살 거) 일정한 곳에 머물러 삶. 또는 그런 집.
- **가옥** 사람이 사는 집.
- **열기** 뜨거운 기운.
- **해충** 인간의 생활에 해를 끼치는 벌레를 통틀어 이르는 말.
- **분해할** 여러 부분이 결합되어 이루어진 것을 그 낱낱으로 나눌.
- **침엽수림** 바늘처럼 가늘고 길며 끝이 뾰족한 잎으로 된 침엽수가 우거진 숲.
- **분포**(分 나눌 분, 布 베 포)**해** 일정한 범위에 흩어져 퍼져 있어.
- **방출**(放 놓을 방, 出 날 출)**하여** 입자나 전자기파의 형태로 에너지를 내보내어.
- **침수될** 물에 잠기게 될.

제목

1 ㉮에 알맞은 말을 넣어 이 글의 제목을 완성하세요.

(   )에 따라 다른 세계의 집

내용 이해

2 이 글의 내용과 일치하는 것은 무엇인가요? (   )

① 이글루는 알래스카 사람들이 실제로 거주하는 집이다.
② 침엽수림이 넓게 분포한 캐나다에는 통나무집이 많다.
③ 건조 기후 지역에는 주변에서 구하기 쉬운 나무로 된 집이 많다.
④ 게르는 쉽고 빠르게 조립하고 분해할 수 있어 정착 생활에 유리하다.
⑤ 열대 기후 지역에서는 열기와 습기를 피하기 위해 땅을 파서 집을 짓는다.

추론

3 이 글을 통해 답을 알 수 있는 질문이 <u>아닌</u> 것은 무엇인가요? (   )

① 이글루는 어떻게 추위를 막을까?
② 게르에서는 며칠 동안 생활할 수 있을까?
③ 모로코에서 흙집의 지붕이 평평한 까닭은 무엇일까?
④ 냉대 기후 지역에서 목재 생산이 발전한 까닭은 무엇일까?
⑤ 열대 기후 지역과 한대 기후 지역의 고상 가옥은 무엇이 다를까?

적용

4 ㉠과 ㉡에 해당하는 사례를 찾아 각각 기호를 쓰세요.

> ㉮ 주위에 나무가 많지 않아 돌로 집을 지은 히말라야산맥의 돌집
> ㉯ 호수 주변에서 자라는 갈대를 엮어 만든 페루 우로스섬의 갈대집
> ㉰ 바람에 날아가지 않도록 새끼줄로 지붕을 고정한 제주도의 전통 가옥
> ㉱ 뜨거운 햇볕을 반사시키기 위해 외벽을 흰색으로 칠한 그리스 산토리니섬의 집

⑴ ㉠: (,   )   ⑵ ㉡: (,   )

구조 분석

문단 요약

5 각 문단의 중심 내용을 선으로 알맞게 이으세요.

1문단 ·   · 한대 기후 지역의 주거 형태

2문단 ·   · 열대 기후 지역의 주거 형태

3문단 ·   · 냉대 기후 지역의 주거 형태

4문단 ·   · 건조 기후 지역의 주거 형태

5문단 ·   · 사람들의 삶의 지혜가 담긴 주거 형태

핵심 내용

6 빈칸에 들어갈 알맞은 말을 이 글에서 찾아 쓰세요.

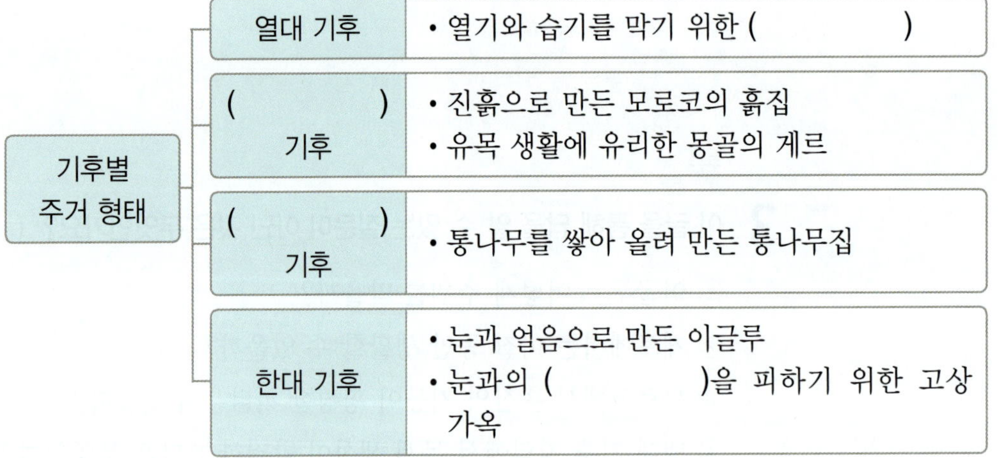

어휘

이해

7 다음 낱말의 뜻을 보기 에서 찾아 기호를 쓰세요.

보기

㉮ 일정한 범위에 흩어져 퍼져 있다.

㉯ 일정한 곳에 머물러 삶. 또는 그런 집.

㉰ 입자나 전자기파의 형태로 에너지를 내보내다.

㉱ 인간의 생활에 해를 끼치는 벌레를 통틀어 이르는 말.

㉲ 여러 부분이 결합되어 이루어진 것을 그 낱낱으로 나누다.

(1) 주거   (   )   (2) 해충   (   )

(3) 방출하다   (   )   (4) 분해하다   (   )

(5) 분포하다   (   )

세계의 기후와 다양한 삶의 모습

기후는 어떤 지역에서 여러 해에 걸쳐 나타나는 기온이나 눈, 비, 바람 등의 평균적인 날씨를 말해요. 이때 눈이나 비, 안개 등 일정 기간 동안 일정한 곳에 내린 물의 **총량**을 **강수량**이라고 해요. 대체로 적도에 가까울수록 기온이 높고 강수량이 많으며, 극지방으로 갈수록 기온이 점차 낮아지고 강수량이 적어져요. 세계의 기후는 크게 열대 기후, 건조 기후, 온대 기후, 냉대 기후, 한대 기후, 고산 기후로 구분해요.

세계 여러 나라는 기후에 따라 의식주가 다양하게 나타나요. 일교차가 큰 고산 기후 지역에서는 입고 벗기 편한 **판초**를 입고, 추운 한대 기후 지역에서는 농사를 지을 수 없어 물고기 등을 사냥해서 먹어요. 그리고 더운 열대 기후 지역에서는 더위와 해충을 피할 수 있는 고상 가옥에서 살아요. 그 밖에도 기후에 따라 다양한 의식주의 모습을 볼 수 있어요.

핵심 용어 다음 빈칸에 들어갈 알맞은 용어를 쓰세요.

(1) ☐☐

기(기운 氣) 후(계절 候): 계절의 기운.
- 뜻: 어떤 지역에서 여러 해에 걸쳐 나타나는 기온이나 눈, 비, 바람 등의 평균적인 날씨.

(2) ☐☐☐

강(내릴 降) 수(물 水) 량(헤아릴 量): 내린 물의 양.
- 뜻: 눈이나 비, 안개 등 일정 기간 동안 일정한 곳에 내린 물의 총량.

· 세계의 기후와 의식주

냉대 기후의 주생활: 침엽수를 활용해 통나무집에서 살아요.

온대 기후의 식생활: 아시아는 벼를, 유럽은 밀을 재배해서 먹어요.

한대 기후의 식생활: 농사짓기 어려워 물고기 등을 사냥해서 먹어요.

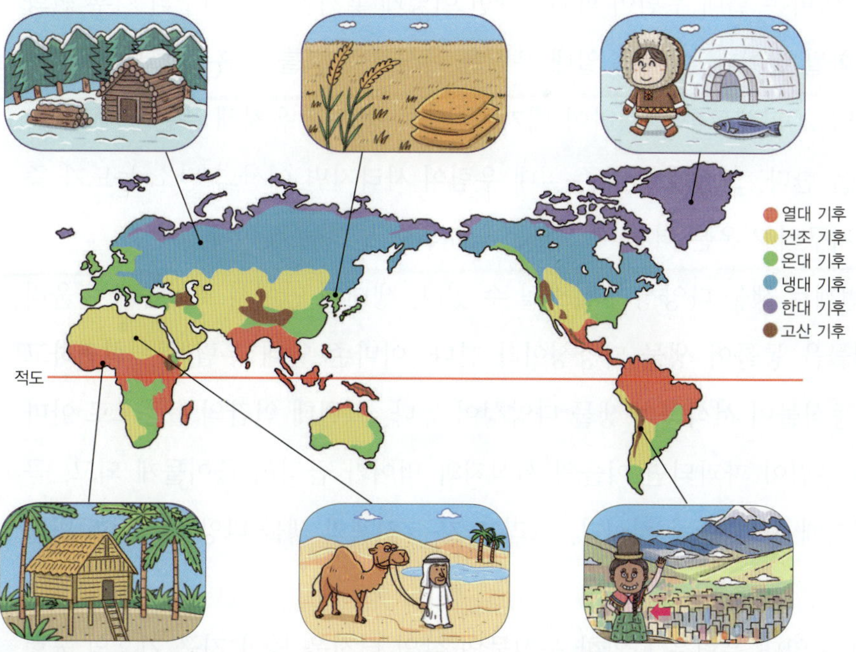

열대 기후의 주생활: 더위와 해충을 피하기 위해 지면에서 떨어진 고상 가옥에서 살아요.

건조 기후의 의생활: 강한 햇빛을 반사시키기 위해 얇고 긴 흰색 천으로 몸을 감싸요.

고산 기후의 의생활: 일교차가 커서 입고 벗기 편한 판초를 입어요.

- **총량** 전체의 양 또는 무게.
- **판초** 천 중앙에 구멍을 뚫고 그곳으로 머리를 내어 입는 옷을 통틀어 이르는 말.

지문 분석

글자 수 **1085**
950 1050 1150

아마존 열대 우림 보호의 필요성

1 아마존강은 세계에서 두 번째로 긴 강이다. 남아메리카의 안데스산맥에서 시작해 적도를 따라 페루, 콜롬비아, 브라질 등 동쪽으로 흘러 대서양으로 들어간다. 아마존강이 이렇게 긴 이유는 매우 덥고 습한 열대 기후 지역에 있기 때문이다. 이 지역은 연 강수량이 10000밀리미터가 넘는 곳도 있을 만큼 비가 많이 내린다. 많은 양의 비는 하천으로 흐르고, 그 하천들이 모여 엄청난 5 길이의 아마존강과 세계 최대 규모의 **열대 우림**이 형성되었다.

2 그런데 최근 아마존 열대 우림이 2050년에는 급격히 붕괴될 수 있다는 연구 결과가 보고되었다. 기후 변화, 가뭄, **벌목** 등으로 아마존 열대 우림은 계속해서 **훼손되고** 있으며 회복 속도가 점차 느려지고 있다. 이 연구에서는 아마존 열대 우림이 훼손된 규모가 이미 25퍼센트를 넘어섰으며, 이 상태가 계 10 속되면 2050년에는 변화 속도가 더 빨라져 **통제**가 불가능할 것이라고 **전망했다**. 이것은 지금이 아마존 열대 우림을 보존하기 위한 대책과 노력이 절실히 필요한 시점이라는 경고와도 같다.

3 만약 아마존 열대 우림이 파괴된다면 어떻게 될까? 먼저 지구의 기후 변화가 **가속화될** 것이다. 아마존 열대 우림은 이산화 탄소를 ㉠흡수하고, 전 세계 15 산소의 약 20퍼센트를 생성하여 **대기** 중 산소 **농도**를 유지해 주는 지구의 허파 역할을 한다. 그런데 아마존 열대 우림이 사라지면 이산화 탄소 농도가 증가하여 지구의 기온은 더 크게 오르는 악순환이 반복될 것이다.

4 두 번째로 생물 다양성이 감소될 수 있다. 생태계 안에서 조화롭게 어울려 사는 생물을 통틀어 생물 다양성이라 한다. 아마존 열대 우림에는 **희귀하고** 20 다양한 동식물이 서식하여 생물 다양성이 높다. 그런데 인간의 활동으로 아마존 열대 우림이 파괴되면 이들의 서식지와 먹이가 급격히 줄어들게 되고, 곧 **멸종** 위기에 처하게 될 것이다. 그리고 지구 전체의 생물 다양성도 위협 받을 것이다.

5 아마존 열대 우림은 다양한 동식물의 삶의 터전을 넘어 지구 기후의 균형 25 을 유지하는 중요한 산림이다. 아마존 열대 우림이 스스로 회복하는 능력을 잃는다면 인류뿐만 아니라 지구 전체에 영향을 줄 것이다. 따라서 아마존 열대 우림의 보호는 지구와 인류의 지속 가능한 미래를 위한 필수 과제이다.

- **열대 우림** 일 년 내내 기온이 높고 비가 많은 적도 부근의 열대 지방에서 발달하는 산림.
- **벌목** 숲의 나무를 벰.
- **훼손되고** 헐리거나 깨져 못 쓰게 되고.
- **통제** 어떤 방침이나 목적에 따라 행위를 하지 못하게 막음.
- **전망했다** 앞날을 헤아려 내다보았다.
- **가속화될** 속도가 더해지게 될.
- **대기**(大 큰 대, 氣 기운 기) 지구를 둘러싸고 있는 모든 공기.
- **농도** 용액 따위의 진함과 묽음의 정도.
- **희귀하고** 드물어서 특이하거나 매우 귀하고.
- **멸종** 생물의 한 종류가 없어짐. 또는 생물의 한 종류를 아예 없애 버림.

주제

1 이 글에서 글쓴이가 주장하는 내용은 무엇인가요? (   )

① 아마존강에 서식하는 동물에 먹이를 주어야 한다.

② 아마존 열대 우림의 생태계 변화를 지속적으로 관찰해야 한다.

③ 지구의 기후 변화를 막기 위해 대기 중 산소 농도를 유지해야 한다.

④ 아마존 열대 우림에 있는 중요한 산림 자원을 적극적으로 개발해야 한다.

⑤ 지구와 인류의 지속 가능한 미래를 위해 아마존 열대 우림을 보존해야 한다.

내용 이해

2 이 글의 내용과 일치하는 것은 무엇인가요? (   )

① 아마존강은 세계에서 가장 긴 강이다.

② 아마존 열대 우림이 훼손된 규모는 아직 25%를 넘지 않았다.

③ 아마존 열대 우림은 대기 중 산소 농도를 유지해 주는 역할을 한다.

④ 2050년에는 아마존 열대 우림이 회복될 것이라는 연구가 보고되었다.

⑤ 동식물의 서식지와 먹이가 급격히 늘어나면 아마존 열대 우림이 파괴된다.

추론

3 이 글을 통해 답을 알 수 있는 질문이 <u>아닌</u> 것은 무엇인가요? (   )

① 아마존강이 긴 이유는 무엇일까?

② 아마존강은 어디로 흘러 들어갈까?

③ 아마존 열대 우림은 어떻게 지구의 허파 역할을 할까?

④ 아마존 열대 우림이 급격히 붕괴되는 이유는 무엇일까?

⑤ 아마존 열대 우림에 서식하는 희귀한 동식물은 무엇일까?

어휘·어법

4 ㉠과 바꾸어 쓸 수 있는 낱말은 무엇인가요? (   )

① 통과하고   ② 배출하고   ③ 흡사하고

④ 빨아들이고   ⑤ 흘러넘치고

구조
분석

문단 요약

5 다음 빈칸에 들어갈 알맞은 말을 쓰며 이 글의 내용을 정리하세요.

문단	중심 내용
1	아마존강과 열대 우림의 형성
2	(　　　　　)이 붕괴될 수 있다는 연구 결과
3	아마존 열대 우림 파괴로 인한 (　　　　　)의 가속화
4	아마존 열대 우림 파괴로 인한 (　　　　　) 감소
5	아마존 열대 우림의 보호의 필요성

핵심 내용

6 빈칸에 들어갈 알맞은 말을 이 글에서 찾아 쓰세요.

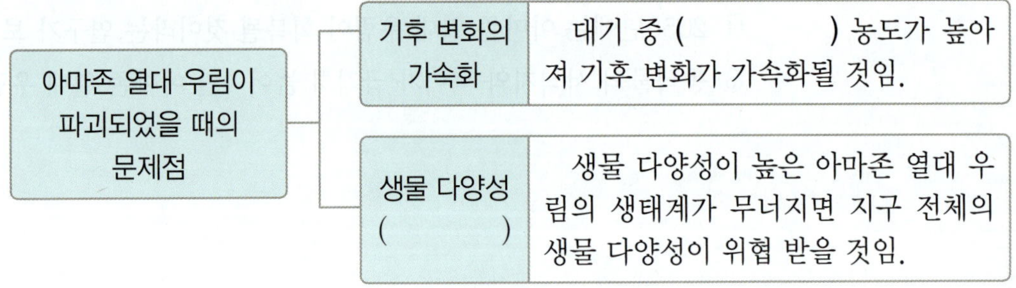

어휘

이해

7 다음 낱말의 뜻을 찾아 선으로 알맞게 이으세요.

(1) 벌목　・　　　・ ㉮ 숲의 나무를 벰.

(2) 농도　・　　　・ ㉯ 속도가 더해지다.

(3) 훼손하다　・　　　・ ㉰ 앞날을 헤아려 내다보다.

(4) 전망하다　・　　　・ ㉱ 헐리거나 깨져 못 쓰게 만들다.

(5) 가속화하다　・　　　・ ㉲ 용액 따위의 진함과 묽음의 정도.

세계의 기후(1) 열대 기후와 건조 기후

정답과 해설 **09** 쪽

열대 기후는 일 년 내내 기온이 높고 강수량이 많은 기후예요. 적도를 중심으로 저위도 지역에 넓게 나타나요. 일 년 내내 기온이 높고 비가 많이 내리는 지역은 열대 우림을 이루기도 하고, 기온은 높지만 **건기**와 **우기**가 나타나는 지역은 넓은 초원을 이루기도 해요.

건조 기후는 강수량이 적고, 하루 동안의 기온 변화가 큰 기후예요. 주로 위도 20°~30° 일대와 바다에서 멀리 떨어진 지역에서 나타나요. 건조 기후 지역에는 비가 매우 적게 내려 사막이 형성된 곳도 있고, 짧은 기간에 비가 내려 초원이 펼쳐진 곳도 있어요.

핵심 용어 다음 빈칸에 들어갈 알맞은 용어를 쓰세요.

(1) ☐☐ **기후**

열(더울 熱) **대**(띠 帶): 더운 띠.
- 뜻: 일 년 내내 기온이 높고 강수량이 많은 기후.

(2) ☐☐ **기후**

건(마를 乾) **조**(마를 燥): 마름.
- 뜻: 강수량이 적고, 하루 동안의 기온 변화가 큰 기후.

• 열대 기후 지역과 건조 기후 지역의 모습

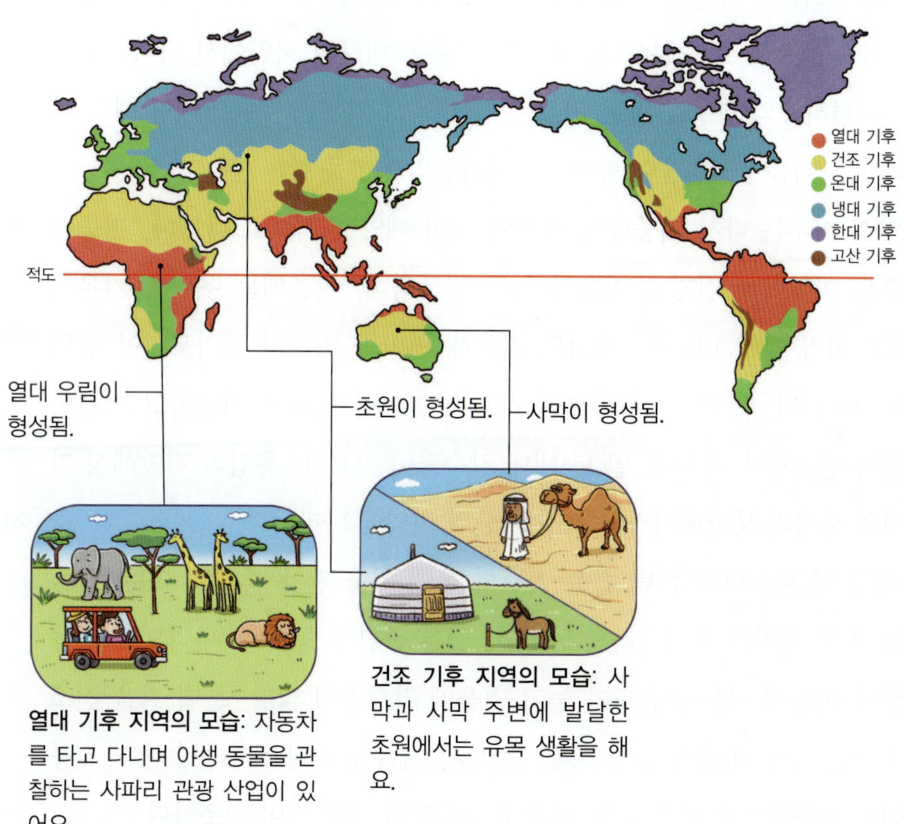

열대 기후 지역의 모습: 자동차를 타고 다니며 야생 동물을 관찰하는 사파리 관광 산업이 있어요.

건조 기후 지역의 모습: 사막과 사막 주변에 발달한 초원에서는 유목 생활을 해요.

- **건기** 기후가 건조한 시기.
- **우기** 일 년 중 비가 많이 오는 시기.

세계의 기후(2) 온대 기후와 냉대 기후

온대 기후의 다양한 특징

1 우리나라처럼 중위도 지역에서 사계절의 변화가 뚜렷하게 나타나는 기후를 온대 기후라고 한다. 온대 기후는 가장 추운 달의 평균 기온이 영하 3℃에서 영상 18℃ 사이로, 고위도나 저위도 지역에 비해 상대적으로 기온이 온화하다. 온대 기후는 북반구에 넓게 분포되어 있으며, 대륙 면적이 적은 남반구는 북반구에 비해 온대 기후 지역이 적게 나타난다. 　5

2 온대 기후의 온화한 기온과 적절한 강수량은 농사짓기에 알맞다. 그래서 온대 기후 지역 중 유럽은 밀을 재배하고, 아시아는 벼농사를 지으며 농업이 발달하였다. 또한 온대 기후 지역은 사람이 거주하기에 좋은 환경을 갖춰 역사적으로 일찍부터 **문명**이 발달했고, 세계에서 인구가 가장 **밀집해** 있다.

3 온대 기후는 위도, 지형, 바다 등 다양한 요인에 따라 기온이나 강수량 등 　10 이 차이를 보인다. 독일의 기상학자 쾨펜에 따르면 온대 기후는 크게 해양성 기후화 대륙성 기후로 구분된다. 해양성 기후는 대륙의 **서안**에서 바다로부터 불어오는 **편서풍**의 영향을 받는 기후이고, 대륙성 기후는 대륙의 **동안**에서 겨울에 북서풍, 여름에 남동풍이 불어오는 **계절풍**의 영향을 함께 받는 기후이다.

4 해양성 기후는 다시 지중해성 기후와 서안 해양성 기후로 나눈다. 지중해 　15 성 기후는 여름에는 건기로 기온이 높고 건조하며, 겨울에는 우기로 기온이 온화하고 비가 많이 내린다. 유럽의 지중해 **연안**과 미국의 캘리포니아 등의 지역에 나타난다. 반면 서안 해양성 기후는 여름이 비교적 서늘하고 겨울이 춥지 않아 **연교차**가 적으며, 일 년 내내 강수량이 고르다. 유럽의 지중해성 기후 지역의 북쪽과 북아메리카의 북서쪽 등의 지역에 나타난다. 　20

5 대륙성 기후는 다시 온난 **습윤** 기후와 온대 겨울 건조 기후로 나눈다. 온난 습윤 기후 지역은 우리나라의 남해안, 일본 중남부 등으로, 바다의 영향을 많이 받아 여름에 기온과 습도가 높고 겨울에 강수량이 많다. 온대 겨울 건조 기후 지역은 중국 **내륙**과 인도 북부 등으로, 여름에 바다로부터 습한 계절풍이 불어와 집중적으로 비가 오고 겨울에 강수량이 매우 적어 건조하다. 　25

- **문명**(文 글월 문, 明 밝을 명) 인류가 이룬 물질적, 기술적, 사회 구조적인 발전.
- **밀집**(密 빽빽할 밀, 集 모을 집)**해** 빈틈없이 빽빽하게 모여.
- **서안** 강이나 바다 따위의 서쪽 기슭. 또는 대륙이나 반도 따위의 서쪽 기슭.
- **편서풍** 중위도 지방에서 일 년 내내 서쪽에서 동쪽으로 치우쳐 부는 바람.
- **동안** 강이나 바다 따위의 동쪽 기슭. 또는 대륙이나 반도 따위의 동쪽 기슭.
- **계절풍** 계절에 따라 주기적으로 일정한 방향으로 부는 바람.
- **연안** 강이나 호수, 바다를 따라 잇닿아 있는 육지.
- **연교차** 1년 동안 측정한 기온, 습도 따위의 최댓값과 최솟값의 차이.
- **습윤** 습기가 많은 느낌이 있음.
- **내륙** 바다에서 멀리 떨어져 있는 육지.

내용 독해

1 이 글의 설명 방법으로 알맞은 것은 무엇인가요? (　　　)

① 두 대상의 공통점을 중심으로 설명하고 있다.

② 구체적인 수치를 제시하여 주장을 뒷받침하고 있다.

③ 설명 대상을 분류하여 각각의 특징을 설명하고 있다.

④ 설명 대상이 나타나는 과정을 순서대로 제시하고 있다.

⑤ 설명 대상에 대한 문제점과 해결 방안을 제시하고 있다.

내용 이해

2 이 글의 내용과 일치하지 <u>않는</u> 것은 무엇인가요? (　　　)

① 중국 내륙 지역은 겨울에 건조하고 강수량이 매우 적다.

② 온대 기후 지역은 역사적으로 일찍부터 문명이 발달하였다.

③ 지중해성 기후 지역은 여름에는 우기, 겨울에는 건기가 된다.

④ 온대 기후 지역은 다른 지역에 비해 기온이 상대적으로 온화하다.

⑤ 바다로부터 편서풍의 영향을 받는 온대 기후를 해양성 기후라고 한다.

추론

3 이 글을 통해 추론할 수 있는 내용으로 알맞은 것은 무엇인가요? (　　　)

① 온대 기후 지역은 모두 기온이나 강수량이 비슷할 것이다.

② 유럽의 지중해 연안은 대륙에서 불어오는 편서풍의 영향을 받을 것이다.

③ 북아메리카의 북서쪽 지역은 여름철과 겨울철의 기온 차이가 클 것이다.

④ 바다와 접해 있는 우리나라 남해안의 지역은 겨울에 강수량이 적을 것이다.

⑤ 우리나라와 유럽은 서로 다른 온대 기후의 영향을 받아 각각 벼와 밀을 재배했을 것이다.

적용

4 이 글의 이해를 돕기 위해 활용하면 좋은 자료로 알맞지 <u>않은</u> 것의 기호를 쓰세요.

> ㉮ 지중해성 기후 지역과 서안 해양성 기후 지역을 나타낸 지도
>
> ㉯ 우리나라의 남해안과 인도 북부의 겨울철 기온을 비교한 자료
>
> ㉰ 온대 기후 지역과 고위도 지역의 가장 추운 달의 평균 기온을 나타낸 표
>
> ㉱ 지중해성 기후 지역과 서안 해양성 기후 지역의 월별 강수량을 나타낸 그래프

(　　　　　)

구조 분석

5 다음은 이 글에 나타난 각 문단의 중심 내용입니다. 글의 내용에 맞게 순서대로 기호를 쓰세요.

> ㉮ 대륙성 기후의 구분과 특징
>
> ㉯ 해양성 기후의 구분과 특징
>
> ㉰ 중위도 지역에 나타나는 온대 기후
>
> ㉱ 농업이 발달하고 사람이 거주하기 좋은 온대 기후
>
> ㉲ 해양성 기후와 대륙성 기후로 구분되는 온대 기후

(   ) → (   ) → (   ) → (   ) → (   )

6 빈칸에 들어갈 알맞은 말을 이 글에서 찾아 쓰세요.

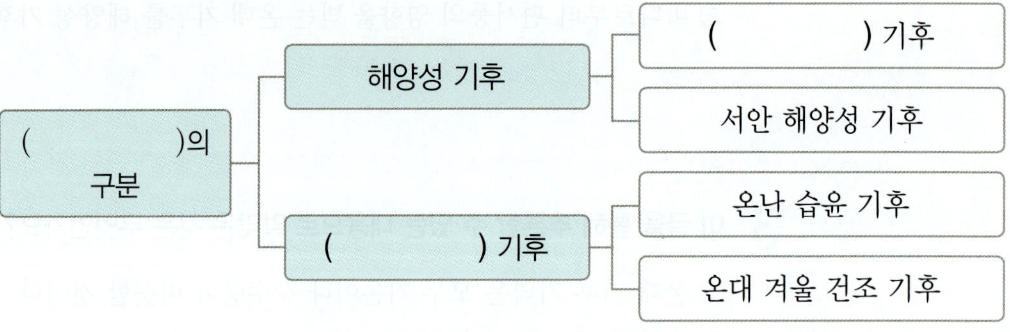

어휘

7 다음 낱말의 뜻을 보기 에서 찾아 기호를 쓰세요.

> **보기**
>
> ㉮ 빈틈없이 빽빽하게 모인.
>
> ㉯ 강이나 호수, 바다를 따라 잇닿아 있는 육지.
>
> ㉰ 인류가 이룬 물질적, 기술적, 사회 구조적인 발전.
>
> ㉱ 계절에 따라 주기적으로 일정한 방향으로 부는 바람.
>
> ㉲ 1년 동안 측정한 기온, 습도 따위의 최댓값과 최솟값의 차이.

(1) 문명   (   )   (2) 연안   (   )

(3) 계절풍   (   )   (4) 연교차   (   )

(5) 밀집된   (   )

세계의 기후⑵ 온대 기후와 냉대 기후

온대 기후는 기온이 온화하고 사계절의 변화가 뚜렷한 기후를 말해요. 온대 기후는 주로 바다와 가까운 중위도 지역에 나타나며 가장 추운 달의 평균 기온이 영하 3℃ 이상 영상 18℃ 미만이에요. 온대 기후는 우리나라처럼 강수량이 여름에 집중되는 곳, 서부 유럽처럼 여름에 서늘하고 일 년 내내 강수량이 고른 곳, 지중해 주변처럼 여름보다 겨울에 강수량이 더 많은 곳이 있어요.

냉대 기후는 사계절이 나타나지만 온대 기후보다 겨울이 더 길고 추운 기후를 말해요. 냉대 기후는 러시아의 시베리아, 캐나다처럼 북반구의 중위도와 고위도 지역에서 나타나요. 온대 기후에 비해 겨울이 길고 몹시 추워서 겨울에는 농사짓기 어렵지만 여름에는 밀, 옥수수, 감자 등을 재배할 수 있어요. 그리고 뾰족한 잎을 가진 침엽수림이 넓게 발달하여 **목재** 생산이 활발해요.

핵심 용어 다음 빈칸에 들어갈 알맞은 용어를 쓰세요.

(1) ☐☐ **기후**

온(따뜻할 溫) 대(띠 帶): 따뜻한 띠.
- 뜻: 기온이 온화하고 사계절의 변화가 뚜렷한 기후.

(2) ☐☐ **기후**

냉(찰 冷) 대(띠 帶): 찬 띠.
- 뜻: 사계절이 나타나지만 온대 기후보다 겨울이 더 길고 추운 기후.

• 온대 기후 지역과 냉대 기후 지역의 모습

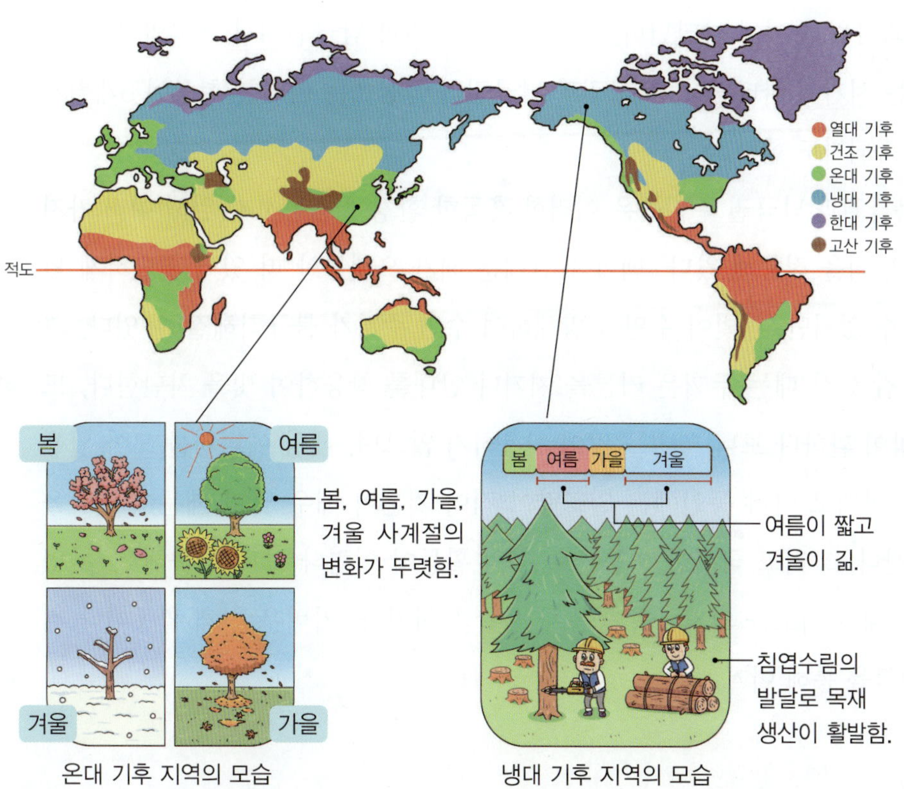

온대 기후 지역의 모습

냉대 기후 지역의 모습

● **목재** 건축이나 가구 따위에 쓰는, 나무로 된 재료.

백야와 극야

지문 분석

글자 수 963
950 1050 1150

1 북극에 가면 다양한 빛이 하늘에 펼쳐진 오로라를 볼 수 있다. 이처럼 극지방에서만 볼 수 있는 독특한 기상 현상들이 있는데, 그중 ㉠백야와 ㉡극야가 있다. 백야는 해가 지지 않아 밤에도 어두워지지 않는 현상을 말하고, 극야는 해가 뜨지 않아 밤이 **지속되는** 현상을 말한다.

2 백야와 극야가 나타나는 까닭은 지구의 **자전축**이 23.5° 기울어져 **공전**을 하기 때문이다. 백야는 북극권이나 남극권이 태양을 향해 기울어져 있을 때 나타난다. 극지방이 태양을 향해 있기 때문에 밤이 되어도 태양이 **지평선** 아래로 내려가지 않아서 낮처럼 밝다. 반대로 극야는 북극권이나 남극권이 태양의 반대 방향으로 기울어져 있을 때 나타난다. 극지방이 태양과 반대 방향에 있기 때문에 낮이 되어도 태양이 지평선 위로 올라오지 않아 밤처럼 어둡다.

3 백야와 극야는 북극권과 남극권에서 번갈아 일어나는데, 북극권이 백야 기간이면 남극권은 극야 기간이 된다. 백야와 극야가 나타나는 시기는 위도에 따라 다르지만, 일반적으로 백야는 북극권에서 5월과 7월 사이에, 남극권에서 11월과 1월 사이에 나타난다. ㉰극야는 북극권과 남극권에서 백야와 서로 반대되는 시기에 나타난다. 북극권과 남극권의 **극점**에는 이러한 현상이 6개월가량 지속되기도 한다.

4 북극권과 남극권 주민들은 이러한 **혹독한** 환경에 적응하기 위해 여러 가지 생활 방식을 적용해 왔다. 백야 동안에는 해가 오랫동안 떠 있어 활발하게 활동할 수 있지만, 햇빛이 수면을 방해하여 수면 **주기**가 불규칙해질 수 있다. 그래서 잠을 잘 때는 두꺼운 커튼을 치거나 안대를 착용하여 빛을 차단한다. 또한, 밖이 환하다 보니 조명을 많이 사용하지 않으며, 태양 에너지를 모아 활용한다. 반대로 극야 동안에는 **일조량**이 적어 기온이 매우 낮기 때문에 난방을 강화한다. 그리고 **극심한** 어둠으로 야외 활동이 어렵다 보니 우울해질 수 있다. 그래서 서로를 의지하며 공동체 생활을 하거나, 가벼운 신체 활동이나 취미 생활을 통해 이겨 낸다.

5

10

15

20

25

- **지속되는** 어떤 상태가 오래 계속되는.
- **자전축**(自 스스로 자, 轉 구를 전, 軸 굴대 축) 천체가 자전할 때 중심이 되는 축.
- **공전**(公 공평할 공, 轉 구를 전) 한 천체가 다른 천체의 둘레를 주기적으로 도는 일.
- **지평선**(地 땅 지, 平 평평할 평, 線 줄 선) 편평한 대지의 끝과 하늘이 맞닿아 경계를 이루는 선.
- **극점** 위도 90도의 지점. 남극점과 북극점이 있다.
- **혹독한** 몹시 심한.
- **주기**(週 돌 주, 期 기약할 기) 같은 현상이나 특징이 한 번 나타나고부터 다음번 되풀이되기까지의 기간.
- **일조량** 일정한 물체의 표면이나 지표면에 비치는 햇볕의 양.
- **극심한** 매우 심한.

목적

1 글쓴이가 이 글을 쓴 목적은 무엇인가요? (　　　　)

① 일상에서 백야와 극야를 경험한 사례를 나타내려고

② 국가별로 백야와 극야가 나타나는 시기를 구분하려고

③ 지구의 자전축이 얼마나 기울어져 있는지 분석하려고

④ 북극권과 남극권에서 나타나는 기상 현상의 차이점을 비교하려고

⑤ 극지방에서 나타나는 독특한 기상 현상인 백야와 극야에 대해 설명하려고

이해

2 ㉠과 ㉡에 대한 설명으로 알맞지 <u>않은</u> 것은 무엇인가요? (　　　　)

① ㉡은 태양이 지평선 위로 올라오지 않아 밤이 지속된다.

② ㉠은 해가 지지 않아 밤에도 어두워지지 않는 현상이다.

③ ㉡이 나타나면 일조량이 부족하여 기온이 매우 낮아진다.

④ ㉠은 극지방이 태양과 반대 방향으로 기울어져 있을 때 나타난다.

⑤ ㉠이 나타나면 주민들은 수면을 취할 때 커튼을 치거나 안대를 착용한다.

추론

3 ㉎를 읽고 짐작한 것으로 알맞은 것은 무엇인가요? (　　　　)

① 극야는 백야와 달리 어느 시기에 나타나는지 알 수 없군.

② 극야는 백야와 반대로 여름철에만 나타나는 기상 현상이군.

③ 극야는 백야와 반대로 남극권에서만 볼 수 있는 기상 현상이군.

④ 극야는 북극권에서는 여름철에, 남극권에서는 겨울철에 나타나는군.

⑤ 극야는 북극권에서 11월과 1월 사이에, 남극권에서 5월과 7월 사이에 나타나는군.

적용

4 백야와 극야에 대해 알맞게 이해한 친구는 누구인지 쓰세요.

> 현주: 우리나라도 산 정상에서는 백야 현상이 나타날 수 있겠구나.
>
> 성우: 12월에 북극에 놀러 가면 늦은 시간까지도 낮처럼 밝아서 활동하기 좋을 거야.
>
> 슬기: 남극의 과학 기지에서 일하는 사람들은 극야가 찾아오면 급격히 떨어지는 기온에 잘 대비해야 할 것 같아.

(　　　　　　　　　　)

구조 분석

문단 요약

5 다음은 이 글에 나타난 각 문단의 중심 내용입니다. 글의 내용에 맞게 순서대로 기호를 쓰세요.

> ㉮ 백야와 극야가 나타나는 원리
> ㉯ 백야와 극야가 나타나는 시기
> ㉰ 극지방에서 나타나는 백야와 극야
> ㉱ 백야와 극야에 적응하기 위한 주민들의 생활 방식

(   ) → (   ) → (   ) → (   )

핵심 내용

6 빈칸에 들어갈 알맞은 말을 이 글에서 찾아 쓰세요.

구분	백야	( )
개념	해가 지지 않아 밤에 어두워지지 않는 현상	해가 뜨지 않아 밤이 지속되는 현상
원리	• 북극권이나 남극권이 태양을 향해 기울어져 있을 때 나타남. • 태양이 지평선 ( )로 내려가지 않음.	• 북극권이나 남극권이 태양과 반대 방향으로 기울어져 있을 때 나타남. • 태양이 지평선 ( )로 떠오르지 않음.
시기	( )권에서는 5~7월에, ( )권에서는 11~1월에 나타남.	( )권에서는 11~1월에, ( )권에서는 5~7월에 나타남.

어휘

적용

7 다음 문장의 빈칸에 들어갈 알맞은 낱말을 보기 에서 찾아 쓰세요.

> **보기**
>
> 공전   지속   일조량   지평선   혹독한

⑴ 겨울에는 낮이 짧아 (   )이 적다.

⑵ 태양을 중심으로 (   )하는 천체들을 태양계라고 한다.

⑶ 기상청에서는 당분간 따뜻한 날씨가 (   )될 것이라고 하였다.

⑷ 새해에는 (   ) 너머로 뜨는 해를 보기 위해 많은 사람이 모인다.

⑸ 금메달을 수상한 스포츠 선수는 (   ) 훈련의 결과라고 소감을 말했다.

세계의 기후⑶ 한대 기후와 고산 기후

정답과 해설 **11** 쪽

　　한대 기후는 북극과 남극 지역을 가리키는 극지방에 주로 분포하는 기후예요. 겨울이 길고 여름이 짧으며, 평균 기온도 매우 낮아요. 한대 기후 지역 사람들은 순록을 키우며 유목 생활을 하거나, 사냥을 하면서 생활해 왔어요.

　　고산 기후는 해발 고도가 높은 지역에서 나타나는 기후예요. 적도 부근의 고산 지역은 높은 지역으로 올라갈수록 기온이 낮아져 일 년 내내 온화한 날씨가 나타나요. 사람들이 살기에 알맞은 기후이지만 농사짓기는 어려워서 감자나 옥수수, 차와 커피 등을 재배해요. 그리고 알파카, 산양을 기르며 목축을 해요.

핵심 용어 다음 빈칸에 들어갈 알맞은 용어를 쓰세요.

(1) ☐☐ **기후**

한(차가울 寒) 대(띠 帶): 차가운 띠.
* 뜻: 극지방에 주로 분포하는 매우 추운 기후.

(2) ☐☐ **기후**

고(높을 高) 산(뫼 山): 높은 산.
* 뜻: 해발 고도가 높은 지역에서 나타나는 기후.

• 한대 기후 지역과 고산 기후 지역의 모습

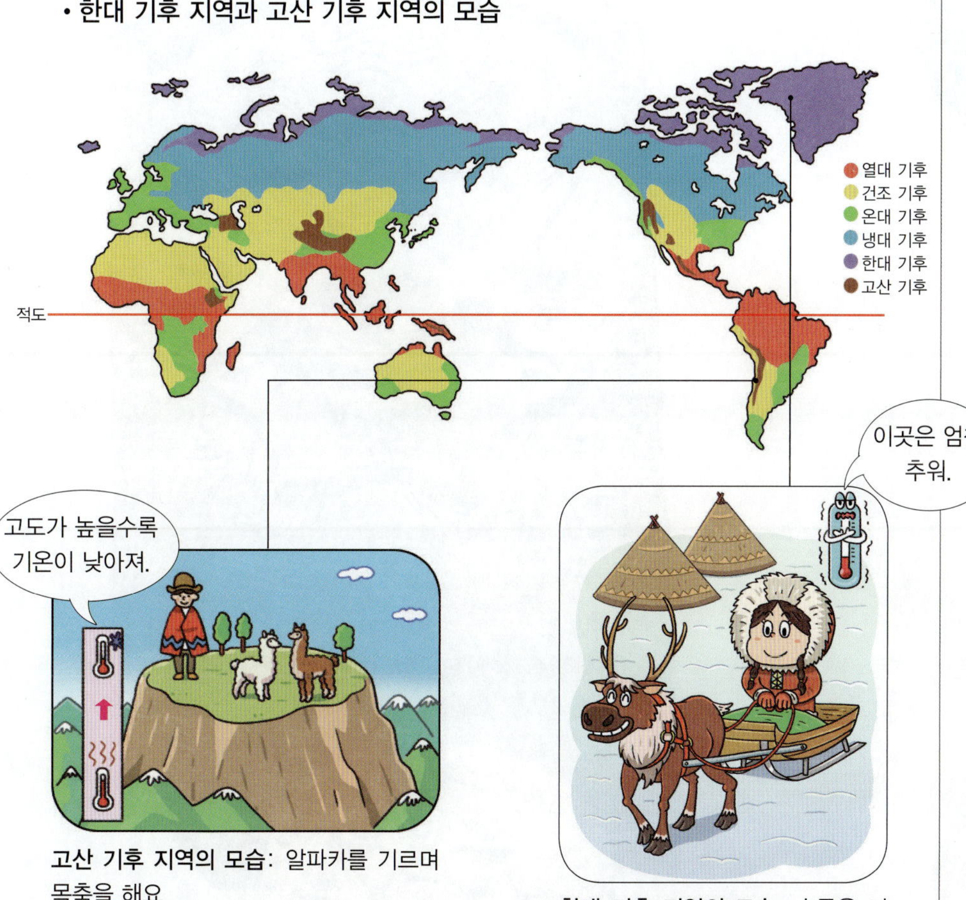

고산 기후 지역의 모습: 알파카를 기르며 목축을 해요.

한대 기후 지역의 모습: 순록을 키우며 유목 생활을 해요.

역사

01

왜 남북이 통일되어야 하는가

지문 분석

글자 수 963
950 1050 1150

1 2018년 평창 동계 올림픽 개막식에서는 남한과 북한이 공동 입장을 하였다. 그리고 대한민국 여자 아이스하키 대표팀은 북한 선수 3명과 함께 남북 단일팀을 구성하여 출전하였다. 이런 스포츠 교류는 남북의 마음의 경계를 허물고 서로를 이해할 수 있는 기회를 제공한다. 스포츠 교류와 같은 화합의 과정을 거쳐 남한과 북한은 **궁극적**으로 평화 통일을 이루어야 한다. 5

2 남북통일은 한반도의 평화와 안정에 큰 도움이 된다. 현재 남한과 북한은 서로 다른 정치 **체제**와 경제 시스템을 가지고 있다. 남한은 민주주의와 **시장 경제**를 바탕으로 발전해 왔고, 북한은 사회주의를 유지하고 있다. 이 때문에 남북은 군사적으로 **대치하고** 있으며 언제든지 충돌이 발생할 수 있다. 하지만 통일이 이루어진다면 이러한 군사적 **긴장**이 **해소될** 것이며, 한반도는 더 이상 10 전쟁의 위협에 시달리지 않고 평화를 누릴 수 있을 것이다.

3 또한, 남북통일은 경제적으로도 큰 도움이 된다. 남한은 기술과 자본이 풍부하지만 자원이 부족하다. 반면, ㉠북한은 철광석, 석탄, 마그네사이트 등 풍부한 자원을 가지고 있지만 이를 제대로 활용하지 못하고 있다. 통일이 이루어진다면 남한의 기술과 자본, 북한의 자원이 **결합되어** 경제 성장의 발판이 15 될 것이다.

4 나아가 남북통일은 **인도적** 차원에서도 중요하다. 현재 많은 북한 주민이 식량 부족, 의료 서비스 부족 등으로 고통을 겪고 있다. 통일이 이루어진다면 남한의 발전된 사회 시스템으로 북한 주민의 삶의 질을 크게 향상시킬 수 있을 것이다. 아울러 남북통일은 남과 북으로 나뉘어 서로 만날 수 없는 이산가 20 족에게 자유롭게 만날 수 있는 기회를 줄 것이다.

5 남북통일은 단순히 하나가 되는 것을 넘어서, 우리의 미래를 밝게 만드는 중요한 일이다. 한반도의 평화, 경제 발전과 성장, 인도적 지원 등통일을 통해 긍정적인 변화가 이루어질 수 있다. 그러므로 우리 모두는 남북의 평화와 통일을 위해 노력하고, 서로 이해하며 협력하는 자세를 가져야 한다. 25

- **궁극적** 더할 나위 없는 지경에 도달하는 것.
- **체제** 사회나 국가의 전체적인 양식이나 경향.
- **시장 경제** 시장을 통한 재화나 용역의 거래를 중심으로 하여 성립하는 경제.
- **대치하고** 서로 맞서서 버티고.
- **긴장** 정세나 분위기가 평온하지 않은.
- **해소될** 어려운 일이나 문제가 되는 상태가 해결되어 없어지게 될.
- **결합**(結 맺을 결, 合 합할 합)**되어** 둘 이상의 사물이나 사람이 서로 관계를 맺어 하나가 되어.
- **인도적** 사람으로서 마땅히 지켜야 할 도리에 관계되는 것.

내용 독해

1 글쓴이가 이 글을 쓴 목적은 무엇인가요? (   )

① 남북통일의 허상을 드러내기 위해

② 남북통일의 필요성을 주장하기 위해

③ 남북통일에 대한 찬반 입장을 다루기 위해

④ 남북통일에 무관심한 사회를 비판하기 위해

⑤ 남북통일이 우리 경제에 미치는 영향을 분석하기 위해

2 이 글을 통해 알 수 있는 내용이 <u>아닌</u> 것은 무엇인가요? (   )

① 북한 주민들은 식량과 의료 서비스 부족으로 고통을 겪고 있다.

② 남북은 정치와 경제 체제가 서로 달라 군사적으로 충돌할 수도 있다.

③ 스포츠 교류는 분단된 남과 북이 서로를 이해하는 기회가 될 수 있다.

④ 남한과 북한에는 아직도 서로 떨어져서 만나지 못하는 가족들이 있다.

⑤ 남한의 풍부한 자원과 북한의 기술이 결합하면 경제 발전을 이룰 수 있다.

3 ㉠의 이유를 추론한 내용으로 알맞은 것은 무엇인가요? (   )

① 남북통일 이후에 남한과 함께 자원을 활용하고 싶기 때문일 것이다.

② 한반도가 늘 전쟁의 위협을 겪는 불안정한 상태에 있기 때문일 것이다.

③ 남한이 북한의 자원 사용에 대해 문제를 제기하고 있기 때문일 것이다.

④ 풍부한 자원을 이용할 수 있는 기술과 자본이 부족하기 때문일 것이다.

⑤ 자원 활용보다 군사적 긴장 상태를 해소하는 것이 더 시급하기 때문일 것이다.

4 이 글의 글쓴이와 생각이 같은 친구는 누구인지 쓰세요.

> 효진: 고통을 겪고 있는 북한 주민들의 탈출을 도와 북한이 스스로 무너지도록 해
> 야 해.
> 민아: 우리나라의 국방을 더욱 강화하여 북한보다 월등한 군사력을 보유하면 좀 더
> 쉽게 통일이 될 거야.
> 성준: 남북통일을 위해서는 남한과 북한 사람들이 평화와 화합을 통해 서로를 이해
> 하고 협력하는 자세가 필요해.

(   )

구조 분석

5 다음 빈칸에 들어갈 알맞은 말을 쓰며 이 글의 내용을 정리하세요.

문단	중심 내용
1	평창 동계 올림픽에서의 남북 스포츠 교류
2	한반도의 평화와 ( )에 기여하기 위한 남북통일의 필요성
3	( ) 성장을 위한 남북통일의 필요성
4	( ) 차원에서의 남북통일의 필요성
5	남북통일에 필요한 우리의 자세

6 빈칸에 들어갈 알맞은 말을 이 글에서 찾아 쓰세요.

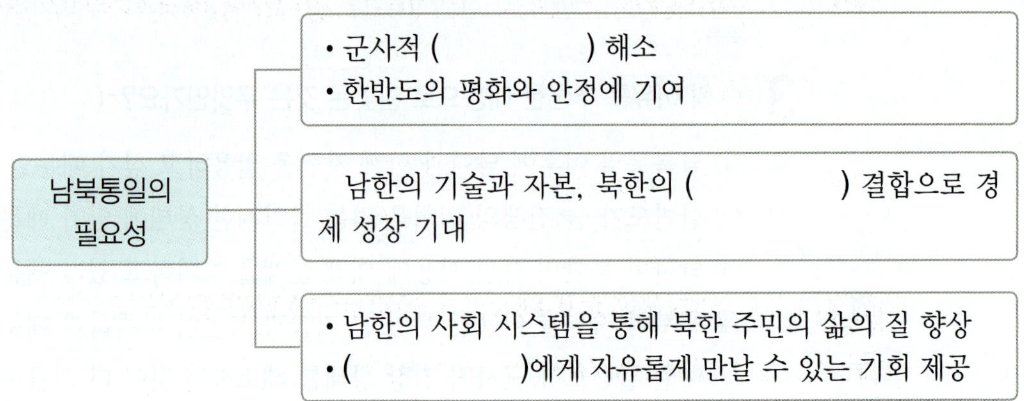

어휘

7 다음 문장에 들어갈 알맞은 낱말에 ○표 하세요.

⑴ 그 단체는 (인공적, 인도적) 차원에서 난민들에게 식량을 제공했다.

⑵ 우리의 (궁극적, 자극적) 목표는 인류의 평화와 번영을 이루는 것이다.

⑶ 우리나라 청년들의 실업난을 (감소, 해소)하기 위한 대책이 있어야 한다.

⑷ 정치적 (대치, 조치) 상황을 해결하려면 대화와 협상이 이루어져야 한다.

⑸ 이 두 기술의 (결핍, 결합)은 제품의 성능을 획기적으로 향상시킬 수 있다.

평화 통일을 위한 우리의 노력

6·25 전쟁을 겪은 후 한반도는 미국과 소련에 의해 남북으로 분단되었어요. **남북 분단**이 오랫동안 지속되면서 이산가족의 아픔, **국방비**와 외교비 부담, 남북 간 경제 활동 제한 등 여러 어려움을 겪고 있어요.

남북은 한반도의 평화를 위해 교류와 협력을 통한 **평화 통일**을 이루어야 해요. 이를 위해서 정부에서는 남북 정상 회담 개최 등의 정치적인 노력과 남북 철도 연결 사업 추진 등의 경제적인 노력, 평창 동계 올림픽의 남북 선수단 공동 입장 등 사회·문화적인 노력을 기울이고 있어요. 또한, 남북 분단이 오랫동안 지속되면서 서로 달라진 언어의 차이를 극복하기 위해 남과 북이 함께 『겨레말 큰사전』을 편찬하고 있어요.

핵심 용어 다음 빈칸에 들어갈 알맞은 용어를 쓰세요.

(1) □ □ □ □

남(남녘 南) **북**(북녘 北) **분**(나눌 分) **단**(끊을 斷): 남과 북이 나뉘어 끊어짐.

- 뜻: 한반도가 6·25 전쟁 이후 미국과 소련에 의해 남북으로 분단된 것.

(2) □ □ □ □

평(평평할 平) **화**(화할 和) **통**(거느릴 統) **일**(하나 一): 평화롭게 통일함.

- 뜻: 한반도의 평화를 위해 교류와 협력으로 이루는 남북통일.

- **국방비** 국가가 외국의 침략에 대비하고 국토를 지키는 데에 쓰는 비용.
- **편찬하고** 여러 가지 자료를 모아 체계적으로 정리하여 책을 만들고.

대통령 직선제를 이룬 6월 민주 항쟁

1 우리나라는 국민이 직접 투표하여 대통령을 뽑는다. 지금은 이것을 당연하게 여기지만, 우리나라 국민이 나라의 대표를 직접 뽑는 대통령 **직선제**를 얻는 데까지는 많은 희생과 노력이 필요했다.

2 1979년 박정희가 피살되면서 박정희의 독재 정권이 막을 내리자, 전두환을 중심으로 한 새로운 군부 세력이 권력을 장악했다. 전두환은 1980년 광주에서 전두환이 물러날 것을 요구하며 일어난 5·18 민주화 운동을 **무력**으로 **진압한** 뒤, 자신에게 유리한 방향으로 헌법을 개정하였다. 그리고 국민을 대표하는 선거인단이 대통령을 뽑는 **간선제**를 통해 대통령에 다시 당선되었다. 전두환은 시민들이 정부를 비판하지 못하도록 신문과 방송을 통제하고, 집회와 시위를 **탄압하는** 등 민주주의를 억압하였다.

3 1980년대 중반, 시민들 사이에서는 국민이 대통령을 직접 뽑아 민주주의를 실현하고자 대통령 직선제를 요구하는 목소리가 높아졌다. 그러나 전두환은 1987년 4월에 대통령 간선제의 내용을 담은 현재의 헌법을 유지하겠다고 발표하였다. 이에 시민들은 전두환의 발표에 반대하며 대통령 직선제와 민주화를 요구하는 시위를 벌였다. 그때 그해 1월 대학생 박종철이 경찰의 고문으로 사망한 사건이 **폭로되었다**. ㉠크게 분노한 시민들은 사건의 진실을 요구하며 1987년 6월 10일부터 민주 항쟁이 전국적으로 확산되었다.

4 전국 곳곳에서 학생, 직장인, 농민 등 전 국민이 참여한 대규모 시위는 20일간 계속되었다. 정부는 국제적인 비난을 피하기 위해 시민들의 요구를 받아들였다. 당시 **여당** 대표이자 대통령 후보였던 노태우는 대통령 직선제, 국민의 기본권 **신장**, 언론의 자유 보장 등의 내용이 담긴 6·29 민주화 선언을 발표하였다.

5 6·29 민주화 선언 이후 5년 **단임**으로 하는 대통령 직선제를 중심으로 헌법 개정이 이루어졌고, 이로써 우리나라도 국민의 손으로 직접 대통령을 뽑게 되었다. 6월 민주 항쟁은 박정희 정부부터 시작된 30년간의 군사 독재를 국민의 힘으로 끝내고, 우리나라의 민주주의를 한층 더 발전시킨 민주화 운동으로 평가 받는다.

- **직선제** '직접 선거 제도'를 줄여 이르는 말.
- **무력**(武 호반 무, 力 힘 력) 군사상의 힘.
- **진압한** 강압적인 힘으로 억눌러 진정시킨.
- **간선제** '간접 선거 제도'를 줄여 이르는 말.
- **탄압하는** 권력이나 무력 따위로 억지로 눌러 꼼짝 못 하게 하는.
- **폭로되었다** 알려지지 않았거나 감춰져 있던 사실이 드러났다.
- **여당** 정당 정치에서, 현재 정권을 잡고 있는 정당.
- **신장** 세력이나 권리 따위가 늘어남. 또는 늘어나게 함.
- **단임** 원래 정해진 임기를 다 마친 뒤에 다시 그 직위를 맡지 않음. 또는 그런 일.

1 이 글에 대한 설명으로 알맞은 것은 무엇인가요? (   )

① 민주화 운동에 참여했던 인물의 일생을 다룬 글이다.

② 우리나라 역대 대통령의 주요 정책을 분석하는 글이다.

③ 6월 민주 항쟁을 이끈 시민의 업적을 제시하는 글이다.

④ 6월 민주 항쟁이 벌어지게 된 과정과 결과를 설명하는 글이다.

⑤ 5·18 민주화 운동과 6월 민주 항쟁의 차이점을 비교하는 글이다.

2 이 글의 내용과 일치하는 것은 무엇인가요? (   )

① 현재 우리나라는 간접 선거를 통해 대통령을 뽑고 있다.

② 전두환은 대통령 직선제를 통해 대통령에 다시 당선되었다.

③ 1987년 시민들은 대통령 간선제와 민주화를 요구하며 시위를 벌였다.

④ 6·29 민주화 선언 이후 5년 단임으로 하는 대통령 직선제로 헌법이 개정되었다.

⑤ 6월 민주 항쟁이 전국 곳곳에서 벌어지자 전두환은 6·29 민주화 선언을 발표하였다.

3 ㉠에 가장 어울리는 한자 성어는 무엇인가요? (   )

① 과유불급: 지나친 것은 부족한 것보다 못하다는 말.

② 대기만성: 크게 될 사람은 늦게 이루어짐을 이르는 말.

③ 전화위복: 재앙과 근심, 걱정이 바뀌어 오히려 복이 됨을 이르는 말.

④ 용두사미: 처음에는 대단했으나 끝이 약하고 미미한 것을 이르는 말.

⑤ 일파만파: 한 사건이 그 사건에 그치지 아니하고 잇따라 많은 사건으로 번짐을 이르는 말.

4 다음 글의 빈칸에 들어갈 말을 이 글에서 찾아 네 글자로 쓰세요.

> 우리나라의 [   ]은/는 4·19 혁명, 5·18 민주화 운동, 6월 민주 항쟁 등 독재 정권에 맞서 싸웠던 시민들의 희생과 노력으로 발전할 수 있었다. 오늘날 우리나라는 국민의 손으로 대통령을 직접 뽑고, 정치, 경제, 환경, 교육 등 다양한 영역에 시민이 참여함으로써 사회 공동의 문제를 해결하고 더 나은 사회로 나아가고 있다.

(   )

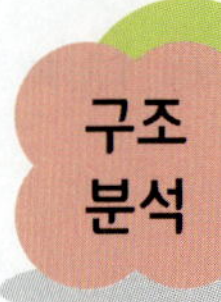

구조 분석

5 다음 빈칸에 들어갈 알맞은 말을 쓰며 이 글의 내용을 정리하세요.

문단	중심 내용
1	대통령 ( )를 얻기 위해 많은 희생과 노력이 필요했던 우리나라
2	( )를 억압한 전두환 정부
3	6월 민주 항쟁의 전국적 확산
4	직선제 요구를 받아들인 6·29 ( ) 선언
5	우리나라의 민주주의를 발전시킨 6월 민주 항쟁의 평가 및 의의

6 빈칸에 들어갈 알맞은 말을 이 글에서 찾아 쓰세요.

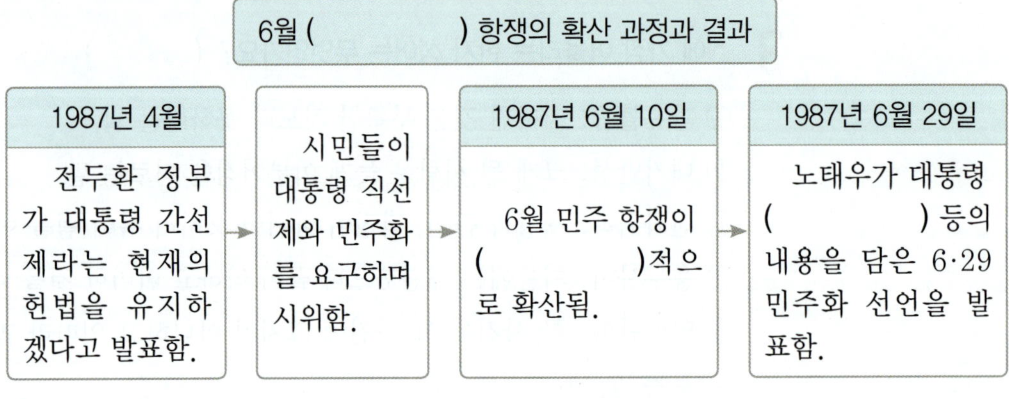

어휘

7 다음 문장에 들어갈 알맞은 낱말에 ◯표 하세요.

⑴ 민주주의에서는 언론을 (탄압, 탄식)해서는 안 된다.

⑵ 경찰이 시위를 (진압, 진전)하는 과정에서 시민과 충돌했다.

⑶ 그 정치인은 현재 정권을 잡고 있는 (여당, 야당)의 대표이다.

⑷ 인권 운동가는 모든 국민의 인권을 (신장, 과장)하기 위해 노력한다.

⑸ 우리 단체는 회장을 한 사람이 한 번만 당선될 수 있는 (단임, 연임)으로 뽑는다.

우리나라의 민주화 과정

우리나라의 민주주의는 시민들의 의지와 노력을 통해 발전할 수 있었어요.

1948년 우리나라의 첫 대통령으로 뽑힌 뒤 **독재 정치**를 이어간 이승만은 1960년 3월 15일 부정 선거로 대통령에 또 당선되었어요. 이때 시민들이 이승만이 물러나기를 요구하며 일으킨 시위가 **4·19 혁명**이에요. 4·19 혁명 결과로 이승만은 대통령직에서 물러났어요.

1961년 군사 정변 이후 독재 정치를 이어간 박정희 정부가 1979년에 막을 내렸어요. 그런데 그해 12월 12일 전두환을 중심으로 한 군부 세력이 권력을 장악했어요. 이에 1980년 전라남도 광주에서 민주화를 요구하며 일어난 시위가 **5·18 민주화 운동**이에요. 이때 전두환 정부는 광주 시민을 폭력적으로 진압했어요.

민주주의를 억압하던 전두환 정부 시절, 1987년 6월 시민들이 대통령 직선제 **개헌**과 민주화를 요구하며 전국적으로 일으킨 시위가 **6월 민주 항쟁**이에요. 6월 민주 항쟁 결과로 6·29 민주화 선언에 따라 대통령 직선제를 포함한 헌법 개정이 이루어졌어요.

• 우리나라의 민주화 운동

● **독재 정치** 민주적인 절차를 부정하고 통치자의 독단으로 행하는 정치.
● **개헌** 헌법을 고침.

핵심 용어 다음 빈칸에 들어갈 알맞은 용어를 쓰세요.

(1) 4·19 ☐☐

혁(고칠 革) **명**(규칙 命): 규칙을 고침.
• 뜻: 1960년 시민들이 선거 결과를 무효화하고 이승만이 물러나기를 요구하며 일어난 시위.

(2) 5·18 ☐☐☐ 운동

민(백성 民) **주**(주인 主) **화**(될 化): 백성이 주인이 됨.
• 뜻: 1980년 전라남도 광주에서 민주화를 요구하며 일어난 시위.

(3) 6월 민주 ☐☐

항(겨룰 抗) **쟁**(다툴 爭): 겨루어 다툼.
• 뜻: 1987년 6월 시민들이 대통령 직선제 개헌과 민주화를 요구하며 전국적으로 일어난 시위.

일반사회

세계의 인구 분포와 특징

세계 인구 1위는 중국이 아닌 인도

1 2024년 9월 기준 세계 인구는 약 81억 명이다. 세계 인구의 90퍼센트 이상은 지구 전체 면적의 약 20퍼센트에 거주하며, 주로 온대 기후에 속하는 북반구 중위도 지역에 밀집해 있다. 대한민국을 비롯해 중국, 인도, 방글라데시 등이 위치한 아시아는 세계 면적의 약 20퍼센트에 불과하지만, 세계 인구의 약 60퍼센트가 거주하고 있다.

2 그렇다면 세계에서 가장 인구가 많은 나라는 어디일까? 2022년까지 세계 인구 1위 국가는 중국이었다. 그런데 2023년을 기점으로 중국이 2위로 밀려나면서 현재 세계 인구 1위는 인도가 차지하였다. 세계 인구 1위의 자리가 뒤바뀐 중국과 인도는 최근 서로 다른 사회 변화를 겪고 있다.

3 현재 중국은 **출산율** 감소와 노동 인구 **고령화** 등의 인구 문제에 **직면해** 있다. 중국은 1980년부터 인구가 늘어나는 것을 우려하여 시행했던 1자녀 정책을 2016년에 **폐지하였다**. 그 대신 2021년부터는 세 자녀까지 낳을 수 있도록 허용하고, 일부 지역에서는 출산율을 높이는 정책을 추가로 발표하였다. 그러나 이 같은 노력도 중국의 인구 감소 현상을 되돌리는 데에는 역부족이었다. 현재도 출산율 감소가 이어지면서 중국의 유치원과 초등학교는 연간 수천 개 이상 문을 닫고 있다.

4 세계 인구 1위인 인도의 인구는 2024년 9월 기준 약 14억 5000만 명으로, 중국보다 약 3000만 명이 많다. 인도의 인구는 2050년 약 16억 6800만 명까지 증가할 것으로 예측되며, 전문가들은 인구의 증가는 인도의 경제 성장의 **동력**이 될 것이라고 본다. 또한 인구 절반이 30세 미만이어서 향후 몇 년 동안 세계에서 가장 빠르게 성장하는 나라가 될 것으로 전망하기도 했다.

5 그러나 인도의 경제 성장에도 한계가 있다. 인도가 최근 몇 년간 빠른 성장을 이루었지만, 코로나19 이후 청년 **실업률**이 높게 나타나고 있기 때문이다. 또한 여성 일자리가 부족하여 여성들의 경제 활동 참여율이 낮은 것도 경제 성장의 발목을 잡는다. 일부 경제학자들은 인도가 일자리 **창출** 등 대책을 마련하지 않으면 불안정한 경제 상황을 맞이할 수 있다고 경고했다.

- **출산율**(出 날 출, 産 낳을 산, 率 비율 율) 아기를 낳는 비율.
- **고령화** 한 사회에서 노인의 인구 비율이 높은 상태로 나타나는 일.
- **직면**(直 곧을 직, 面 낮 면)**해** 어떠한 일이나 사물을 직접 당하거나 접해.
- **폐지하였다** 실시하여 오던 제도나 법규, 일 따위를 그만두거나 없앴다.
- **동력**(動 움직일 동, 力 힘 력) 어떤 일을 발전시키고 밀고 나가는 힘.
- **실업률** 일할 생각과 능력을 가진 인구 가운데 직업이 없는 사람이 차지하는 비율.
- **창출** 전에 없던 것을 처음으로 생각하여 지어내거나 만들어 냄.

내용 독해

1 이 글의 설명 방법으로 알맞은 것은 무엇인가요? (   )

① 두 대상의 공통점과 차이점을 분석하고 있다.

② 사건의 원인과 결과를 과정에 따라 전달하고 있다.

③ 특정 대상의 원리를 설명하여 독자의 이해를 돕고 있다.

④ 유사한 속성을 가진 사물에 빗대어 대상을 설명하고 있다.

⑤ 구체적인 수치를 제시하여 설명할 내용을 뒷받침하고 있다.

2 이 글의 내용과 일치하는 것은 무엇인가요? (   )

① 중국의 인구는 인도보다 약 3000만 명이 많다.

② 아시아에는 세계 인구의 90% 이상이 살고 있다.

③ 현재 세계에서 가장 인구가 많은 나라는 중국이다.

④ 인도는 코로나19 이후 청년 실업률이 높게 나타나고 있다.

⑤ 중국은 최근 자녀 정책을 시행하여 인구 증가세를 보이고 있다.

3 이 글을 통해 추론할 수 있는 내용을 알맞게 말한 친구는 누구인지 쓰세요.

> 유준: 중국은 세 자녀까지 낳을 수 있도록 허용했음에도 불구하고 세계 인구 1위 자리를 인도에 빼앗겼네.
>
> 세희: 인도의 인구가 계속 증가한다면 지금부터 몇 년 동안은 인도가 세계에서 경제 규모가 가장 큰 국가일 거야.
>
> 재호: 인도가 세계에서 인구가 가장 많지만 최근 몇 년간 경제적으로 성장하지 못했기 때문에 인도의 성장에도 한계가 있겠어.

(   )

4 **5** 문단의 이해를 돕기 위해 활용하면 좋은 자료로 가장 알맞은 것은 무엇인가요?

(   )

① 인도의 20~30대 청년 인구 비율

② 인도와 중국의 최근 5년간 인구수

③ 인도와 중국의 경제 성장률 그래프

④ 인도의 청년 실업률과 일자리 비율

⑤ 인도의 최근 3년간 인구 연령대 분포

구조 분석

문단 요약

5 다음 질문의 답을 찾을 수 있는 문단을 찾아 선으로 이으세요.

최근 세계의 인구는 총 몇 명일까?	•		•	**1**문단
현재 중국의 인구수는 어떤 경향을 보일까?	•		•	**2**문단
앞으로 인도의 인구수는 어떤 경향을 보일까?	•		•	**3**문단
세계에서 가장 많은 인구가 분포한 나라는 어디일까?	•		•	**4**문단
인도의 경제 성장에 한계가 있다고 한 까닭은 무엇일까?	•		•	**5**문단

핵심 내용

6 빈칸에 들어갈 알맞은 말을 이 글에서 찾아 쓰세요.

세계 인구 1위 국가

과거: 중국	현재: ( )
• 2022년까지 세계 인구 1위였음. • 출산율 감소와 노동 인구 고령화 등 ( ) 문제에 직면함.	• 인구 증가세는 경제 ( )의 동력이 된다고 전망됨. • 청년 실업률 등의 문제로 경제 성장에 한계가 있다고 지적됨.

어휘

이해

7 다음 낱말의 뜻을 보기 에서 찾아 기호를 쓰세요.

보기
㉮ 아기를 낳는 비율.
㉯ 어떤 일을 발전시키고 밀고 나가는 힘.
㉰ 어떠한 일이나 사물을 직접 당하거나 접하다.
㉱ 전에 없던 것을 처음으로 생각하여 지어내거나 만들어 냄.
㉲ 실시하여 오던 제도나 법규, 일 따위를 그만두거나 없애다.

(1) 동력　　(　　　　)　　　　(2) 창출　　(　　　　)
(3) 출산율　(　　　　)　　　　(4) 직면하다 (　　　　)
(5) 폐지하다 (　　　　)

세계의 인구 분포와 특징

정답과 풀이 **14** 쪽

인구 분포는 사람들이 어디에 얼마나 모여 살고 있는지를 나타낸 것이에요. 세계 인구는 세계 곳곳에 고르게 분포하지 않고, 특정 지역에 몰려 분포해 있어요. 세계 인구의 90% 이상이 지구의 북반구에 살고 있고, 나머지 10% 정도가 지구의 남반구에 살고 있어요. 또한 세계 인구의 60%가 아시아에 살고 있어요.

인구 밀도는 단위 면적당 살고 있는 사람의 수를 나타낸 것이에요. 같은 면적의 땅에 살고 있는 사람이 많을수록 인구 밀도는 높고, 적을수록 인구 밀도는 낮아요. 인구 밀도가 높은 곳은 인구 밀도가 낮은 곳보다 산업과 교통이 발달한 편이에요.

• 세계의 인구 분포와 인구 밀도

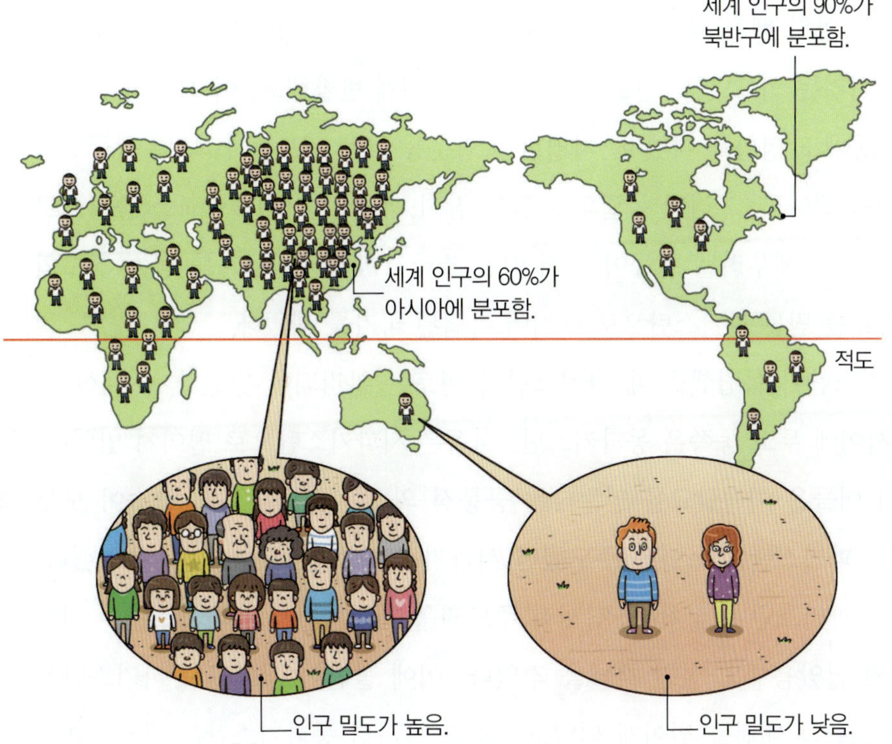

● **단위 면적** 넓이 단위가 1인 넓이.

핵심 용어 다음 빈칸에 들어갈 알맞은 용어를 쓰세요.

(1) 인구 ☐☐

분(나눌 分) 포(펼 布): 사람이 나누어 펼쳐짐.
• 뜻: 사람들이 어디에 얼마나 모여 살고 있는지를 나타낸 것.

(2) 인구 ☐☐

밀(빽빽할 密) 도(정도 度): 빽빽한 정도.
• 뜻: 단위 면적당 살고 있는 사람의 수를 나타낸 것.

세계의 종교와 문화

한 나라였던 인도와 파키스탄, 방글라데시

1 수많은 종교가 공존하여 종교의 나라라고 불리는 인도는 서쪽에 파키스탄이, 동쪽에 방글라데시가 있다. 그런데 인도와 파키스탄, 그리고 방글라데시는 원래 하나의 나라였다. 하나의 나라가 세 나라로 분리된 이유는 무엇일까?

2 인도는 예로부터 힌두교를 믿는 나라이다. 힌두교는 인도의 고대부터 전해 내려오는 브라만교와 **민간 신앙**이 융합하여 발전된 종교로, 인도의 종교이자 문화라고 말할 수 있다. 그런데 11세기 무렵 이슬람 세력이 인도에 침략하여 이슬람 왕조를 세웠고, 1526년에는 이슬람교 국가인 무굴 제국이 세워져 인도를 지배했다. 그 뒤 인도는 힌두교와 이슬람교, 그리고 그 외 다양한 종교를 믿는 사람이 섞이게 되었다.

3 인도는 18세기 중반부터 영국의 식민 지배를 받았다. 영국은 인도 내에서 이슬람교와 힌두교 간에 충돌이 **잦은** 것을 **교묘하게** 이용하였다. 영국은 종교 다툼이 많았던 벵골 지역을 동서로 나누라는 명령을 내렸는데, 이는 인도인을 **분열시키려는** 의도였다. 인도인들은 이에 거세게 **반발했고**, 이 사건이 인도의 독립운동에도 영향을 미쳤다. **치열한** 독립운동 끝에 인도는 1947년 영국으로부터 독립했다. ㉠그러나 독립의 기쁨도 잠시, 힌두교와 이슬람교를 중심으로 각각 나라를 세우려는 갈등이 벌어졌다. 결국 1956년 힌두교를 믿는 인도와 이슬람교를 믿는 파키스탄으로 나뉘어 독립된 국가를 세웠다.

4 파키스탄이 독립했을 때 파키스탄의 영토는 분리되어 있었다. 거대한 인도를 사이에 두고 동쪽은 동파키스탄, 서쪽은 서파키스탄으로 떨어져 있었다. 심지어 이들은 이슬람교를 믿는다는 공통점 외에는 언어, 문자, 풍습이 모두 달랐다. 파키스탄은 독립을 **주도했던** 서파키스탄 중심으로 나라를 운영했다. 또한, 서파키스탄이 정치적, 경제적 주도권을 가져가면서 동파키스탄은 인구가 훨씬 많았음에도 심한 차별을 겪었다. 이에 불만이 쌓여간 동파키스탄은 서파키스탄과 내전을 벌이게 되었고, 결국 1971년 동파키스탄은 방글라데시라는 이름으로 독립하였다. 이로써 과거 한 나라였던 인도가 뿌리 깊은 종교적 갈등에 정치적 갈등이 더해져 힌두교를 믿는 인도와 이슬람교를 믿는 파키스탄, 방글라데시의 세 나라로 분리되었다.

- **민간 신앙** 민간에서 예로부터 전하여 내려오는 신앙.
- **잦은** 잇따라 자주 있는.
- **교묘하게** 솜씨나 재주 따위가 재치 있게 약삭빠르고 묘하게.
- **분열**(分 나눌 분, 裂 찢을 열) **시키려는** 집단이나 단체, 사상 따위가 갈라져 나뉘게 하려는.
- **반발했고** 어떤 상태나 행동 따위에 대하여 거스르고 반항했고.
- **치열한** 기세나 체력 따위가 불길같이 맹렬한.
- **주도했던** 어떤 일에 주장이 되어 행동하는 처지가 되어 이끌었던.

주제

1 다음 빈칸에 알맞은 말을 넣어 이 글의 주제를 완성하세요.

> 이 글은 (   ) 갈등과 정치적 갈등으로 인해
> (   )가 세 나라로 분리된 과정에 대해 설명하고 있다.

내용 이해

2 이 글의 내용과 일치하지 <u>않는</u> 것은 무엇인가요? (   )

① 11세기 무렵 이슬람교 세력이 인도에 침입했다.

② 동파키스탄이 독립하면서 세운 나라가 방글라데시이다.

③ 동파키스탄과 서파키스탄은 같은 종교, 언어, 문자를 공유했다.

④ 영국은 인도 내의 종교 갈등을 이용해 인도인을 분열시키려고 했다.

⑤ 힌두교는 인도의 브라만교와 민간 신앙이 융합하여 발전된 종교이다.

추론

3 이 글을 통해 답을 알 수 있는 질문은 무엇인가요? (   )

① 힌두교와 이슬람교는 어떤 점이 서로 다를까?

② 동파키스탄에 인구가 많았던 이유는 무엇일까?

③ 방글라데시 사람들이 사용하는 문자는 무엇일까?

④ 현재 인도에서 힌두교와 이슬람교를 믿는 사람의 비율은 얼마일까?

⑤ 영국으로부터 독립한 후에 인도와 파키스탄으로 나뉜 이유는 무엇일까?

어휘·어법

4 ㉠에 어울리는 한자 성어를 두 가지 찾아 기호를 쓰세요.

> ㉮ 침소봉대: 작은 일을 크게 불리어 떠벌림.
> ㉯ 호사다마: 좋은 일에는 흔히 방해되는 일이 많음.
> ㉰ 일석이조: 동시에 두 가지 이득을 봄을 이르는 말.
> ㉱ 새옹지마: 인생의 길흉화복은 변화가 많아서 예측하기가 어렵다는 말.

(,   )

문단 요약

5 각 문단의 중심 내용으로 알맞은 것에 ○표, 틀린 것에 ×표를 하세요.

1문단	한 나라였던 인도와 파키스탄, 방글라데시	( )
2문단	유일한 종교로 이슬람교를 믿는 인도	( )
3문단	영국의 식민 지배 이후 각각 독립한 파키스탄과 방글라데시	( )
4문단	파키스탄으로부터 독립한 방글라데시	( )

핵심 내용

6 빈칸에 들어갈 알맞은 말을 이 글에서 찾아 쓰세요.

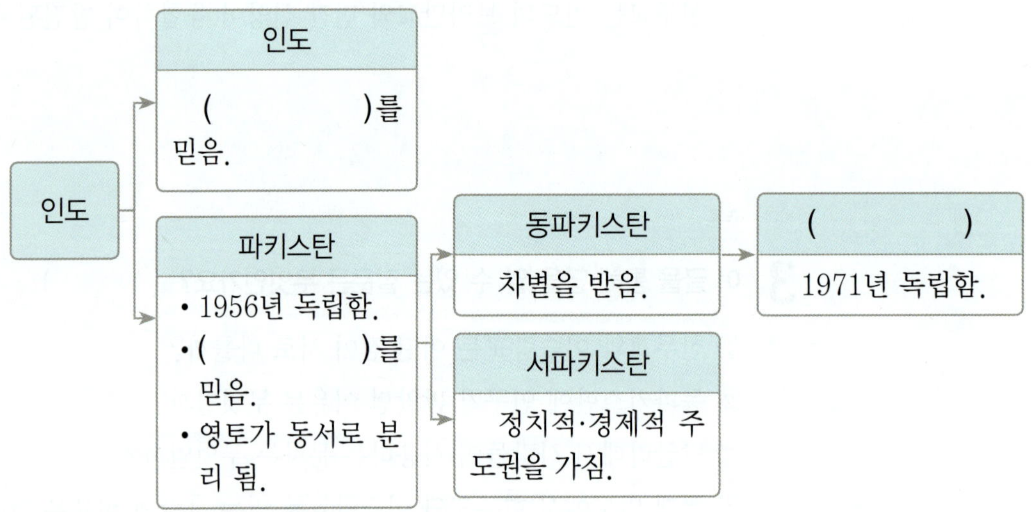

적용

7 다음 문장의 빈칸에 들어갈 알맞은 낱말을 보기 에서 찾아 쓰세요.

보기

주도   분열   잦은   치열한   교묘하게

⑴ 나는 매주 독서 모임을 ( )하여 진행하고 있다.

⑵ 세계에는 종교가 달라 민족이 ( )된 나라도 있다.

⑶ 그 선수는 경기 중에 ( ) 몸을 움직여 반칙을 저질렀다.

⑷ 이 사거리는 평소 교통사고가 ( ) 편이라 조심해야 한다.

⑸ 오늘 축구 경기는 ( ) 접점 끝에 승부차기로 승패가 갈렸다.

세계의 종교와 문화

종교란 신이나 자연과 같이 절대적인 힘을 통하여 고민을 해결하고 삶의 근본적인 목적을 찾으려는 문화예요. 세계에는 개신교, 천주교, 불교, 이슬람교, 유대교, 힌두교 등 다양한 종교가 있어요. 그리고 어떤 종교를 믿는지에 따라 생활 습관이나 제도가 달라요. 예를 들어 이슬람교에서는 돼지고기를 먹지 않고, 힌두교에서는 소를 **신성하게** 여겨 소고기를 먹지 않아요.

그런데 세계에는 서로 다른 종교로 인해 국가 간 갈등이나 민족 간 갈등이 벌어지는 일도 있어요. 이것을 **종교 갈등**이라고 해요. 현재도 인도의 카슈미르 지역, 팔레스타인 지역 등 세계 곳곳에서 종교 갈등으로 인해 많은 사람이 다치거나 죽고 있어요.

핵심 용어 다음 빈칸에 들어갈 알맞은 용어를 쓰세요.

(1) ☐ ☐

종(근본 宗) 교(가르칠 敎): 근본을 가르침.
- 뜻: 신이나 자연과 같이 절대적인 힘을 통하여 고민을 해결하고 삶의 근본적인 목적을 찾으려는 문화.

(2) **종교** ☐ ☐

갈(칡 葛) 등(등나무 藤): 칡과 등나무처럼 서로 생각이 달라 부딪치는 것.
- 뜻: 서로 다른 종교로 인해 국가 간 갈등이나 민족 간 갈등이 벌어지는 일.

● **신성하게** 함부로 가까이할 수 없을 만큼 고결하고 거룩하게.

지구촌의 문제

팔레스타인의 눈물

1 『눈물의 땅, 팔레스타인』은 팔레스타인과 이스라엘의 갈등 상황을 다룬 책이다. 이 책은 국제 **분쟁** 전문가로 활동하는 작가가 현장에서 직접 취재한 내용을 담았다. 작가는 팔레스타인 사람들이 겪는 어려움과 그들의 이야기를 생생하게 전한다.

2 이 책에서는 팔레스타인 지역이 왜 갈등에 **휘말리게** 되었는지 그 배경을 5 설명한다. 제일 차 세계 대전 중인 1915년, 영국의 맥마흔은 이슬람의 **성지**인 메카를 다스리던 후세인에게 아랍 국가의 독립을 약속하는 맥마흔─후세인 **서한**을 보냈다. 그런데 1917년 영국의 벨푸어는 유대인의 국가 건설을 약속한 벨푸어 **선언**을 발표하였다. 영국의 두 약속은 이슬람교를 믿는 팔레스타인과 유대교를 믿는 이스라엘이 한 땅에서 충돌하게 만드는 계기가 되었다. 1948년, 10 유대인들은 팔레스타인 지역에 이스라엘이라는 국가를 세우고 독립을 선언했다. 팔레스타인과 주변 아랍 국가들은 이를 인정하지 않았고 결국 4차에 걸친 중동 전쟁이 **발발하였다**.

3 팔레스타인 지역의 사람들은 오래된 분쟁으로 인해 교육, 건강, 경제 등 일상생활에서 여러 어려움을 겪고 있다. 팔레스타인 지역은 전쟁과 폭력으로 15 인해 많은 사람이 집과 가족을 잃고, 기본적인 생활조차도 **영위할** 수 없는 상황에 놓여 있다. 그뿐만 아니라 팔레스타인 아이들은 돌을 던진다는 이유만으로 이스라엘 군인에게 잡혀가는 등 무차별한 폭력의 위험에 **노출되어** 있다.

4 작가는 팔레스타인의 **참혹한** 현실을 보여 주는 것에 그치지 않고 팔레스타인과 이스라엘의 갈등을 해결할 방법으로 두 개 국가 **해법**을 제시한다. 이는 20 1967년 제3차 중동 전쟁 이전의 국경선을 기준으로 각각 이스라엘과 팔레스타인 국가를 건설하여 서로를 인정하자는 것이다. 국제 사회도 이스라엘이 팔레스타인에 유대인 정착촌을 확장하는 것을 반대하고 있다.

5 『눈물의 땅, 팔레스타인』은 다양한 평화 **협상**과 국제 사회의 노력에도 불구하고 쉽게 해결되지 않고 있는 팔레스타인과 이스라엘의 갈등을 깊게 이해 25 할 수 있게 한다. 이 책을 통해서 팔레스타인 사람들의 고통과 어려움을 느낄 수 있으며, 역사적 배경을 이해함으로써 다양한 시각으로 국제 문제를 바라볼 수 있다.

- **분쟁** 말썽을 일으키어 시끄럽고 복잡하게 다툼.
- **휘말리게** 어떤 사건이나 감정에 완전히 휩쓸려 들어가게.
- **성지** 특정 종교에서 신성시하는 장소.
- **서한** 안부, 소식, 용무 따위를 적어 보내는 글.
- **선언**(宣 베풀 선, 言 말씀 언) 국가나 단체, 개인이 주장이나 방침, 입장 등을 공식적으로 널리 알림.
- **발발하였다** 전쟁이나 큰 사건 따위가 갑자기 일어났다.
- **영위할** 일을 꾸려 나갈.
- **노출되어** 겉으로 드러나.
- **참혹한** 비참하고 끔찍한.
- **해법** 해내기 어렵거나 곤란한 일을 푸는 방법.
- **협상** 어떤 목적에 들어맞는 경험을 하기 위하여 여럿이 서로 의논함.

내용 독해

목적

1 글쓴이가 이 글을 쓴 목적은 무엇인가요? (　　　)

① 책에서 집중하며 읽어야 하는 부분을 소개하기 위해
② 책을 읽기 전에 알아야 할 역사적 사실을 설명하기 위해
③ 책에서 주장하는 내용을 비판적인 시각에서 전달하기 위해
④ 책을 쓴 작가의 생애와 업적을 다른 사람들에게 알리기 위해
⑤ 책의 내용을 소개하며 책에 대한 소감과 평가를 공유하기 위해

내용 이해

2 이 글의 내용과 일치하지 <u>않는</u> 것은 무엇인가요? (　　　)

① 팔레스타인과 이스라엘은 서로 믿는 종교가 다르다.
② 팔레스타인과 이스라엘은 서로를 국가로 인정하고 있다.
③ 유대인들은 팔레스타인 땅에 국가를 세우고 독립을 선언했다.
④ 팔레스타인 아이들은 무차별한 폭력의 위험에 노출되어 있다.
⑤ 팔레스타인 사람들은 이스라엘과의 분쟁 때문에 경제적 고통을 겪고 있다.

추론

3 이 글을 통해 답을 알 수 있는 질문은 무엇인가요? (　　　)

① 제3차 중동 전쟁에서 승리한 나라는 어디일까?
② 이스라엘이 아랍 국가들을 인정하지 않는 까닭은 무엇일까?
③ 팔레스타인 사람들이 유대교를 믿지 않는 이유는 무엇일까?
④ 작가가 갈등을 해결할 방법으로 제시한 두 개 국가 해법은 무엇일까?
⑤ 영국이 아랍국가의 독립과 유대인의 국가 건설을 약속한 계기는 무엇일까?

적용

4 이 글을 읽고 알맞게 말한 친구는 누구인지 쓰세요.

> 수한: 팔레스타인과 이스라엘의 분쟁을 해결하기 위해 국제 사회의 어떠한 노력도 없었다는 사실이 놀라워.
> 진수: 아랍 국가들이 이스라엘 사람들에게 이슬람교를 믿도록 강요해서 이스라엘과 팔레스타인의 분쟁이 시작된 것이구나.
> 정희: 팔레스타인과 이스라엘의 갈등에는 역사적으로 국제 사회의 책임도 있기 때문에 더욱 관심을 갖고 평화를 찾기 위한 노력을 기울여야 해.

(　　　　　　　　　　)

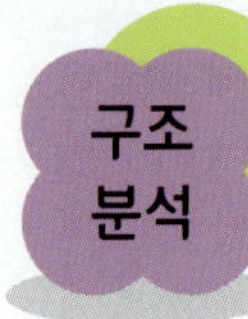

문단 요약

5 각 문단의 중심 내용을 찾아 선으로 알맞게 이으세요.

1 문단 •
　　　　　　　　　　• 『눈물의 땅, 팔레스타인』의 소개

2 문단 •
　　　　　　　　　　• 『눈물의 땅, 팔레스타인』이 주는 시사점

3 문단 •
　　　　　　　　　　• 팔레스타인과 이스라엘의 갈등 해결 방안

4 문단 •
　　　　　　　　　　• 팔레스타인과 이스라엘 분쟁의 역사적 배경

5 문단 •
　　　　　　　　　　• 분쟁으로 인해 팔레스타인 사람들이 겪는 고통

핵심 내용

6 빈칸에 들어갈 알맞은 말을 이 글에서 찾아 쓰세요.

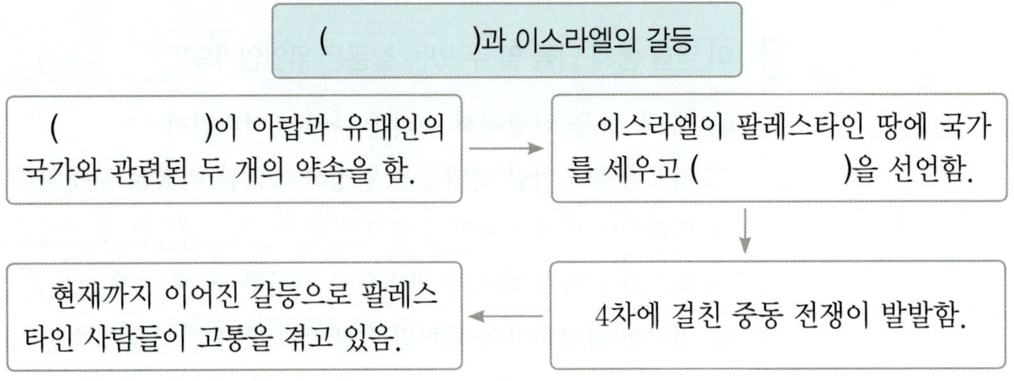

적용

7 다음 문장에 들어갈 알맞은 낱말에 ○표 하세요.

⑴ 그는 소송 사건에 (휘말려, 휘감겨) 큰 피해를 입었다.

⑵ 국경을 둘러싼 (분포, 분쟁)이/가 오랫동안 해결되지 않고 있다.

⑶ 그는 대통령 후보에 대한 지지를 공식적으로 (선언, 조언)하였다.

⑷ 기후 변화에 대한 (해법, 해설)을 찾는 것은 전 세계적인 과제이다.

⑸ 뉴스를 통해 전쟁으로 인한 (당혹한, 참혹한) 피해를 입은 사람들의 모습을 보았다.

지구촌의 문제

정답과 풀이 **16** 쪽

오늘날 세계 곳곳에서 벌어지는 지구촌 갈등은 주변 나라의 영토나 영해를 차지하기 위한 갈등, 민족이나 종교 간의 갈등 등 다양한 원인이 오랫동안 서로 얽혀 쉽게 해결되지 않고 있어요. 지구촌 갈등이 오랫동안 이어지면서 가난하게 생활하며 먹을 음식이 부족해 굶주리는 **빈곤과 기아** 문제를 겪는 지구촌 사람들이 많아지고 있어요.

이러한 지구촌 문제를 해결하려면 국제 사회의 노력이 필요해요. **국제기구**는 여러 국가가 모여 지구촌 문제를 함께 해결하려고 만든 조직이에요. 대표적인 국제기구로는 국제 연합(UN)이 있고, 우리나라의 국제기구로는 한국 국제 협력단(KOICA)이 있어요. 국제기구는 사람들이 지구촌 문제에 관심을 갖도록 홍보하고, 지구촌 문제로 어려움을 겪는 지역에 가서 **구호** 물품을 전달하거나 의료 활동과 교육 봉사 등을 하고 있어요.

• **빈곤과 기아 문제를 해결하기 위한 국제기구의 활동**

구호 물품 전달: 국제기구는 빈곤과 기아 문제로 고통받는 지역에 식량이나 생활에 필요한 물건을 전해요.

교육 봉사: 국제기구는 교육을 받기 어려운 지구촌 아이들을 위해 학교를 짓거나 책과 학용품을 전해요.

홍보 활동: 국제기구는 사람들이 지구촌 문제에 관심을 갖고 도움을 전할 수 있도록 홍보해요.

● **구호** 재해나 재난 따위로 어려움에 처한 사람을 도와 보호함.

다음 빈칸에 들어갈 알맞은 용어를 쓰세요.

(1) ☐☐ **과 기아**

빈(가난할 貧) **곤**(곤할 困): 가난하고 곤함.
• 뜻: 가난하게 생활하며 먹을 음식이 부족해 굶주리는 것.

(2) ☐☐☐☐

국(나라 國) **제**(이음새 際) **기**(틀 機) **구**(얽을 構): 나라 사이의 기구.
• 뜻: 여러 국가가 모여 지구촌 문제를 함께 해결하려고 만든 조직.

지문 분석

글자 수 **1061**
950 1050 1150

지속 가능한 미래

지구 온난화에 대한 경고

1 최근 지구 표면 온도가 평균 17.0℃로 관측되었다. 이는 1850년 관측을 시작한 이래 가장 높은 수치로, 지난 20세기 평균 온도인 15.8℃보다 1.2℃ 높은 수치이다. 지구의 평균 기온이 상승하는 지구 온난화로 이상 기후와 **폭염**이 세계적으로 지속되면서 지구 환경과 생태계가 **격변**을 겪고 있다.

2 육지 생태계에서는 북극곰과 회색 곰 사이에서 태어난 **혼혈종** 그롤라 곰이 5 발견되었다. 지구 온난화로 북극해의 빙하 면적이 줄면서 서식지를 잃은 북극 곰은 먹이를 찾기 위해 남쪽으로 이동하고, 남쪽에 살던 회색곰은 따뜻해진 북쪽으로 서식지를 확대하여 두 곰이 만나게 된 것이다. 전문가들은 그롤라 곰과 같은 혼혈종의 등장은 장기적으로 생태계를 **교란할** 것이라고 본다.

3 지구 온난화는 해양 생태계에도 막대한 영향을 미친다. 우리나라 동해의 10 **수온**이 높아지면서 해양 생물의 서식지가 변화했다. ㉠2000년대 초까지 연간 20만 톤 이상이던 오징어의 **어획량**은 최근 5만 톤 수준으로 **급감했다.** 반면 파랑돔, 연무자리돔 등 우리나라에서 볼 수 없었던 열대어는 급격히 늘고 있다. 전문가들은 오징어와 같은 국내 주요 어종이 우리나라를 떠나면 수산물 시장의 생산자와 소비자 모두 큰 피해를 볼 것이라고 지적한다. 15

4 그뿐만 아니라 지구 온난화가 생물 종의 **성비** 불균형을 초래한다는 연구 결과도 있다. 최근 한 연구에 따르면 호주 북동부에 사는 초록바다거북 **개체** 중 암컷의 비율이 99%를 넘은 것으로 조사되었다. 초록바다거북은 **부화** 시 온도에 따라 성별이 결정되는데, 1990년대 이후 해안 지역 기온이 상승하면서 암컷이 대폭 늘어난 것이다. 해양 생물학자들은 이처럼 극심한 성비 불균 20 형이 지속된다면 개체 수가 큰 폭으로 줄거나 멸종해 버릴 수도 있다고 우려한다.

5 지구 온난화는 동식물의 서식지 변화와 멸종 등 생태계에 큰 향을 미친다. 생태계 변화는 곧 관련 산업을 위협하고, 식량 부족 문제를 일으키는 등 인류에게도 심각한 결과를 안겨줄 것이다. 지구 온난화와 생태계 변화에 대한 경 25 고의 목소리는 **각계**에서 여러 차례 나오고 있다. 세계 각국은 이러한 경고 메시지에 귀 기울여 지속 가능한 지구를 위해 노력해야 할 때이다.

- **폭염** 매우 심한 더위.
- **격변** 상황 따위가 갑자기 심하게 변함.
- **혼혈종** 서로 다른 혈통이 섞여서 이루어진 품종.
- **교란할** 마음이나 상황 따위를 뒤흔들어서 어지럽고 혼란하게 할.
- **수온**(水 물 수, 溫 따뜻할 온) 물의 온도.
- **어획량** 수산물을 잡거나 채취한 수량.
- **급감했다** 급작스럽게 줄었다.
- **성비**(性 성품 성, 比 견줄 비) 한 집단에서, 남녀 또는 암수의 비율.
- **개체**(個 낱 개, 體 몸 체) 하나의 독립된 생물체.
- **부화** 동물의 알 속에서 새끼가 껍데기를 깨고 밖으로 나옴. 또는 그렇게 되게 함.
- **각계** 사회의 각 분야.

1 이 글에서 주로 설명하는 것은 무엇인가요? (　　　　)

① 지구 온난화가 빨라지는 원인

② 지구 온난화로 달라진 식생활

③ 지구 온난화에 따른 생태계 변화

④ 지구 온난화를 해결하기 위한 방안

⑤ 지구 온난화를 막기 위한 국제적 노력

2 이 글의 내용과 일치하는 것은 무엇인가요? (　　　　)

① 지구 온난화로 초록바다거북의 수컷 비율이 높아졌다.

② 지구 온난화의 영향으로 인류의 활동 범위가 축소되었다.

③ 초록바다거북은 부화할 때의 온도에 따라 성별이 결정된다.

④ 최근 지구 표면 온도는 관측 이래 가장 낮은 수치를 기록하였다.

⑤ 북극곰과 회색 곰의 개체가 늘어나 이들 사이에서 혼혈종이 나타났다.

3 ㉠을 읽고 짐작한 것으로 알맞은 것은 무엇인가요? (　　　　)

① 우리나라 동해의 수온이 높아져 오징어가 멸종했을 것이다.

② 오징어가 사라지면서 우리나라 동해의 생태계가 무너졌을 것이다.

③ 오징어의 개체 수가 급격히 감소한 것은 성비 불균형의 영향일 것이다.

④ 사람들이 오징어보다 열대어를 더 많이 찾아 어획량이 감소했을 것이다.

⑤ 오징어가 우리나라 동해보다 수온이 낮은 바다로 이동하여 어획량이 감소했을 것이다.

4 이 글의 내용을 뒷받침하는 자료를 두 가지 찾아 기호를 쓰세요.

> ㉮ 지구의 온도 변화에 따라 북극해의 얼음 면적이 줄어들고 있음을 보여 주는 자료
>
> ㉯ 수온 변화에 따라 국내 주요 어종의 수산물 생산량이 증가하고 있음을 보여 주는 자료
>
> ㉰ 호주 북동부 해안의 수온 변화에 따라 초록바다거북의 성비가 변하고 있음을 보여 주는 자료

(　　　 ,　　　)

구조 분석

문단 요약

5 다음 빈칸에 들어갈 알맞은 말을 쓰며 이 글의 내용을 정리하세요.

문단	중심 내용
1	지구 온난화로 인한 지구 (　　　　　　　　) 온도의 상승
2	(　　　　　　　　)과 회색 곰의 혼혈종 등장
3	우리나라 해양 생태계의 변화
4	생물 종의 (　　　　　　　) 불균형 초래
5	지구 온난화와 생태계 변화에 대한 관심의 필요성

핵심 내용

6 빈칸에 들어갈 알맞은 말을 이 글에서 찾아 쓰세요.

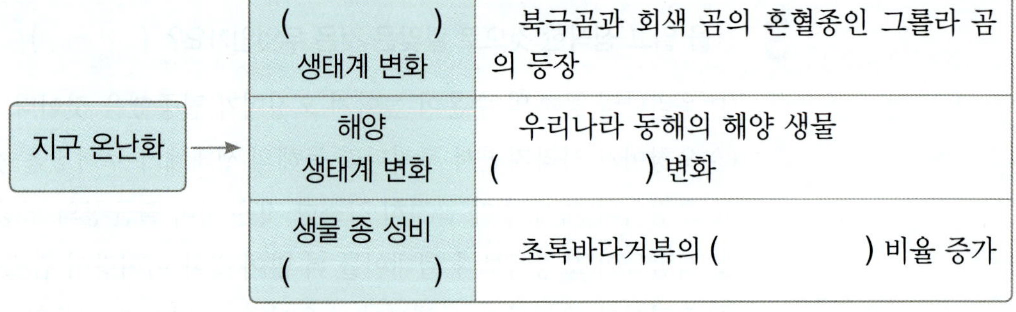

어휘

적용

7 다음 문장에 들어갈 알맞은 낱말에 ◯표 하세요.

⑴ 지구 온난화로 올 여름은 (폭염, 폭설)이 지속되고 있다.

⑵ 강의 흐름을 막는 댐 건설은 생태계를 (교란, 교정)할 수 있다.

⑶ 최근 회사 매출이 (급감, 급증)하여 경제적으로 힘든 상황이다.

⑷ 최근 환경 오염에 대한 사회 (각계, 경계)의 관심이 중요해졌다.

⑸ 인공지능의 등장으로 일상생활의 (격변, 침체)이/가 일어나고 있다.

지속 가능한 미래

정답과 풀이 **17** 쪽

　　무분별한 자원 개발과 산업의 발달로 지구의 평균 기온이 점점 높아지는 현상을 **지구 온난화**라고 해요. 최근 지구 온난화의 영향으로 태풍이나 폭설 등 **이상 기후**가 자주 나타나고 있어요. 이로 인해 자연환경이 파괴되고 동식물의 서식지가 사라지면서 여러 동식물이 멸종 위기에 처하게 되었어요.

　　지구 온난화가 계속된다면 현재와 미래 세대의 사람들에게도 심각한 피해를 줄 수 있어요. 우리는 현재와 미래 세대가 건강하게 생활할 수 있도록 환경을 보호하고 사회적·경제적으로 책임감 있게 행동하는 **지속 가능한 미래**를 실천해야 해요. 이를 위해 국제기구와 환경 단체에서는 환경 보호의 중요성을 알리는 여러 활동을 하고 있어요.

핵심 용어 다음 빈칸에 들어갈 알맞은 용어를 쓰세요.

(1) **지구** ☐☐☐

온(따뜻할 溫) 난(따뜻할 暖) 화 (될 化): 지구가 따뜻해짐.

- 뜻: 지구의 평균 기온이 점점 높아지는 현상.

(2) ☐☐ **가능한 미래**

지(가질 持) 속(이을 續): 가져서 이음.

- 뜻: 현재와 미래 세대가 건강하게 생활할 수 있도록 환경을 보호하고 사회적·경제적으로 책임감 있게 행동하는 것.

- **지구 온난화의 모습**

● **이상 기후** 기온이나 강수량 따위가 정상적인 상태를 벗어난 상태.

공정거래위원회는 무슨 일을 할까?

지문 분석

글자 수 1042
950 1050 1150

1 우리나라에서는 개인과 기업이 자유로운 경제 활동을 할 수 있다. 또한 경제 활동을 하는 과정에서 개인과 개인, 기업과 기업이 자유롭게 경쟁할 수 있는데, 이를 자유 경쟁이라고 한다. 그런데 지나친 자유 경쟁은 개인 간 경제적 **격차**를 **심화시키고**, 기업은 과도하게 **이윤**을 추구하는 과정에서 공정하지 않은 행동을 저지를 수 있다.

2 우리나라는 자유 경쟁의 한계를 보완하고, 공정하고 자유로운 경쟁을 보장하기 위해 공정거래위원회를 설립하였다. 공정거래위원회는 기업 간의 공정한 경쟁을 **촉진하고**, 소비자에게 피해를 주는 행위를 감시해 소비자의 권리를 지키는 행정 기관이다. 그리고 이러한 활동을 통해 우리나라의 올바른 경제 질서를 **확립한다.**

3 공정거래위원회의 주요 업무 중 하나는 기업의 독점이나 기업 간 **담합**과 같은 불공정한 거래를 감시하고 **규제하는** 것이다. 기업의 독점이란 한 기업이 시장에서 이익을 독차지하는 것을 말하고, 기업 간 담합은 여러 기업이 협력하여 자기들에게 유리하게 제품의 가격 등을 조절하는 것을 말한다. 공정거래위원회는 기업의 불공정한 거래를 막아 공정한 경쟁이 이루어질 수 있도록 경쟁 질서를 유지한다.

4 공정거래위원회는 ㉠소비자의 권리를 보호하는 일을 한다. ㉮
공정거래위원회는 기업과 소비자 간에 이루어진 계약이 소비자에게 일방적으로 불리하지 않도록 기업과 소비자의 입장을 반영하여 표준이 되는 **약관**을 마련한다. 또한, 소비자가 합리적인 선택을 할 수 있도록 사실이 아닌 내용을 광고하는 **허위** 광고나 일부 내용을 부풀려 광고하는 과장 광고를 단속한다. 그리고 소비자가 불리한 계약이나 부적절한 광고 등으로 거래 중에 피해를 본 사실을 공정거래위원회에 신고하면 해당 기업을 조사해 **조치한다.**

5 마지막으로 공정거래위원회는 ㉡중소기업과 소상공인의 경제적 발전을 위해서도 노력한다. 중소기업과 소상공인은 대형 업체와 거래를 할 때 다소 불리한 위치에 있다. 공정거래위원회는 대형 업체와의 불공정한 거래로 인해 피해를 본 중소기업과 소상공인을 보호하고, 그들이 자유롭게 경제 활동을 할 수 있도록 건강하고 공정한 시장 생태계를 **구축하기** 위해 노력한다.

5

10

15

20

25

- **격차** 빈부, 임금, 기술 수준 따위가 서로 벌어져 다른 정도.
- **심화**(深 깊을 심, 化 될 화)**시키고** 정도나 경지를 점점 깊어지게 하고.
- **이윤** 장사 따위를 하여 남은 돈.
- **촉진하고** 다그쳐 빨리 나아가게 하고.
- **확립한다** 체계나 견해, 조직 따위를 굳게 세게 한다.
- **담합** 서로 의논하여 합의함.
- **규제**(規 법 규, 制 절제할 제)**하는** 규칙이나 규정에 의하여 일정한 한도를 정하거나 정한 한도를 넘지 못하게 막는.
- **약관** 일정한 형식에 의하여 미리 마련한 계약의 내용.
- **허위** 진실이 아닌 것을 진실인 것처럼 꾸민 것.
- **조치한다** 벌어지는 사태를 잘 살펴서 필요한 대책을 세워 행한다.
- **구축하기** 체제, 체계 따위의 기초를 닦아 세우기.

내용 독해

1 이 글에서 가장 중심이 되는 말은 무엇인가요? (   )

① 독점
② 담합
③ 자유 경쟁
④ 공정거래위원회
⑤ 우리나라의 경제 활동

내용 이해

2 이 글의 내용과 일치하지 <u>않는</u> 것은 무엇인가요? (   )

① 지나친 자유 경쟁은 개인 간 경제적 격차를 줄일 수 있다.
② 소비자가 거래 중에 피해를 보았다면 공정거래위원회에 신고할 수 있다.
③ 우리나라는 자유 경쟁의 한계를 보완하기 위해 공정거래위원회를 설립하였다.
④ 공정거래위원회는 상대적으로 거래에서 불리한 중소기업과 소상공인을 보호하기 위해 노력한다.
⑤ 여러 기업이 협력하여 자기들에게 유리하게 제품의 가격을 조절하는 것을 기업 간 담합이라고 한다.

어휘·어법

3 ㉮에 들어갈 이어 주는 말로 알맞은 것은 무엇인가요? (   )

① 그런데
② 게다가
③ 그러나
④ 예컨대
⑤ 왜냐하면

적용

4 공정거래위원회가 ㉠과 ㉡을 위해 일한 사례를 각각 찾아 기호를 쓰세요.

> ㉮ 공정거래위원회는 온라인 배달 플랫폼에 들어선 음식점의 경제적 부담을 덜어 주기 위해 포장 주문에 대한 수수료를 없애 주고, 전통 시장 음식점에는 수수료를 아예 없애 주는 정책을 마련하였다.
> ㉯ 공정거래위원회는 여행사를 통해 항공권을 구매했을 때 주말이나 공휴일 등 영업시간이 아닐 때 구매를 취소하는 경우 취소 수수료가 발생한다는 약관을 검토하여 이를 수정할 것을 여행사에 요청했다.

(1) ㉠: (   )   (2) ㉡: (   )

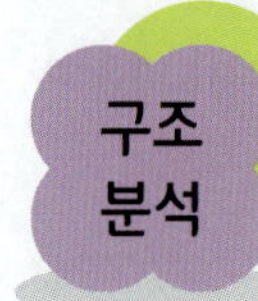

문단 요약

5 다음은 이 글에 나타난 각 문단의 중심 내용입니다. 글의 내용에 맞게 순서대로 기호를 쓰세요.

> ㉮ 공정거래위원회의 소비자 권리 보호 역할
> ㉯ 우리나라 경제 체제와 자유 경쟁의 문제점
> ㉰ 공정거래위원회의 기업의 불공정한 거래 감시 및 규제 역할
> ㉱ 공정하고 자유로운 경쟁을 보장하기 위해 설립된 공정거래위원회
> ㉲ 공정거래위원회의 중소기업과 소상공인의 경제적 발전을 위한 노력

(　　　) → (　　　) → (　　　) → (　　　) → (　　　)

핵심 내용

6 빈칸에 들어갈 알맞은 말을 이 글에서 찾아 쓰세요.

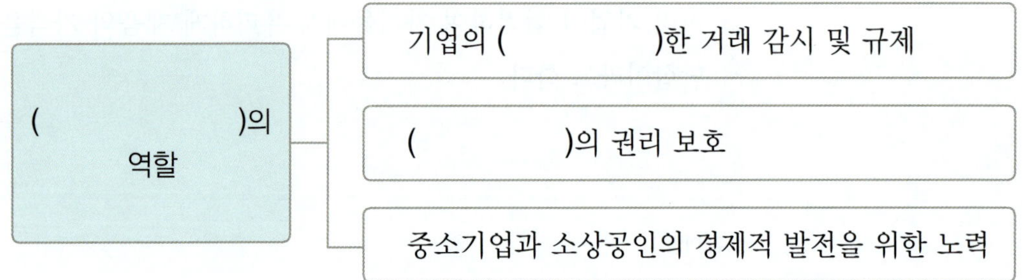

이해

7 다음 낱말의 뜻을 찾아 선으로 알맞게 이으세요.

(1) 격차　　•　　　　•㉮　서로 의논하여 합의함.

(2) 담합　　•　　　　•㉯　다그쳐 빨리 나아가게 하다.

(3) 조치하다　•　　•㉰　체계나 견해, 조직 따위를 굳게 서게 하다.

(4) 촉진하다　•　　•㉱　빈부, 임금, 기술 수준 따위가 서로 벌어져 다른 정도.

(5) 확립하다　•　　•㉲　벌어지는 사태를 잘 살펴서 필요한 대책을 세워 행하다.

우리나라 경제 체제의 특징

정답과 해설 **18** 쪽

우리나라에서 개인은 시장에서 자신이 원하는 물건이나 서비스를 자유롭게 살 수 있고, 기업은 무엇을 얼마나 생산하여 얼마에 판매할지 등을 자유롭게 결정할 수 있는 자유가 있어요. 이렇게 개인과 기업이 자유롭게 경제 활동을 할 수 있는 것을 **경제 활동의 자유**라고 해요.

자유 경쟁은 개인과 기업의 자유로운 경제 활동 과정에서 나타나는 **경쟁**을 말해요. 개인은 자신이 원하는 일자리를 얻기 위해 다른 사람과 경쟁하여 자신의 능력을 개발하고, 기업은 더 많은 이윤을 얻기 위해 다른 기업과 경쟁하여 값싸고 품질이 좋은 물건을 만들어요. 이처럼 개인과 기업의 자유로운 경쟁은 국가 전체의 경제 발전에 도움을 준답니다.

핵심 용어 다음 빈칸에 들어갈 알맞은 용어를 쓰세요.

(1) 경제 활동의 □□

자(스스로 自) 유(행할 由): 스스로 행함.
- 뜻: 개인과 기업이 자유롭게 경제 활동을 할 수 있는 것.

(2) 자유 □□

경(다툴 競) 쟁(다툴 爭): 다툼.
- 뜻: 개인과 기업의 자유로운 경제 활동 과정에서 나타나는 경쟁.

● **경쟁** 같은 목적에 대하여 이기거나 앞서려고 겨룸.

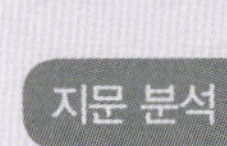 

일반사회 06

기업의 사회적 책임

지문 분석

글자 수 1047
950 1050 1150

1 과거에 기업들은 성장하는 과정에서 환경 오염이나 노동 **착취**와 같은 사회 문제를 일으켰다. 이러한 사회 문제가 주목을 받으면서 기업의 사회적 책임에 대한 필요성이 제시되었다. 기업의 사회적 책임이란 기업이 경제적 이익을 추구하는 동시에 사회와 환경에 긍정적인 영향을 주기 위한 책임을 뜻한다. 게다가 오늘날에는 기업이 한 나라뿐만 아니라 전 세계와 영향을 주고받기 때문에 기업의 사회적 책임에 대한 중요성은 점점 높아졌다. 5

2 기업의 사회적 책임은 크게 4단계로 구분할 수 있다. 1단계는 기업의 이윤을 **극대화**하고 일자리를 창출하는 경제적 책임, 2단계는 성실하게 세금을 **납부**하고 소비자의 권리를 보호하며 투명하게 거래하는 법적 책임이다. 3단계는 윤리적이고 환경적으로 경영하며, 사회적 약자나 소외 계층을 차별하지 않고 10 공정하게 대우하는 윤리적 책임을 말한다. 마지막 4단계는 기업이 사회 공헌 활동을 하거나 교육, 문화 등 사회 활동을 지원하는 자선적 책임이 있다.

3 요즘은 기업이 다양하게 사회적 책임을 실천하는 모습을 볼 수 있다. 예를 들어 기업은 사회적 약자나 소외 계층에 일자리를 제공하거나, 수익의 일부를 자선 단체에 기부하기도 한다. 또한 친환경적인 제품을 개발하여 환경 보호에 15 기여하고, 노동자를 위해 **열악한** 노동 환경을 개선하며 적절한 수준의 임금을 약속하기도 한다.

4 그렇다면 기업의 사회적 책임은 사회에만 긍정적인 영향을 미칠까? 그렇지 않다. 기업은 사회적 책임을 실천하면서 기업의 가치를 높일 수 있다. 소비자는 사회적 책임을 실천하는 기업을 더 신뢰하게 되고, 해당 기업의 제품이 20 나 서비스를 더 **선호하게** 된다. 이러한 긍정적인 인식은 자연스레 기업에 대한 홍보로 이어지며, 기업의 이윤 창출에 기여하는 것이다.

5 기업이 사회적 책임을 다하기 위해 중요한 것은 기업의 자세이다. 기업은 외부의 **압력**에 의해 마지못해 실천하는 것이 아니라, **자발적**이고 적극적인 자세로 사회적 책임을 실천해야 한다. 만약 기업의 사회적 책임과 그 실행 내용 25 을 법으로 정하고 기업은 법에서 요구한 것만 실행한다면, 그것은 의무를 다하는 것일 뿐 사회적 책임 활동이라고 할 수 없다.

- **착취** 일한 대가를 제대로 주지 않고 마구 부리고 빼앗는 것.
- **극대화**(極 극진할 극, 大 큰 대, 化 될 화)**하고** 아주 커지고, 또는 아주 크게 하고.
- **납부하고** 세금이나 공과금 따위를 관계 기관에 내고.
- **열악한** 품질이나 능력, 시설 따위가 매우 떨어지고 나쁜.
- **선호**(選 가릴 선, 好 좋을 호)**하게** 여럿 가운데서 특별히 가려서 좋아하게.
- **압력** 권력이나 세력에 의하여 타인을 자기 의지에 따르게 하는 힘.
- **자발적**(自 스스로 자, 發 필발, 的 과녁 적) 남이 시키거나 요청하지 아니하여도 자기 스스로 나아가 행하는 것.

내용 독해

전개 방식

1 이 글의 설명 방법으로 알맞지 <u>않은</u> 것은 무엇인가요? (   )

① 대상이 미치는 긍정적인 효과를 분석하고 있다.

② 대상을 단계별로 구분하여 그 뜻을 설명하고 있다.

③ 대상의 문제점을 다각도로 분석하여 비판하고 있다.

④ 대상과 관련된 구체적인 예를 들어 이해를 돕고 있다.

⑤ 독자에게 질문을 던지고 바로 그에 대한 대답을 제시하고 있다.

내용 이해

2 이 글의 내용과 일치하지 <u>않는</u> 것은 무엇인가요? (   )

① 기업의 사회적 책임은 사회에만 긍정적인 영향을 미친다.

② 오늘날에는 기업이 한 나라를 넘어서 전 세계에 영향을 미친다.

③ 기업의 사회적 책임에는 자발적이고 적극적인 기업의 자세가 필요하다.

④ 기업은 사회적 책임을 실천하면서 홍보 효과와 이윤 창출 효과를 누릴 수 있다.

⑤ 기업에서 사회적 약자나 소외 계층에 일자리를 제공하는 것도 사회적 책임의 실천 이다.

추론

3 이 글을 통해 답을 알 수 있는 질문이 <u>아닌</u> 것은 무엇인가요? (   )

① 기업의 사회적 책임 중 자선적 책임은 몇 단계일까?

② 기업의 사회적 책임에 대한 중요성이 높아지는 이유는 무엇일까?

③ 우리 사회에서 기업이 사회적 책임을 다한 사례에는 무엇이 있을까?

④ 외부의 압력에 의해 사회적 책임을 실천한 기업은 어떤 문제가 생길까?

⑤ 기업이 사회적 책임을 실천했을 때 얻을 수 있는 긍정적인 효과는 무엇일까?

적용

4 **2** 문단의 내용을 알맞게 이해한 친구는 누구인지 쓰세요.

> 지민: A기업에서 매년 상반기와 하반기에 신입 사원을 채용하는 것은 기업의 사회 적 책임 중 법적 책임을 실천하고 있는 거구나.
>
> 민규: B기업에서 경제적으로 어려운 학생들에게 장학금과 참고서를 지원하는 것은 기업의 사회적 책임 중 경제적 책임을 실천하고 있는 거구나.
>
> 규현: C기업에서 태어날 때부터 병을 앓아 일반 분유를 먹지 못하는 아기들을 위해 특수 분유를 꾸준히 제조하는 것은 기업의 사회적 책임 중 윤리적 책임을 실천 하고 있는 거구나.

(   )

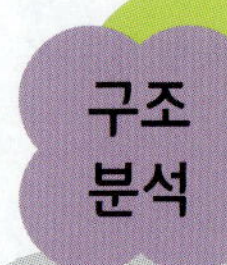

문단 요약

5 다음은 이 글에 나타난 각 문단의 중심 내용입니다. 글의 내용에 맞게 순서대로 기호를 쓰세요.

> ㉮ 기업의 사회적 책임의 단계
> ㉯ 기업의 사회적 책임이 중요해진 이유
> ㉰ 기업의 사회적 책임의 긍정적인 효과
> ㉱ 기업의 사회적 책임에 필요한 기업의 자세
> ㉲ 우리 사회에서 볼 수 있는 기업의 사회적 책임

(   ) → (   ) → (   ) → (   ) → (   )

핵심 내용

6 빈칸에 들어갈 알맞은 말을 이 글에서 찾아 쓰세요.

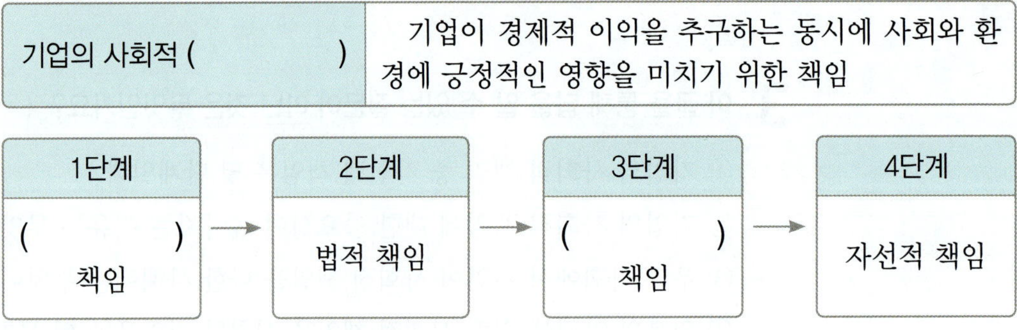

적용

7 다음 문장에 들어갈 알맞은 낱말에 ◯표 하세요.

⑴ 그는 주변의 (압력, 여력)을 이기지 못하고 그 자리를 떠났다.

⑵ 전기 요금이나 수도 요금을 자동으로 (납부, 납득)할 수 있어 편리하다.

⑶ 노트북을 사려는 사람들은 무엇보다도 가벼운 제품을 더 (선호, 선발)한다.

⑷ 최근 (열악한, 열중한) 환경에서 동물들이 살고 있는 동물 카페가 논란을 빚었다.

⑸ 뜻을 모아 (자발적, 강제적)으로 자선 행사에 참여한 학생들에게 봉사상을 수여했다.

우리나라의 시장 경제

가계란 가정의 살림을 함께하는 생활 공동체를 말해요. 가계는 생산 활동에 참여하여 얻은 소득으로 기업이 생산한 물건이나 **서비스**를 소비해요.

기업은 이윤을 얻기 위해 생활에 필요한 물건이나 서비스를 생산하여 판매하는 집단을 말해요. 기업은 생산 활동을 하면서 사람들에게 일자리를 제공해 주고, 일한 대가로 사람들에게 **임금**을 줘요.

가계는 기업에서 일하여 소득을 얻고, 기업은 물건이나 서비스를 가계에 제공하여 이윤을 얻어요. 이처럼 가계와 기업은 시장을 통해 자유로운 경제 활동을 하면서 서로에게 도움이 된답니다.

핵심 용어 다음 빈칸에 들어갈 알맞은 용어를 쓰세요.

(1) ☐☐

가(집 家) 계(살림살이 計): 집의 살림살이.
- 뜻: 가정의 살림을 함께하는 생활 공동체.

(2) ☐☐

기(꾀할 企) 업(일 業): 일을 꾀함.
- 뜻: 이윤을 얻기 위해 생활에 필요한 물건이나 서비스를 생산하여 판매하는 집단.

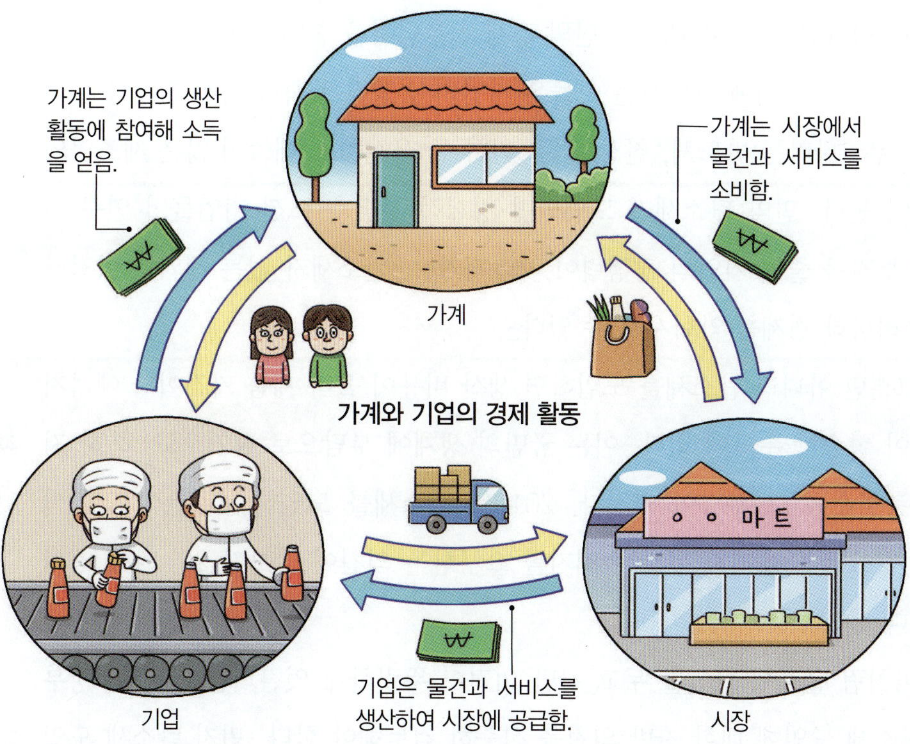

가계와 기업의 경제 활동

- **서비스** 생산된 재화를 운반·배급하거나 생산·소비에 필요한 노무를 제공함.
- **임금** 근로자가 일한 대가로 받는 돈이나 물품.

지속 가능한 경제 발전

탄소세 도입에 대한 논쟁

1 최근 우리나라는 **온실가스** 총량을 '0'이 되도록 만드는 탄소 **중립**을 선언하였다. 이에 탄소 중립을 실현할 방법으로 탄소세 도입이 논의되면서 탄소세 도입에 대한 찬반 논란이 뜨겁게 벌어지고 있다. 탄소세란 온실가스를 **배출하는** 석유나 석탄 등 화석 에너지의 사용량에 따라 부과하는 세금을 말한다.

2 먼저 ㉠탄소세 도입에 찬성하는 이들은 지구 온난화의 주요 원인인 온실가스 배출을 효과적으로 줄일 수 있다고 본다. 탄소세가 도입되면 온실가스를 배출한 만큼 세금을 내야 하므로 개인과 기업에서 온실가스를 줄이는 데 노력할 것이기 때문이다. 실제로 1991년에 탄소세를 도입한 스웨덴은 2017년 기준 온실가스 배출을 약 26퍼센트 가까이 줄이는 데 성공하였다.

3 또한 탄소세가 도입되면 거둬들인 세금으로 정부가 사회 복지에 기여할 수 있다. 예를 들어 스웨덴은 탄소세로 거둬들인 세금을 다시 국민에게 '생태 배당금'으로 **균등하게** 지급한다. 탄소세로 거둔 세금을 사회 복지에 활용할 방법을 제시한다면, 세금에 대한 국민의 경제적 부담감을 줄일 수 있다.

4 ㉡탄소세 도입에 반대하는 이들은 기업의 경쟁력 약화나 경제 침체를 우려한다. 우리나라는 반도체, 철강, 석유 화학 등 온실가스 배출이 많은 제조업의 **비중**이 높다. 만약 탄소세가 도입되면 경제적 부담을 느낀 기업들이 연구·개발에 투자를 줄여 기업의 경쟁력이 약화되거나, 탄소세가 없는 해외로 **이전하여** 우리나라 경제를 악화시킬 수 있다.

5 그뿐만 아니라 탄소세를 도입하면 생산 비용이 올라 제품 가격이나 에너지 요금이 상승할 수밖에 없다. 이는 국민의 **생계**에 부담으로 다가오고, 특히 저소득층일수록 그 부담이 커진다. 2012년 탄소세를 도입한 호주는 기업들이 에너지 요금을 올리자 탄소세 폐지를 요구하는 의견이 많아져 2년 만에 폐지하였다.

6 이처럼 탄소세 도입을 두고 찬반 의견이 뚜렷하게 엇갈리는 가운데, 정부는 탄소세 도입에 대한 찬반 의견을 신중히 검토해야 한다. 먼저 탄소세 도입으로 인한 혼란이나 부작용을 최소화하는 방향을 **모색한** 후, 우리나라의 상황에 맞는 정책을 고민하여 도입해야 할 것이다.

- **온실가스** 지구 대기를 오염시켜 온실 효과를 일으키는 가스를 통틀어 이르는 말. 이산화 탄소, 메탄 따위의 가스를 말한다.
- **중립**(中 가운데 중, 立 설 립) 어느 편에도 치우치지 않고 중간적인 입장에서 섬. 또는 그런 입장.
- **배출**(排 밀칠 배, 出 날 출)**하는** 안에서 밖으로 밀어 내보내는.
- **균등**(均 고를 균, 等 무리 등)**하게** 고르고 가지런하여 차별이 없게.
- **비중**(比 견줄 비, 重 무거울 중) 다른 것과 비교할 때 차지하는 중요도.
- **이전하여** 장소나 주소 따위를 다른 데로 옮겨.
- **생계** 살림을 살아 나갈 방도. 또는 현재 살림을 살아가고 있는 형편.
- **모색한** 일이나 사건 따위를 해결할 수 있는 방법이나 실마리를 더듬어 찾은.

내용 독해

1 이 글의 중심 내용으로 알맞은 것은 무엇인가요? (　　　)

① 탄소세의 문제점
② 탄소세를 시행하고 있는 나라
③ 탄소세 도입에 대한 찬반 의견
④ 탄소세 도입을 통한 경제적 효과
⑤ 탄소세 도입이 지구 온난화에 미치는 영향

내용 이해

2 이 글의 내용과 일치하지 <u>않는</u> 것은 무엇인가요? (　　　)

① 우리나라는 반도체, 철강 등 제조업 비중이 높다.
② 온실가스는 지구 온난화를 심화시키는 원인 중 하나이다.
③ 정부는 탄소세로 거둔 세금으로 사회 복지에 기여할 수 있다.
④ 탄소세를 도입하면 온실가스 배출이 줄어 생산 비용이 낮아진다.
⑤ 해외에서는 탄소세를 도입했다가 에너지 요금 상승으로 폐지하기도 하였다.

추론

3 다음에서 ㉠과 ㉡의 근거로 알맞은 것을 두 가지씩 골라 각각 기호를 쓰세요.

> ㉮ 온실가스 배출을 줄여 지구 온난화의 속도를 늦출 수 있다.
> ㉯ 저소득층의 에너지 요금에 대한 경제적 부담이 커질 수 있다.
> ㉰ 탄소세를 통해 확보한 세금으로 사회 복지를 실현할 수 있다.
> ㉱ 온실가스 배출이 많은 우리나라 주요 산업에 큰 타격을 줄 수 있다.

⑴ ㉠: (　　　　,　　　　)　　⑵ ㉡: (　　　　,　　　　)

적용

4 다음에서 설명하는 것을 이 글에서 찾아 세 글자로 쓰세요.

> 지구 온난화를 방지하기 위해 이산화 탄소를 배출하는 석유·석탄 등 각종 화석 연료 사용량에 따라 일정 금액을 부과하는 세금을 말한다. 1990년 핀란드에서 처음 도입된 이후 유럽의 노르웨이, 덴마크, 스웨덴, 영국 등에서 시행하고 있으며, 미국과 캐나다 일부 주에서도 시행하고 있다.

(　　　　　　　)

구조 분석

5 다음 빈칸에 들어갈 알맞은 말을 쓰며 이 글의 내용을 정리하세요.

문단	중심 내용
1	(　　　　　　　　　) 도입에 대한 찬반 논란이 벌어지는 우리나라
2	탄소세 도입 찬성 ① – (　　　　　　　) 배출 감소
3	탄소세 도입 찬성 ② – 탄소세의 공익적 활용
4	탄소세 도입 반대 ① – 기업의 경쟁력 약화와 경제 침체
5	탄소세 도입 반대 ② – 국민의 (　　　　　　　) 부담
6	탄소세 도입에 대한 신중한 검토의 필요성

6 빈칸에 들어갈 알맞은 말을 이 글에서 찾아 쓰세요.

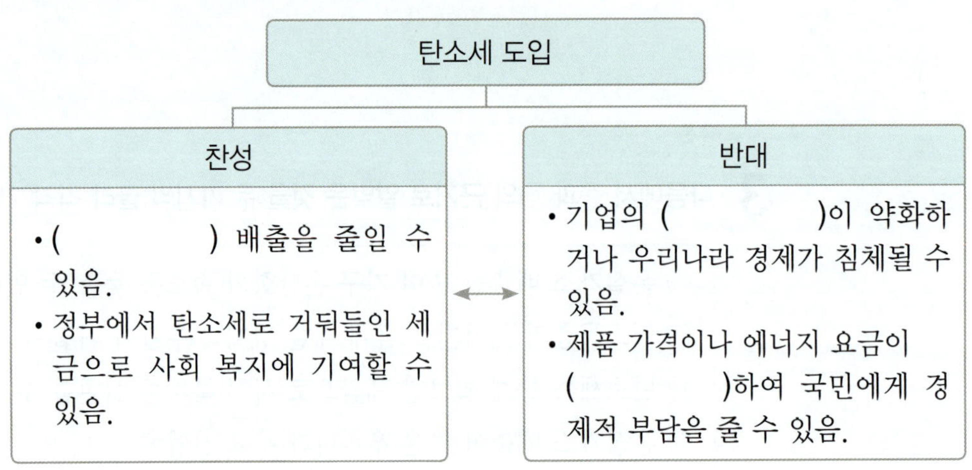

어휘

7 다음 문장의 빈칸에 들어갈 알맞은 낱말을 보기 에서 찾아 쓰세요.

보기

균등	모색	배출	비중	이전

(1) 해결책을 (　　　　　)하기 위해 긴급 회의를 열었다.

(2) 이번 시험에서는 어휘 문제의 (　　　　　)이/가 높았다.

(3) 공장에서 폐수를 강에 몰래 (　　　　　)한 사실이 드러났다.

(4) 손님이 많아지자 그 가게는 더 넓은 곳으로 (　　　　　)하였다.

(5) 이 대회에서는 참가자들에게 열 번의 기회를 (　　　　　)하게 제공한다.

지속 가능한 경제 발전

정답과 해설 **20** 쪽

경제가 급격하게 성장하면서 자원이 **고갈되고** 환경이 오염되고 있어요. 지속 가능한 경제 발전을 위해서는 정부와 기업, 시민들이 환경을 보호하기 위해 노력해야 해요.

수소 에너지, 태양열 에너지, 풍력 에너지 등과 같이 화석 연료를 대체하여 자연환경을 오염시키지 않는 에너지를 **친환경 에너지**라고 해요. 또한 생산 과정에서 온실가스와 오염 물질의 배출을 최소화하여 정부로부터 **인증** 받은 제품을 **녹색 제품**이라고 해요. 녹색 제품으로 인증 받은 제품은 친환경 마크가 달려 있어 소비자도 쉽게 확인할 수 있어요.

핵심 용어 다음 빈칸에 들어갈 알맞은 용어를 쓰세요.

(1) □□□

에너지

친(친할 親) **환**(고리 環) **경**(지경 境): 환경과 친함.
- 뜻: 태양, 풍력, 수력 등 화석 연료를 대체하여 자연환경을 오염시키지 않는 에너지.

(2) □□□□

녹(푸를 綠) **색**(빛 色) **제**(지을 製) **품**(물건 品): 녹색으로 지은 물건.
- 뜻: 온실가스와 오염 물질의 배출을 최소화하여 정부로부터 인증 받은 제품.

• 지속 가능한 경제 활동

- **고갈되고** 어떤 일의 바탕이 되는 돈이나 물자, 소재, 인력 따위가 다하여 없어지고.
- **인증** 어떠한 문서나 행위가 정당한 절차로 이루어졌다는 것을 공적 기관이 증명함.

지문 분석

글자 수 **1024**
950 1050 1150

노동자의 권리를 외치다

1 뉴스에서 '노사 갈등'이라는 말을 자주 볼 수 있다. 노사 갈등이란 노동자와 기업 간에 서로의 의견이 달라 발생하는 갈등이다. 이를 해결하기 위해 기업과 노동자는 끊임없이 대화하고, 정부가 둘 사이를 **중재하기도** 한다. 그런데 옛날에는 기업과 정부에서 노동자의 외침을 무시하거나 탄압하기도 했다. 전태일의 희생이 없었다면 노동자가 기업이나 세상에 자신들의 권리를 주장 5할 수 없었을 것이다.

2 전태일은 1948년 8월 26일 대구의 가난한 집에서 태어났다. 어려운 가정 형편 때문에 그는 어린 시절부터 여러 일을 하며 생계를 이어가야 했다. 가족을 위해 서울로 올라와 밤낮으로 열심히 일하던 그는, 점차 노동 현실에 ㉠눈 뜨게 되었다. 그를 비롯한 많은 노동자가 하루 종일 일을 하고도 매우 적은 임 10금을 받으며, 햇볕조차 들지 않는 열악한 노동 환경으로 고통받고 있었던 것이다.

3 노동자들이 겪는 고통을 세상에 알리기로 결심한 전태일은 **노동 운동**에 관심을 가지면서 **근로 기준법**을 알게 되었다. 전태일은 근로 기준법이 거의 지켜지지 않는 당시의 노동 환경을 **개선해야** 한다고 생각했다. 1970년 6월, 전 15태일은 동료 노동자들과 함께 조사한 노동 환경의 **실태**를 노동청에 알리며 개선을 요구했다. 그러나 당시 사회 분위기는 경제 성장을 최우선으로 여겼기에 어느 기관에서도 그들의 요구를 받아들이지 않았다.

4 결국 전태일은 1970년 11월 500여 명의 노동자들과 함께 거리에 나와 노동자들의 현실과 고통을 알리기 위해 시위를 벌였다. 경찰이 시위를 제지하자 20전태일은 자신의 몸에 불을 붙인 채 "근로 기준법을 지켜라.", "노동자들을 **혹사하지** 말라."라고 외쳤다. 전태일은 바로 병원에 옮겨졌지만 끝내 세상을 떠났고, 그의 희생은 많은 사람에게 충격을 주었다.

5 전태일의 희생과 **투쟁**은 당시 우리나라의 급격한 경제 성장 **이면**에 숨겨진 노동자들의 힘든 현실을 알린 계기가 되었다. 전태일의 희생 후 많은 노동자 25가 자신들의 권리를 지키기 위해 노동 운동에 본격적으로 참여하기 시작했다. 오늘날까지 전태일은 노동자의 인권을 향상시킨 중요한 인물로 평가된다.

- **중재하기도** 분쟁에 끼어들어 이편과 저편을 화해시키기도.
- **노동 운동** 노동자 계급이 자신들의 사회적·경제적 지위 향상과 노동 조건을 개선하기 위해 전개하는 조직적인 활동.
- **근로 기준법** 헌법에 근거하여 근로 조건의 기준을 정하여 놓은 법률.
- **개선**(改 고칠 개, 善 좋을 선) **해야** 잘못된 것이나 부족한 것, 나쁜 것 따위를 고쳐 더 좋게 만들어야.
- **실태**(實 열매 실, 態 모습 태) 있는 그대로의 상태. 또는 실제의 모양.
- **혹사하지** 혹독하게 일을 시키지.
- **투쟁** 어떤 대상을 이기거나 극복하기 위한 싸움.
- **이면** 겉으로 나타나지 않거나 눈에 보이지 않는 부분.

글의 특징

1 이 글에 대한 설명으로 알맞은 것은 무엇인가요? (   )

① 과거의 사건을 지적하고 해결 방안을 제시하는 글이다.

② 시대에 따라 달라진 인물의 평가에 대해 소개하는 글이다.

③ 인물의 생애와 업적을 시간의 흐름에 따라 설명하는 글이다.

④ 구체적인 예시와 함께 인물의 입장에 서서 주장하는 글이다.

⑤ 인물이 사회에 미친 긍정적인 영향과 부정적인 영향을 비교하는 글이다.

내용 이해

2 이 글의 내용과 일치하지 <u>않는</u> 것은 무엇인가요? (   )

① 전태일은 어린 시절부터 여러 일을 하며 생계를 이어갔다.

② 전태일은 홀로 노동 환경의 실태를 조사하고 시위를 벌였다.

③ 전태일의 희생으로 노동자의 열악한 현실이 세상에 알려졌다.

④ 1970년의 노동 환경은 근로 기준법이 거의 지켜지지 않은 상태였다.

⑤ 노사 갈등은 노동자와 기업 간의 갈등이지만 정부에서 중재하기도 한다.

추론

3 이 글을 통해 답을 알 수 있는 질문이 <u>아닌</u> 것은 무엇인가요? (   )

① 노사 갈등은 어떻게 해결할 수 있을까?

② 전태일이 일했던 곳은 어떤 환경이었을까?

③ 전태일에게 근로 기준법을 알려 준 인물은 누구였을까?

④ 전태일이 희생하면서 마지막에 외쳤던 말은 무엇이었을까?

⑤ 전태일의 희생 후 노동자들이 권리를 지키기 위해 한 행동은 무엇일까?

어휘·어법

4 다음 중 ㉠과 바꾸어 쓸 수 있는 말은 무엇인가요? (   )

① 되찾게   ② 바뀌게

③ 깨닫게   ④ 무심하게

⑤ 일어나게

구조 분석

문단 요약

5 각 문단의 중심 내용을 찾아 선으로 알맞게 이으세요.

1문단 •　　　　• 노동 현실에 눈뜨게 된 전태일

2문단 •　　　　• 전태일의 희생과 투쟁에 대한 오늘날의 평가

3문단 •　　　　• 노동자가 기업에 권리를 주장하는 데 영향을 미친 전태일

4문단 •　　　　• 노동청에 노동 환경의 실태를 알리고 개선을 요구한 전태일

5문단 •　　　　• 노동자들의 현실과 고통을 세상에 알리기 위해 희생한 전태일

핵심 내용

6 빈칸에 들어갈 알맞은 말을 이 글에서 찾아 쓰세요.

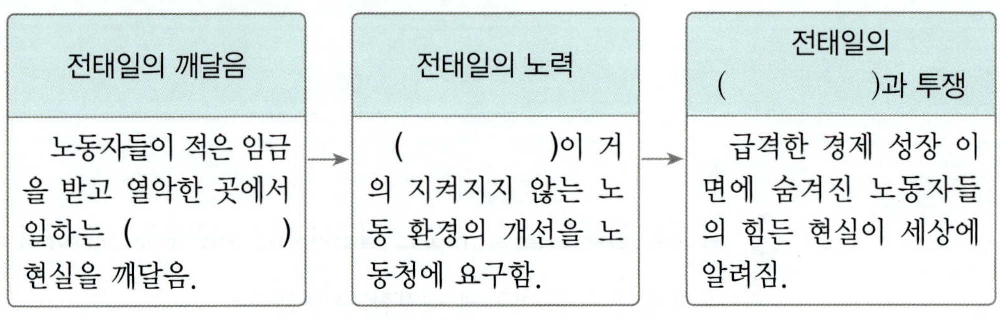

어휘

이해

7 다음 낱말의 뜻을 보기 에서 찾아 기호를 쓰세요.

보기
㉮ 있는 그대로의 상태. 또는 실제의 모양.
㉯ 어떤 대상을 이기거나 극복하기 위한 싸움.
㉰ 분쟁에 끼어들어 이편과 저편을 화해시키다.
㉱ 겉으로 나타나지 않거나 눈에 보이지 않는 부분.
㉲ 잘못된 것이나 부족한 것, 나쁜 것 따위를 고쳐 더 좋게 만들다.

⑴ 이면　　　（　　　　）　　　⑵ 투쟁　　　（　　　　）
⑶ 실태　　　（　　　　）　　　⑷ 중재하다　（　　　　）
⑸ 개선하다　（　　　　）

경제 성장에 따른 영향

경제 성장은 우리 사회를 풍요롭게 하였지만, 빈부 격차와 노사 갈등 등 여러 문제점을 가져다주었어요.

빈부 격차는 가난한 사람과 부유한 사람의 경제적 차이를 말해요. 잘 사는 사람과 그렇지 못한 사람의 **소득** 차이가 더 크게 벌어지면 사람들 사이에 갈등을 불러일으킬 수 있어요 그러므로 경제적으로 어려운 사람들을 돕기 위한 사회적 노력이 필요해요.

노사 갈등은 노동자와 기업 간의 임금, 노동 시간, 노동 환경 등 여러 노동 조건을 두고 서로 주장하는 바가 달라 발생하는 갈등이에요. 노사 갈등이 지속되면 우리나라 경제에도 부정적인 영향을 끼치게 되므로 기업과 정부, 노동자의 대화와 노력이 필요해요.

• **경제 성장에 따른 문제점**

빈부 격차의 심화

해결 방안: 생계비, 양육비, 학비 등 정부의 지원으로 빈부 격차를 해결할 수 있어요.

노사 갈등 심화

해결 방안: 기업 경영자와 노동자의 대화를 통해 노사 갈등을 해결할 수 있어요.

● **소득** 일의 결과로 얻은 정신적·물질적 이익.

핵심 용어 다음 빈칸에 들어갈 알맞은 용어를 쓰세요.

(1) ☐ ☐ ☐ ☐

빈(가난할 貧) **부**(부유할 富) **격**(사이 뜰 隔) **차**(다를 差): 가난함과 부유함의 차이.

• 뜻: 가난한 사람과 부유한 사람의 경제적 차이.

(2) ☐ ☐ ☐ ☐

노(일할 勞) **사**(부릴 使) **갈**(칡 葛) **등**(등나무 藤): 일하는 사람과 부리는 사람의 갈등.

• 뜻: 노동자와 기업 간의 임금, 노동 시간, 노동 환경 등 여러 노동 조건을 두고 서로 주장하는 바가 달라 발생하는 갈등.

무역과 우리나라 경제

국제 무역의 파수꾼, 세계 무역 기구

1 세계 무역 기구(WTO)는 1995년에 **출범하여** 스위스 제네바에 본부를 둔 국제기구이다. 세계 무역 기구는 국제 무역을 **증진하고** 국제 무역 질서를 바로잡아 전 세계적인 경제 발전을 이루기 위해 설립되었다.

2 세계 무역 기구가 설립되기 전에는 **관세**와 무역에 관한 협정(GATT)가 있었다. 그러나 관세와 무역에 관한 협정은 선진국을 중심으로 한 무역 협정이 5 었고, 법적인 책임을 지지 않는 협력 기구에 그친다는 한계가 있었다. 이러한 관세와 무역에 관한 협정의 한계를 보완하여 선진국 중심이 아닌 전 세계의 무역 질서를 구축하고, 법적 **구속력**을 지니는 국제기구로 세계 무역 기구가 만들어졌다.

3 세계 무역 기구는 국제 무역을 증진하는 역할을 한다. 이를 위해 세계 무 10 역 기구는 국가 간 무역이 최대한 자유롭게 이루어질 수 있도록 회원국 간의 대화와 협상을 통해 무역 **장벽**을 낮춘다. 또한, 세계 무역 기구는 국제 무역의 질서를 유지한다. 국가 간 경제 분쟁이 벌어지면 옳고 그름을 판단하여 판결을 내리고, 분쟁을 **조정한다**. 그리고 회원국의 무역 정책을 정기적으로 점검하여 세계 무역 기구의 협정이 잘 지켜지고 있는지 감시한다. 15

4 세계 무역 기구에는 중요한 원칙이 있다. 첫 번째는 ㉠차별 없는 무역이다. 이는 특정 국가에만 무역 혜택을 주지 않는다는 것으로, 모든 회원국에 동일한 혜택을 주어야 한다. 두 번째는 투명성이다. 세계 무역 기구는 무역 정책이나 분쟁 해결 결과 등 다양한 정보를 투명하게 공개하여 언제나 예측 가능한 환경을 유지한다. 세 번째는 ㉡후진국과 개발 도상국의 경제 개발에 기여 20 하는 것이다. 세계 무역 기구는 후진국과 개발도상국의 발전을 지원함으로써 세계 경제의 균형 잡힌 성장을 이끈다.

5 세계 무역 기구는 국제 무역의 **파수꾼**으로서 국가 간 무역 규칙을 다루고 질서를 유지하는 유일한 국제기구이다. 그리고 국가 간 공산품뿐만 아니라 농산품, 서비스, 지식 재산권 등을 자유롭게 거래할 수 있는 환경을 **조성하는** 중 25 요한 조직이다. 현재 우리나라를 포함하여 전 세계 164개 국가가 가입되어 있으며, 세계 경제의 큰 축을 담당하고 있다.

- **출범**(出 날 출, 帆 돗 범)**하여** 단체가 새로 조직되어 일을 시작하여.

- **증진하고** 기운이나 세력 따위를 점점 더 늘려 가고 나아가게 하고.

- **관세** 수출·수입되거나 통과되는 화물에 대해 부과되는 세금.

- **구속력** 어떤 행위를 강제로 못 하게 하는 힘.

- **장벽** 장애가 되는 것이나 극복하기 어려운 것.

- **조정한다** 분쟁을 중간에서 화해하게 하거나 서로 타협점을 찾아 합의하도록 한다.

- **파수꾼** 경계하여 지키는 일을 하는 사람.

- **조성**(造 지을 조, 成 이룰 성)**하는** 무엇을 만들어서 이루고.

설명 대상

1 이 글은 무엇에 대해 설명하고 있는지 찾아 쓰세요.

(   )

내용 이해

2 이 글을 통해 알 수 있는 내용이 <u>아닌</u> 것은 무엇인가요? (   )

① 세계 무역 기구의 원칙
② 세계 무역 기구의 중요성
③ 세계 무역 기구의 설립 목적
④ 세계 무역 기구의 주요 역할
⑤ 세계 무역 기구의 분쟁 해결 사례

추론

3 이 글을 통해 추론할 수 있는 내용으로 알맞은 것은 무엇인가요? (   )

① 세계 무역 질서는 세계 무역 기구를 이끄는 스위스가 확립한다.
② 국제 무역은 세계 무역 기구가 설립된 후 처음으로 시작되었다.
③ 무역 장벽을 높일수록 국가 간 무역이 활발하게 이루어질 것이다.
④ 우리나라는 다른 나라와 무역을 할 때 세계 무역 기구의 협정을 따른다.
⑤ 세계 무역 기구는 관세와 무역에 관한 협정과 전혀 다른 체제로 설립되었다.

적용

4 다음 중 ㉠과 ㉡에 해당하는 사례를 찾아 각각 기호를 쓰세요.

> ㉮ 선진국들은 개발 도상국의 수출 상품의 관세를 없애는 것을 허용하였다.
> ㉯ A국가에 P상품의 관세를 낮춰 준다면 다른 회원국에도 P상품의 관세를 낮춰 주어야 한다.
> ㉰ 개발 도상국들에는 낯설고 어려운 세계 무역 기구의 규정에 적응할 수 있는 일정 기간을 주었다.
> ㉱ A국가가 다른 국가에는 수출 절차를 줄이는 혜택을 주고 B국가만 예외로 한다면, 이는 세계 무역 기구의 원칙을 위반한 것이다.

(1) ㉠: (,   )   (2) ㉡: (,   )

구조 분석

5 다음은 이 글에 나타난 각 문단의 중심 내용입니다. 글의 내용에 맞게 순서대로 기호를 쓰세요.

> ㉮ 세계 무역 기구의 역할
> ㉯ 세계 무역 기구의 중요성
> ㉰ 세계 무역 기구의 설립 목적
> ㉱ 세계 무역 기구의 중요한 원칙
> ㉲ 관세와 무역에 관한 협정의 한계를 보완한 세계무역기구

(   ) → (   ) → (   ) → (   ) → (   )

6 빈칸에 들어갈 알맞은 말을 이 글에서 찾아 쓰세요.

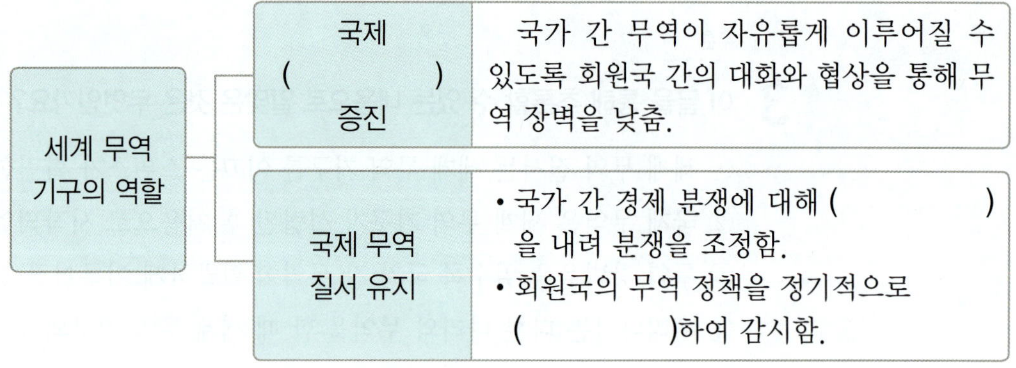

어휘

7 다음 낱말의 뜻을 보기 에서 찾아 기호를 쓰세요.

> **보기**
> ㉮ 무엇을 만들어서 이루다.
> ㉯ 어떤 행위를 강제로 못 하게 하는 힘.
> ㉰ 단체가 새로 조직되어 일을 시작하다.
> ㉱ 장애가 되는 것이나 극복하기 어려운 것.
> ㉲ 분쟁을 중간에서 화해하게 하거나 서로 타협점을 찾아 합의하도록 하다.

(1) 장벽   (   )   (2) 구속력   (   )

(3) 조성하다   (   )   (4) 조정하다   (   )

(5) 출범하다   (   )

무역과 우리나라 경제

전 세계에는 서로 다른 나라 사이에 물건이나 기술을 주고받는 경제 교류가 활발하게 이루어지고 있어요. 이렇게 나라 간에 물건이나 서비스를 사고파는 것을 **무역**이라고 해요. 무역을 할 때 물건이나 서비스를 다른 나라에 파는 것을 **수출**이라고 하고, 다른 나라에서 사 오는 것을 **수입**이라고 해요.

무역을 하는 까닭은 나라마다 자연환경도, 가지고 있는 자원이나 기술도 서로 달라서 나라마다 더 잘 만들 수 있는 물건이나 서비스가 다르기 때문이에요. 각 나라는 더 잘 만들 수 있는 물건이나 서비스를 생산하여 거래하면 경제적 이익을 얻을 수 있어요. 특히 우리나라는 다른 나라에서 **원료**를 수입하고, 그 원료를 국내에서 **가공하여** 만든 제품을 다른 나라에 수출하는 산업이 발달했어요.

• **무역의 모습**

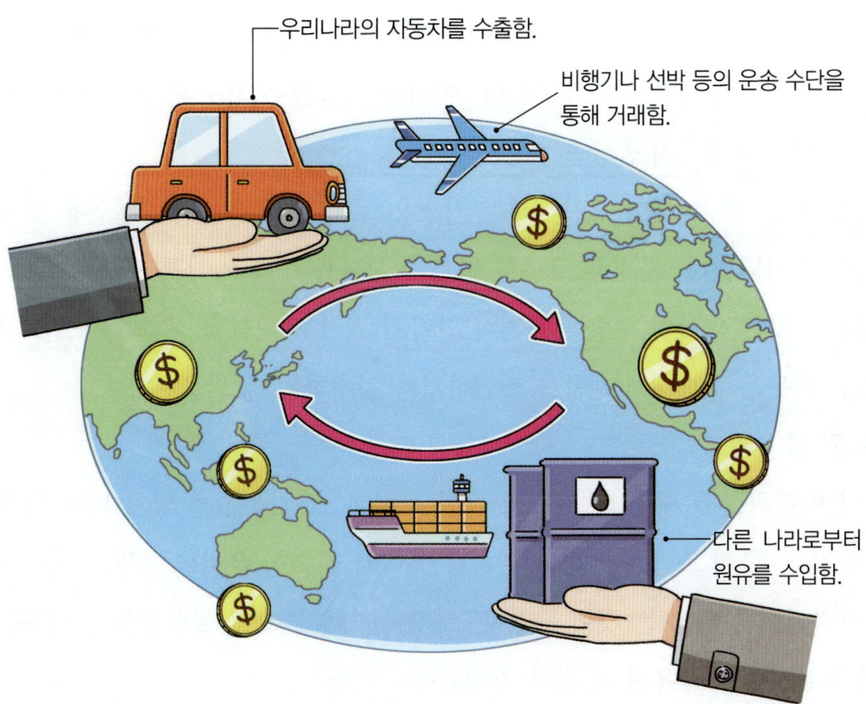

● **원료** 어떤 물건을 만드는 데 들어가는 재료.
● **가공하여** 원자재나 중간 제품을 인공적으로 처리하여 새로운 제품을 만들거나 제품의 질을 높여.

핵심 용어 다음 빈칸에 들어갈 알맞은 용어를 쓰세요.

(1) ☐☐

무(바꿀 貿) 역(바꿀 易): 바꿈.
• 뜻: 나라 간에 물건이나 서비스를 사고파는 것.

(2) ☐☐

수(보낼 輸) 출(날 出): 보내어 나감.
• 뜻: 물건이나 서비스를 다른 나라에 파는 것.

(3) ☐☐

수(보낼 輸) 입(들 入): 보내어 들임.
• 뜻: 물건이나 서비스를 다른 나라에서 사 오는 것.

10

우리나라의 산업화

미래 산업 박람회를 다녀와서

지문 분석

글자 수 951
950 1050 1150

1 서론

우리 동아리는 △△ 미래 산업 **박람회**에 견학을 다녀왔다. ㉠△△ 미래 산업 박람회는 다양한 미래 산업 기술과 **혁신적**인 제품들을 한곳에서 볼 수 있는 큰 행사로, **첨단** 기술의 발전 수준과 미래 산업의 발전 방향을 소개한다.

2 박람회 개요 및 주요 전시 기술과 제품

이번 박람회에서는 다양한 기업과 연구 기관들이 참여하여 최신 기술과 제품을 **선보이고**, 참가자들에게 스마트 기술이 미래에 어떻게 활용될지 설명했다.

○ 스마트 시티 기술: 스마트 시티 공간에서는 자율 **주행** 차량, 스마트 교통 시스템 등을 소개하여 미래의 도시가 어떻게 변할지 보여 주었다. 자율 주행은 사람의 **개입** 없이 스스로 도로를 주행하는 기술이다. 이는 스마트 교통 시스템과 결합해 실시간으로 교통 정보를 수집하고 교통 상황에 적절하게 대응함으로써 사고의 위험을 줄이고 교통 효율을 높여 준다.

○ 친환경 에너지 기술: 이번 박람회에서는 태양광, 풍력, 수소 에너지와 같은 친환경 에너지 기술도 소개되었다. 이러한 기술들은 지구 환경을 보호하고 지속 가능한 에너지 공급을 가능하게 한다.

○ 로봇 기술: 로봇 체험 공간에서는 가정용 로봇, 의료용 로봇, 산업용 로봇 등이 전시되었다. 가정용 로봇은 청소나 심부름 등의 가사를 도와주고, 의료용 로봇은 의사의 수술을 돕거나 환자의 건강 상태를 관찰한다. 또한, 산업용 로봇은 공장에서 제품을 조립하거나 **검수하는** 데 활용된다.

3 느낀 점

이번 박람회를 통해 미래 기술의 발전 방향과 그 가능성을 알게 되어 매우 흥미로웠다. 특히 스마트 시티와 친환경 에너지 기술이 우리의 생활을 어떻게 변화시킬지 상상해 보는 것이 좋았다. 로봇 기술은 앞으로 일상생활을 비롯한 더 많은 분야에서 활용될 것 같아 기대된다.

4 결론

△△ 미래 산업 박람회 견학을 통해 최신 기술과 미래 산업의 발전을 한눈에 알 수 있었다. 앞으로 미래 산업이 더욱 발전하면 지금보다 다양한 분야에 스마트 기술을 **접목할** 것으로 기대된다.

- **박람회** 생산물의 개량·발전 및 산업의 진흥을 꾀하기 위하여 농업, 상업, 공업 따위에 관한 온갖 물품을 모아 벌여 놓고 판매, 선전, 심사를 하는 모임.
- **혁신적** 묵은 풍속, 관습, 조직, 방법 따위를 완전히 바꾸어 새롭게 하는 것.
- **첨단** 시대나 유행, 기술 등의 맨 앞.
- **선보이고** 물건의 좋고 나쁨을 가려보이고.
- **주행** 차나 열차 등이 달림.
- **개입**(介 낄 개, 入 들 입) 자신과 직접적인 관계가 없는 일에 끼어듦.
- **검수하는** 물건의 규격, 수량, 품질 따위를 검사한 후, 물건을 받는.
- **접목할** 둘 이상의 다른 현상 따위를 알맞게 조화하게 할.

내용 독해

1 이 글을 쓴 목적은 무엇인가요? (   )

① 미래 산업 박람회의 역사를 소개하기 위해서
② 미래 산업 박람회에 참여할 것을 권유하기 위해서
③ 미래 산업 박람회가 개최된 이유를 설명하기 위해서
④ 미래 산업 박람회를 견학한 내용을 보고하기 위해서
⑤ 미래 산업 박람회의 경제적 가치를 증명하기 위해서

2 ㉠에 대한 설명으로 알맞지 <u>않은</u> 것은 무엇인가요? (   )

① 집안과 의료 현장에서 활용될 수 있는 로봇들을 전시했다.
② 미래 도시의 변화를 짐작할 수 있게 하는 기술을 선보였다.
③ 친환경 에너지를 직접 만들어 볼 수 있는 공간이 마련되었다.
④ 참가자들에게 스마트 기술이 미래에 어떻게 활용될지 설명했다.
⑤ 여러 기업들과 연구 기관이 참여하여 각종 기술과 제품을 전시했다.

3 이 글을 통해 짐작할 수 있는 내용이 <u>아닌</u> 것은 무엇인가요? (   )

① 미래에는 첨단 기술이 도시의 교통 관리에 활용될 것이다.
② 미래에는 사람의 손을 직접 거쳐야 하는 일이 더 많아질 것이다.
③ 미래에는 품질이 불량한 제품을 골라내는 데 로봇이 활용될 것이다.
④ 미래에는 의료나 산업 분야 이외에도 로봇이 더 많이 활용될 것이다.
⑤ 미래에는 사람이 직접 운전하지 않고도 자동차를 운행할 수 있을 것이다.

4 이 글을 읽고 알맞게 말한 친구는 누구인지 쓰세요.

> 지유: 지금 의료 분야에서 로봇이 활용된다면 의사 없이도 수술을 받을 수 있어.
> 주민: 태양광이나 수소 에너지 기술이 더욱 발달한다면 지구의 환경을 보호하는 데 도움이 되겠어.
> 유주: 자율 주행 차량은 사람의 개입 없이도 도로를 주행할 수 있어 편하지만 사고 위험성은 지금보다 더 높아질 거야.

(   )

5 다음 질문의 답을 알 수 있는 문단을 찾아 선으로 이으세요.

△△ 미래 산업 박람회는 어떤 행사일까?	•	• **1** 문단
글쓴이가 기대하는 미래 산업의 모습은 어떠할까?	•	• **2** 문단
△△ 미래 산업 박람회에 전시된 기술에는 무엇이 있을까?	•	• **3** 문단
△△ 미래 산업 박람회에 다녀온 글쓴이의 소감은 무엇일까?	•	• **4** 문단

6 빈칸에 들어갈 알맞은 말을 이 글에서 찾아 쓰세요.

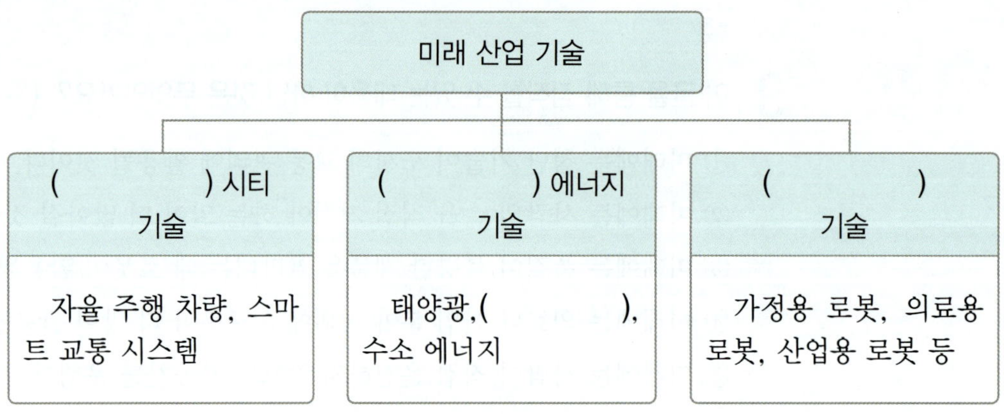

7 다음 문장에 들어갈 알맞은 낱말에 ◯표 하세요.

⑴ 많은 과학자가 (첨단, 최단) 기술 개발에 노력하고 있다.

⑵ 주방장이 특별히 만든 음식을 직접 (밉보일, 선보일) 예정이다.

⑶ 아이들의 문제에 어른이 (개입, 진입)하는 것은 바람직하지 않다.

⑷ 학교의 급식은 급식 재료의 (검토, 검수)와 위생 관리가 철저해야 한다.

⑸ 인공 지능 기술의 발달이 우리 생활을 (혁신적, 전통적)으로 변화시킬 것이다.

우리나라의 산업화

우리나라는 광복 이후부터 빠른 속도로 산업화가 진행되면서 생산 능력이 향상되고 생산량이 늘어나는 **경제 성장**을 이루었어요.

우리나라의 산업은 6·25 전쟁 이후부터 농업 중심의 산업 구조에서 공업 중심으로 변화하기 시작했어요. 1960년대에는 자원과 기술이 부족한 대신 값싸고 풍부한 노동력을 활용하여 **경공업**이 발달하였어요. 그리고 경공업보다 더 많은 자본과 높은 기술력을 갖추기 위해 노력하면서 1970년대와 1980년대에는 **중화학 공업** 중심으로 발전하였어요. 1990년대와 2000년대에는 반도체와 컴퓨터 등 **고도의 기술력을 요구하는 첨단 산업**과 **정보 통신 산업**이 발달하였어요. 현재는 문화 콘텐츠, 금융, 인공지능(AI) 등 다양한 서비스 산업도 발달하고 있어요.

핵심 용어 다음 빈칸에 들어갈 알맞은 용어를 쓰세요.

(1) **경제** ☐☐

성(이룰 成) 장(길 長): 자라서 커짐.
- 뜻: 한 나라의 생산 능력이 향상되고 생산량이 늘어나는 것.

(2) ☐☐ **산업**

첨(뾰족할 尖) 단(끝 端): 뾰족한 끝부분.
- 뜻: 반도체와 컴퓨터 등 고도의 기술력을 요구하는 산업.

• 우리나라의 경제 성장 과정

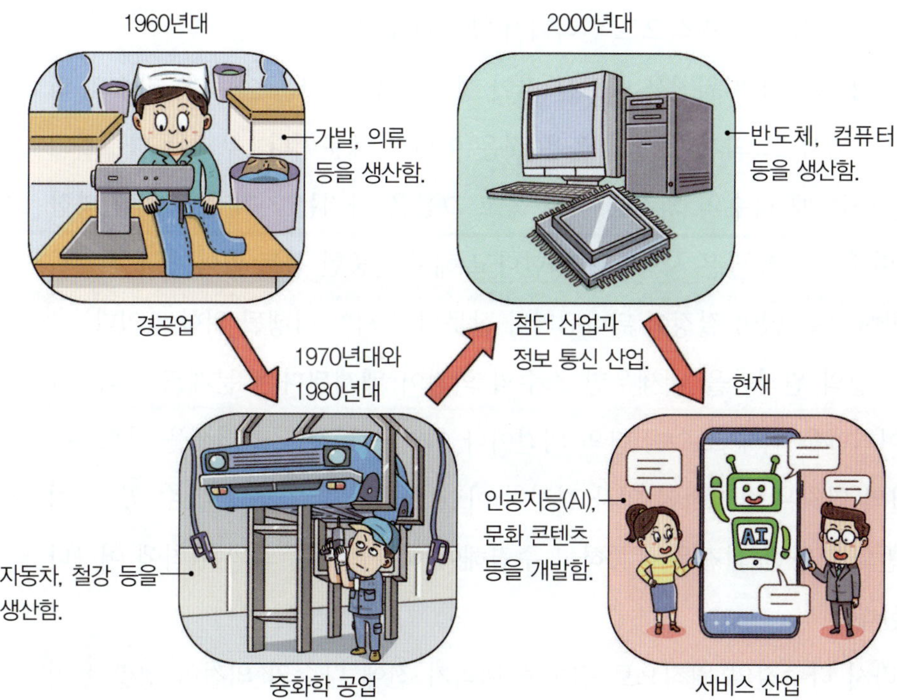

- **경공업** 식료품, 섬유, 가발, 종이 등 가벼운 물건을 만드는 산업.
- **중화학 공업** 철강, 산업, 자동차 등 무거운 물건과 섬유 화학 제품을 만드는 산업.
- **고도**(高 높을 고, 度 법도 도) 수준이나 정도 따위가 매우 뛰어남. 또는 그런 정도.
- **정보 통신 산업** 정보 기기를 다루고 정보를 수집, 생산, 처리할 수 있는 산업.

다수결의 원칙은 늘 옳은가

1 다수결의 원칙이란 어떤 논의에 대하여 구성원 중 다수가 찬성한 의사를 그 집단 전체의 의사로 **간주하는** 의사 결정 방식이다. 다수결의 원칙은 구성원의 의견이 서로 다를 경우 쉽고 **빠르게** 결론을 내리기 위해 활용된다. 여러 의견을 주고받는 회의에서 다수결의 원칙에 따라 의견을 하나로 모으면, 대부분은 이 의견을 쉽게 받아들인다. 이러한 모습은 우리가 일상생활에서 다수결의 원칙을 익숙하게 활용하고 있음을 나타낸다.

2 다수결의 원칙은 민주주의 사회에서 중요하게 적용된다. 우리 헌법에서도 국회에서 이루어지는 결정에 대해 다수결의 원칙을 채택하고 있다. 국회에서는 국민이 직접 **뽑은** 대표자들이 모여 다수결의 원칙에 따라 국가의 주요 **사안**을 결정하거나 법안을 통과시킨다. 모든 국민이 동등하게 의견을 표현할 수 있는 민주주의 사회에서는 다수결의 원칙이 최대한 많은 국민의 의견을 반영할 수 있는 의사 결정 방식으로 인식되어 왔기 때문이다.

3 그러나 다수결의 원칙을 따르는 것이 항상 최선인 것은 아니다. 다수의 의견이라고 해서 그 의견이 항상 옳은 것은 아니기 때문이다. 우리는 다수결의 원칙을 따를 때 다수의 의견에 대해 옳고 그름을 따지는 자세를 흔히 **간과한다**. 그런데 ㉠그저 많은 사람이 동의한다고 해서 신중한 검토 없이 쉽게 결정하면 명확한 기준 없이 결정이 뒤바뀌거나 잘못된 정책이 시행될 위험이 있다.

4 다수결의 원칙만을 내세우면 소수의 의견이 **배제된다는** 문제도 있다. 다수의 이익만을 위해 소수 집단의 의견이나 이익을 무시하고 희생을 강요하는 다수결의 원칙은 합리적인 의사 결정이 아닌 다수의 **횡포**라고 할 수 있다. 이는 국민의 다양한 의견을 존중하고 **수렴해야** 하는 민주주의의 원칙에 어긋나기도 한다.

5 따라서 다수결의 원칙으로 결론을 내리기 전에 다수의 의견이 정말 우리 사회에 긍정적인 영향을 미칠지 충분히 검토해야 한다. 또한, 서로 간의 자유로운 대화와 **타협**, 설득의 과정이 거쳐야 한다. 소수 의견을 포함한 다양한 의견을 충분히 듣고 합의점에 **도달하기** 위해 노력했음에도 의사 결정이 이루어지지 않는다면 최후의 수단으로서 다수결의 원칙을 사용해야 한다.

5

10

15

20

25

- **간주하는** 상태, 모양, 성질 따위가 그와 같다고 보거나 그렇다고 여기는.

- **사안** 법률이나 규정 따위에서 문제가 되는 일이나 안.

- **간과한다** 큰 관심 없이 대강 보아 넘긴다.

- **배제된다는** 받아들여지지 아니하고 물리쳐져 제외된다는.

- **횡포** 제멋대로 굴며 몹시 난폭함.

- **수렴해야** 의견이나 사상 따위가 여럿으로 나뉘어 있는 것을 하나로 모아 정리해야.

- **타협** 어떤 일을 서로 양보하여 협의함.

- **도달**(到 이를 도, 達 통달할 달)**하기** 목적한 곳이나 수준에 다다르기.

내용 독해

1 이 글에서 글쓴이가 주장하는 내용은 무엇인가요? (   )

① 다수의 이익을 위해서는 소수가 희생해야 한다.

② 다수결의 원칙을 통해 올바른 결정을 내릴 수 있다.

③ 다수결의 원칙은 가장 민주적인 의사 결정 방식이다.

④ 다수결로 결정을 내리기 전 소수의 의견도 충분히 존중해야 한다.

⑤ 국민 모두의 의견을 존중하려면 다수결의 원칙을 따르지 않아야 한다.

내용 이해

2 다수결의 원칙에 대한 설명으로 알맞은 것을 두 가지 고르세요. (,   )

① 일상생활에서는 자주 사용하지 않는 의사 결정 방식이다.

② 많은 사람이 동의하는 의견은 항상 옳기 때문에 활용된다.

③ 다수의 의견에 대해 옳고 그름을 따지는 자세가 간과되기도 한다.

④ 구성원 중 소수가 찬성한 의사를 그 집단 전체의 의사로 간주한다.

⑤ 국회에서 국가의 주요 사안을 결정할 때 사용되는 의사 결정 방식이다.

어휘·어법

3 ㉠에 가장 어울리는 한자 성어로 알맞은 것의 기호를 쓰세요.

> ㉮ 인산인해: 사람이 수없이 많이 모인 상태.
>
> ㉯ 부화뇌동: 줏대 없이 남의 의견에 따라 움직임.
>
> ㉰ 십중팔구: 열 가운데 여덟이나 아홉 정도로 거의 대부분이거나 거의 틀림없음.
>
> ㉱ 어부지리: 두 사람이 싸우는 사이에 엉뚱한 사람이 애쓰지 않고 이익을 가로챔.

(   )

적용

4 다음 대화에서 이 글의 글쓴이와 생각이 같은 친구는 누구인지 쓰세요.

> 현주: 우리 반에서 현장 체험 학습으로 가고 싶은 장소에 투표한 결과, 놀이공원이 가장 많은 표를 얻었어. 표는 적었지만 박물관에 투표한 친구들의 의견도 들어 보자.
>
> 주원: 투표를 통해 놀이공원에 가고 싶은 친구들이 많다는 것을 알았는데 굳이 박물관을 선택한 이유를 들어 볼 필요가 있을까?
>
> 원희: 그래. 현장 체험 학습 장소는 놀이공원이 가장 많은 표가 나왔으니까 바로 놀이공원으로 정하면 된다고 생각해.

(   )

구조
분석

5 각 문단의 중심 내용을 알맞게 선으로 이으세요.

다수결의 원칙은 어떤 상황에서 쓰일까?	**1** 문단
국회에서는 어떤 원칙에 의해 의결이 이루어질까?	**2** 문단
다수결의 원칙을 따를 때 간과되는 것은 무엇일까?	**3** 문단
다수결로 결론을 내리기 전에 무엇을 고려해야 할까?	**4** 문단
소수의 의견을 배제한 다수결의 원칙의 문제점은 무엇일까?	**5** 문단

6 빈칸에 알맞은 말을 이 글에서 찾아 쓰세요.

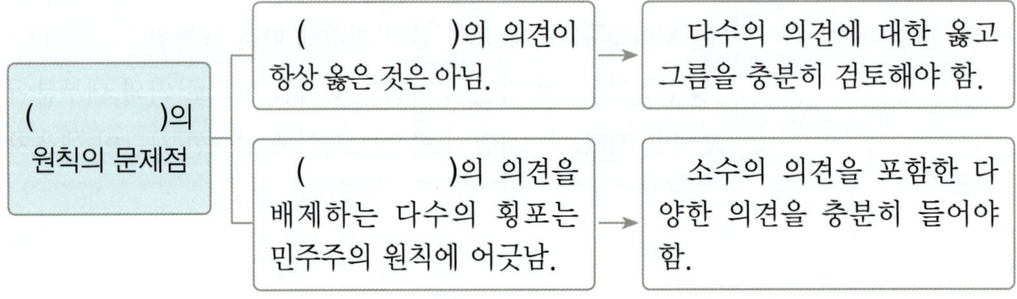

어휘

7 다음 문장에 들어갈 알맞은 낱말에 ◯표 하세요.

⑴ 공정하게 판단을 내릴 때는 개인의 감정을 (배제, 전제)해야 한다.

⑵ 우리는 한참을 헤매다가 목적지에 (도달, 도출)하자 안도의 한숨을 내쉬었다.

⑶ 거리에서 사람을 위협하며 (공포, 횡포)를 부리는 사람을 경찰에 신고하였다.

⑷ 기자는 일부 소수의 의견을 마치 대다수의 의견인 것처럼 (간과, 간주)하였다.

⑸ 방송 프로그램은 시청자의 의견을 (수렴, 수집)하여 새로운 출연자를 섭외했다.

민주주의

　　민주 정치를 실현하기 위해서는 국민 주권이 지켜져야 해요. 국민 주권이란 국민이 한 나라의 주인으로서 나라의 중요한 일을 최종적으로 결정하는 권리를 말해요. 우리나라 헌법에서도 "대한민국의 주권은 국민에게 있고, 모든 권력은 국민으로부터 나온다."라고 밝히며, 국민 주권을 **실현하기** 위해 국민의 자유와 권리를 법으로 보장하고 있어요.

　　국민 주권을 가진 국민은 투표를 통해 나라의 대표를 선출하는 선거를 할 수 있어요. 선거는 국민 주권을 실천하는 가장 기본적인 방법이에요. 그래서 선거를 민주주의의 꽃이라고 하기도 해요.

● **실현하기** 꿈, 기대 따위를 실제로 이루기.

핵심 용어 다음 빈칸에 들어갈 알맞은 용어를 쓰세요.

(1) ☐☐☐☐

국(나라 國) 민(백성 民) 주(주인 主) 권(권리 權): 국민이 주인인 권리.

- 뜻: 국민이 한 나라의 주인으로서 나라의 중요한 일을 최종적으로 결정하는 권리.

(2) ☐☐

선(가릴 選) 거(들 擧): 가리어 듦.

- 뜻: 투표를 통해 나라의 대표를 선출하는 일.

12

선거

공정한 ⟨ 가 ⟩ 를 책임지는 국가 기관

지문 분석

글자 수 984
950 1050 1150

1 민주주의 국가에서 국민의 대표를 뽑는 선거는 공정해야 한다. 만약 누군가 부정한 방법으로 선거 절차를 어기거나, 투표 결과를 **조작한다면** 민주주의를 저버리는 결과로 이어진다는 것을 ㉠우리나라는 지난 역사를 통해 경험하였다. 따라서 민주주의 국가에서는 공정한 선거가 반드시 지켜져야 한다.

2 우리나라는 대한민국 정부 수립 이후에 행정 기관의 선거 위원회에서 선거를 진행했었다. 그런데 1960년 이승만의 3·15 부정 선거가 벌어지자, 그해 6월 헌법을 개정하여 중앙선거위원회를 설치하였다. 그러나 1961년 박정희의 5·16 군사 정변으로 중앙선거위원회는 **폐쇄되었고**, 그 후 1963년 1월 선거관리위원회가 설립되었다. 그리고 이 기관은 현재의 중앙선거관리위원회로 이어졌다.

3 중앙선거관리위원회는 국회, 정부, 법원, 헌법 재판소와 동등한 **지위**를 가진 독립된 국가 기관이다. 중앙선거관리위원회는 총 9명의 위원으로 구성되는데, 대통령과 국회, 대법원장이 각각 3명씩 **임명하여** 6년 동안 활동한다. 이들은 정당 가입과 정치 활동이 금지되어 있으며, 외부의 간섭을 받지 않고 **중립성**과 공정성을 유지해야 한다.

4 그렇다면 중앙선거관리위원회는 공정한 선거를 위해 어떤 일을 할까? 중앙선거관리위원회는 대통령 선거, 국회 의원 선거, 지방 의회 의원 및 지방 자치 단체의 장 선거를 관리한다. 선거일이 정해지면 중앙선거관리위원회는 정해진 기간 동안 선거에 **출마하고자** 하는 후보자들의 등록을 받고, 후보자들은 등록이 완료된 후에 선거 운동을 한다. 이때 중앙선거관리위원회는 후보자가 선거 절차를 **준수하며** 공정하게 경쟁하는지 철저한 감시와 단속을 펼친다.

5 중앙선거관리위원회는 선거 기간 동안 **유권자**의 적극적인 참여를 위해 선거 내용을 홍보한다. 누리집에 선거 정보를 게시하거나 정책 토론회를 개최하여 유권자가 후보자의 정책을 비교하고 평가할 수 있도록 한다. 그리고 선거가 끝난 후에는 후보자가 선거 비용을 올바르게 사용했는지 조사하고, 후보자의 선거 비용 보고서를 3개월 동안 공개한다.

- **조작**(造 지을 조, 作 지을 작)**한다면** 어떤 일을 사실인 듯이 꾸며 만든다면.
- **폐쇄되었고** 기관이나 시설이 없어지거나 기능이 정지되었고.
- **지위** 개인의 사회적 신분에 따르는 위치나 자리.
- **임명하여** 일정한 지위나 임무를 남에게 맡기어.
- **중립성**(中 가운데 중, 立 설 립, 性 성품 성) 어느 편에도 치우치지 아니하고 공정하게 처신하는 성질.
- **출마**(出 날 출, 馬 말 마)**하고자** 선거에 나가고자.
- **준수하며** 명령이나 규칙, 법률 등을 지키며.
- **유권자** 선거할 권리를 가진 사람.

내용 독해

1 ㉮에 알맞은 말을 넣어 이 글의 제목을 완성하세요.

• 공정한 (　　　　　　　　　)를 책임지는 국가 기관

내용 이해

2 이 글의 내용과 일치하는 것은 무엇인가요? (　　　　)

① 중앙선거관리위원회는 헌법 재판소에 소속된 국가 기관이다.
② 중앙선거관리위원회는 대통령과 국회 의원의 선거만 관리한다.
③ 선거가 끝난 후 후보자의 선거 비용 보고서가 3개월 동안 공개된다.
④ 1960년에 설치된 중앙선거위원회는 이승만의 부정 선거로 폐쇄되었다.
⑤ 중앙선거관리위원회의 위원은 원하는 정당에 가입할 수 있는 자유가 있다.

추론

3 2 문단과 보기 를 참고할 때 ㉠에 대해 잘못 추론한 친구는 누구인지 쓰세요.

보기

> 헌법을 바꿔 가며 독재 정치를 이어 갔던 이승만은 1960년 3월 15일 선거에서 불법적인 방법을 통해 대통령에 당선되었다. 이에 시민들이 선거 결과 무효화를 주장하며 시위를 벌이자 경찰은 폭력적으로 진압하였고, 많은 시민이 죽거나 다쳤다.

> 수아: 권력을 가진 사람이 쉽게 투표 결과를 조작할 수 있으니 선거를 공정하게 관리하는 곳이 있어야 해.
> 안나: 민주주의에서 나라의 대표를 뽑는 선거는 아주 중요하기 때문에 옛날처럼 행정 기관에서 직접 선거를 관리해야 해.
> 지수: 우리나라에서 과거 독재 정치로 민주주의가 억압되었던 일이 다시 일어나지 않으려면 공정한 선거는 반드시 지켜져야 해.

(　　　　　　　　　　　　　　)

적용

4 이 글의 내용으로 미루어 보아 중앙선거관리위원회에서 하는 일로 알맞지 <u>않은</u> 것은 무엇인가요? (　　　　)

① 정책 토론회를 개최하는 일
② 후보자의 선거 운동을 감시하는 일
③ 후보자의 선거 비용을 조사하는 일
④ 정부의 정책 수행 결과를 평가하는 일
⑤ 선거에 출마하려는 후보자의 등록을 받는 일

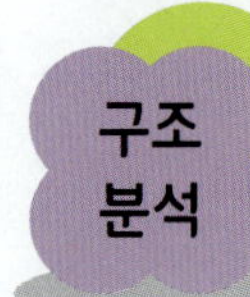

문단 요약

5 다음은 이 글에 나타난 각 문단의 중심 내용입니다. 글의 내용에 맞게 순서대로 기호를 쓰세요.

> ㉮ 공정한 선거의 중요성
> ㉯ 중앙선거관리위원회의 특징
> ㉰ 우리나라 선거 기관의 역사와 중앙선거관리위원회
> ㉱ 중앙선거관리위원회의 후보자의 선거 운동 감시와 단속
> ㉲ 중앙선거관리위원회의 선거 홍보와 후보자의 선거 비용 조사

(   ) → (   ) → (   ) → (   ) → (   )

핵심 내용

6 빈칸에 알맞은 말을 이 글에서 찾아 쓰세요.

중앙선거관리위원회가 공정한 선거를 위해 하는 일

선거에 출마하는 ( ) 등록을 받음.	후보자가 선거 절차를 준수하는지 감시하고 ( )함.	선거 정보를 누리집에 게시하거나 ( ) 토론회를 개최함.	선거가 끝난 후 후보자의 ( )을 조사하고 공개함.

이해

7 다음 낱말의 뜻을 찾아 선으로 알맞게 이으세요.

(1) 유권자 •　　•㉮ 선거에 나가다.

(2) 중립성 •　　•㉯ 선거할 권리를 가진 사람.

(3) 조작하다 •　　•㉰ 어떤 일을 사실인 듯이 꾸며 만들다.

(4) 준수하다 •　　•㉱ 명령이나 규칙, 법률 등을 지키다.

(5) 출마하다 •　　•㉲ 어느 편에서도 치우치지 아니하고 공정하게 처신하는 성질.

선거

우리나라는 대통령과 국회 의원, 지방 자치 단체의 장 등 나라를 대표해서 일하는 사람들을 국민이 직접 투표하여 뽑고 있어요. 우리나라처럼 다른 사람이 대신할 수 없고 선거권을 가진 사람이 직접 투표를 하는 선거 제도를 **직접 선거**라고 해요.

한편 미국에서는 대통령을 뽑을 때 국민이 대통령 선거에 참여할 **선거 인단**을 뽑고, 그 선거인단이 투표를 하여 대통령을 결정하고 있어요. 이렇게 국민이 직접 투표하는 것이 아니라 국민이 뽑은 선거인단이 대표자를 뽑는 선거 제도를 **간접 선거**라고 해요.

핵심 용어 다음 빈칸에 들어갈 알맞은 용어를 쓰세요.

(1) ☐☐ **선거**

직(바로 直) 접(이을 接): 바로 이음.
- 뜻: 다른 사람이 대신할 수 없고 선거권을 가진 사람이 직접 투표를 하는 선거 제도.

(2) ☐☐ **선거**

간(사이 間) 접(이을 接): 사이를 두고 이음.
- 뜻: 국민이 직접 투표하는 것이 아니라 국민이 뽑은 선거인단이 대표자를 선출하는 선거 제도.

- 직접 선거

- 간접 선거

국민은 자신의 의사를 반영해 줄 선거인단을 뽑음.

국민이 직접 투표하여 대통령을 뽑음.

선거인단이 국민을 대신하여 대통령을 뽑음.

- **선거인단** 간접 선거로 국가나 정부의 가장 높은 자리에 있는 사람을 선거하는 경우에 그 선거권을 소유한 선거인들로 이루어진 단체.

법이 만들어지는 과정

지문 분석

글자 수 1037
950 1050 1150

1 국민의 뜻에 따라 법률을 제정하는 과정을 입법 과정이라고 한다. 입법 과정은 민주적인 절차에 따라 다양한 의견과 이해관계를 반영하기 위한 중요한 과정이다. 우라나라에서는 국회에 제출된 **법률안**이 심사 및 **심의**를 거친 후 정부에 전달되고, 대통령의 **공포**에 따라 법이 **시행되는** 단계를 거친다. 우리나라의 입법 과정을 살펴보면 다음과 같다. 5

2 입법 과정은 법률안을 제출하는 것에서부터 시작한다. 우리나라는 헌법 제52조에 따라 국회 의원과 정부가 법률안을 제출할 수 있다. 단, 법률안을 국회에 제출하려면 국회 의원이 제안한 법률안은 국회 의원 10명 이상의 찬성이 필요하며, 정부가 제안한 법률안은 법제처의 심사와 **국무 회의**의 심의 등 복잡한 절차를 거친다. 그래서 국회 의원의 입법 과정보다 정부의 입법 과정이 10 더 오래 걸린다.

3 국회에 제출된 법률안은 국회의 심사를 거친다. 먼저 국회에 제출된 법률안은 법률안의 내용이 헌법에 부합하는지, 사회에 필요한 것인지 등에 대해 관련 **상임** 위원회가 심사한다. 예를 들어 교육과 관련된 법률안이면 교육 위원회에서 심사하고, 산업 재해와 관련된 법률안이면 환경 노동 위원회에서 심 15 사한다. 상임 위원회에서 심사가 통과되면 법제 사법 위원회로 넘어가 법률안의 형식과 체계, 문구 등을 심사한다.

4 법제 사법 위원회의 심사가 통과된 법률안은 국회 본회의에 올라간다. 국회 본회의에서는 질의와 토론을 통해 법률안을 심의한다. ㉠본회의에서 심의가 **의결되기** 위해서는 현재 국회에 소속된 전체 국회 의원의 **과반수**가 출석해 20 야 하며, 출석한 국회 의원의 과반수가 찬성해야 한다. 만약 이를 충족하지 못해 **부결되면** 해당 법률안은 폐기된다.

5 본회의에서 의결된 법률안은 15일 이내에 대통령이 공포해야 한다. 그러나 공포하기 전까지는 대통령이 거부권을 **행사할** 수 있다. 대통령이 재심의를 요청한 법률안이 법률로서 확정되려면 전체 국회 의원의 과반수가 출석해야 25 하며, 출석한 국회 의원의 3분의 2 이상이 찬성해야 한다. 만약 대통령이 거부권 행사 없이 15일 이내에 공포하면, 공포한 날로부터 20일이 지났을 때 법률로서 **효력**이 발생한다.

- **법률안** 법률이 될 사항을 정리하여 국회에 제출하는 문서.
- **심의** 심사하고 토의함.
- **공포** 이미 확정된 법률, 조약, 명령 따위를 일반 국민에게 널리 알리는 일.
- **시행**(施 베풀 시, 行 다닐 행)**되는** 법령이 공포된 후에 그 효력이 실제로 발생되는.
- **국무 회의** 대통령이 주관하며 정부의 중요한 정책들을 심의하는 회의.
- **상임** 일정한 일을 늘 계속하여 맡음.
- **의결**(議 의논할 의, 決 결단할 결)**되기** 의논되어 결정되기.
- **과반수** 절반이 넘는 수.
- **부결**(否 아닐 부, 決 결단할 결)**되면** 의논한 안건이 받아들여지지 아니하기로 결정되면.
- **행사할** 부려서 쓸.
- **효력** 법률이나 규칙 따위의 작용.

1 이 글에서 주로 설명하는 것은 무엇인가요? (   )

① 국회 의원이 하는 일
② 우리나라의 입법 과정
③ 법률안을 제출하는 방법
④ 국가별 입법 과정의 차이점
⑤ 법률안이 의결되기 위한 조건

2 이 글의 내용과 일치하는 것은 무엇인가요? (   )

① 입법 과정은 법률안을 국회에서 심사하는 것에서부터 시작한다.
② 국회에서 법률안 심사는 법제 사법 위원회, 상임위원회의 순서로 진행된다.
③ 법률안이 본회의에서 의결된 날로부터 20일이 지나면 법률로서 효력이 발생한다.
④ 입법 과정은 민주적인 절차를 따르지 않는 대신 다양한 의견과 이해관계를 반영한다.
⑤ 국회 본회의의 심의를 거쳐 의결된 법률안이라도 대통령이 거부권을 행사할 수 있다.

3 이 글을 통해 답을 알 수 있는 질문이 <u>아닌</u> 것은 무엇인가요? (   )

① 국회 본회의에서 법률안을 심의하는 방법은 무엇일까?
② 정부의 법률안이 법제처의 심사를 받는 이유는 무엇일까?
③ 국회의 심사 및 심의를 거친 법률안이 전달되는 곳은 어디일까?
④ 산업 재해와 관련된 법률안을 심사하는 상임 위원회는 어디일까?
⑤ 국회 의원이 법률안을 제출할 때와 정부가 법률안을 제출할 때의 차이점은 무엇일까?

4 ㉠을 알맞게 이해한 친구는 누구인지 쓰세요.

미래: 본회의에서 현재 국회에 소속된 전체 국회 의원 300명 중 180명이 출석하고, 출석한 180명 중 90명이 찬성한다면 법률안의 심의가 의결될 거야.

유현: 본회의에서 현재 국회에 소속된 전체 국회 의원 300명 중 160명이 출석하고, 출석한 160명 중 85명이 찬성한다면 법률안의 심의가 부결될 거야.

상진: 본회의에서 현재 국회에 소속된 전체 국회 의원 300명 중 155명이 출석하고, 출석한 155명 중 80명이 찬성한다면 법률안의 심의가 의결될 거야.

(   )

**구조
분석**

5 각 문단의 중심 내용을 찾아 선으로 알맞게 이으세요.

1문단 •　　　　　　　•　입법 과정의 개념

2문단 •　　　　　　　•　국회의 법률안 심사

3문단 •　　　　　　　•　법률안 공포에 따른 효력 발생

4문단 •　　　　　　　•　국회 의원과 정부의 법률안 제출

5문단 •　　　　　　　•　국회 본회의에서의 법률안 심의 및 의결

6 빈칸에 들어갈 알맞은 말을 이 글에서 찾아 쓰세요.

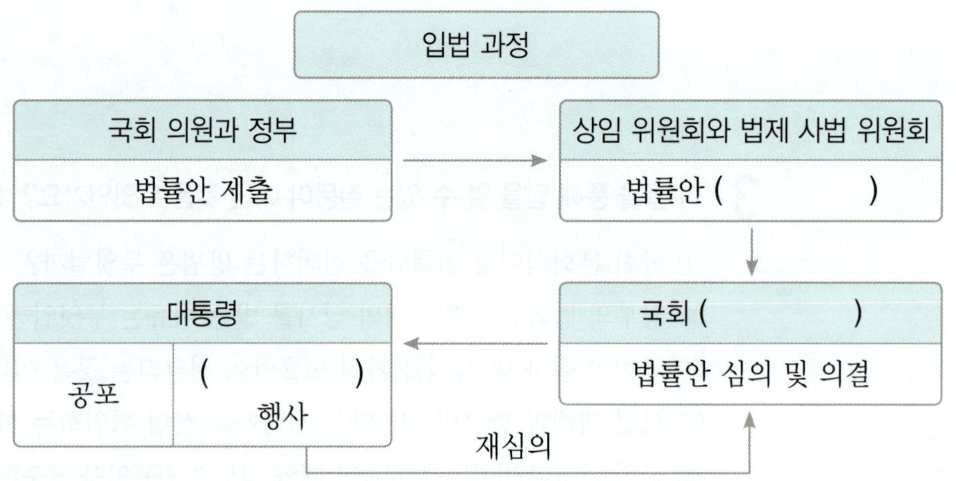

어휘

7 다음 낱말의 뜻을 보기 에서 찾아 기호를 쓰세요.

보기
㉮ 절반이 넘는 수.
㉯ 심사하고 토의함.
㉰ 의논하여 결정함.
㉱ 법률이나 규칙 따위의 작용.
㉲ 법령이 공포된 후에 그 효력이 실제로 발생되다.

(1) 효력　　　(　　　)　　　(2) 의결　　　(　　　)

(3) 심의　　　(　　　)　　　(4) 과반수　　　(　　　)

(5) 시행되다　(　　　)

국가 기관이 하는 일(1) 입법부

정답과 풀이 **26** 쪽

　　입법부란 세 가지 국가 기관 중의 하나로, 법을 만드는 기관이에요. 우리나라에서 입법부는 **국회**를 뜻해요. 국민의 대표인 국회 의원이 모여서 나라와 국민을 위해 중요한 결정을 내리는 곳이지요.

　　국회에서는 크게 세 가지 일을 해요. 먼저 법을 만들고 고치거나 없애는 일을 해요. 또한, 국민의 세금이 낭비되지 않도록 정부가 세운 **예산안**을 심의하고 확정하는 일을 하지요. 그리고 **국정 감사**를 통해 정부가 법에 따라 나라의 살림을 잘 운영하는지 행정부를 감시하고 살펴보아요. 국회 의원들은 국회 의사당의 본회의장에 모여 국회의 중요한 일을 결정하고 있어요.

• **국회에서 하는 일**

(1) ☐ ☐ ☐

입(설 立) **법**(법 法) **부**(관청 府): 법을 정하는 기관.
• 뜻: 법을 만드는 기관.

(2) ☐ ☐

국(나라 國) **회**(모일 會): 나라의 대표가 모인 곳.
• 뜻: 국민의 대표인 국회 의원이 모여 나라와 국민을 위해 중요한 결정을 내리는 곳.

● **예산안** 필요한 비용을 미리 헤아려 계산한 비용의 초안.
● **국정 감사** 국회가 행정부의 업무를 감독하고 어떠한 비리나 문제가 있는지 조사하는 것.

대통령제란 무엇일까?

지문 분석

글자 수 **1065**
950 1050 1150

1 대통령제는 입법부, 행정부, 사법부라는 권력 **분립**의 원리에 기초를 두고, 국민에 의해 **선출된** 대통령이 입법부와 사법부로부터 독립하여 행정권을 **행사하는** 정부 형태를 말한다. 대통령은 국가를 대표하는 **국가원수**이면서 행정부의 **수장**을 맡아 주요 정책을 결정하고 집행한다.

2 대통령제는 18세기 후반 미국에서 시작되었다. 미국이 영국의 식민지로부터 독립하는 과정에서 당시 영국의 **의회** 제도를 바탕으로 변화시킨 제도가 바로 대통령제이다. 미국은 1787년 헌법을 제정하면서 프랑스 정치학자인 몽테스키외가 주장한 삼권 분립을 받아들여 권력 분립과 대통령제에 대해 명확히 **규정하였다.** 현재는 세계 여러 국가가 대통령제를 ㉠채택함으로써 각 나라의 상황에 맞게 다양한 모습으로 발전되어 오고 있다.

3 대통령제의 가장 큰 특징은 국민이 선거를 통해 대통령을 직접 선출하고, 대통령을 중심으로 하나의 행정부가 독립하여 구성되는 것이다. 이로써 대통령은 **임기** 동안 다른 권력 기관의 간섭을 받지 않고 행정 업무를 수행할 수 있다. 두 번째로 대통령제는 의회, 즉 입법부와 상호 독립성을 갖고 서로 견제한다. 대통령에게는 입법부에 대한 정치적 책임이나 입법부를 **해산시킬** 수 있는 권리가 주어지지 않는다. 그 대신 입법부는 법을 만드는 권한을 가져감으로써 행정부를 **견제하고**, 행정부는 입법부의 법률안에 대해 거부권을 행사함으로써 입법부를 견제할 수 있다.

4 대통령제는 대통령의 임기가 보장되어 있다. 따라서 대통령이 임기 동안 정책을 일관적으로 펼칠 수 있어 정치적으로 안정된다는 장점이 있다. 또한 국가원수와 행정부의 수장이 같기 때문에 강력한 지도력을 갖추고, 긴급한 상황에서 신속하게 대응할 수 있다. 예를 들어 국가의 안보가 위협받는 상황이라면 대통령의 빠르고 신속한 결정으로 국민의 안전을 보장할 수 있다.

5 그러나 입법부와 행정부 간의 지나친 견제로 정책이 만들어지고 시행되기까지의 기간이 길어져 국민의 불안과 사회적 혼란이 빚어질 수 있다는 단점도 존재한다. 그리고 대통령에게 권력이 과도하게 집중되면 독재의 위험성도 있다. 그러므로 대통령제가 올바르게 운영되려면 행정부를 감시하는 언론의 역할과 국민의 참여 의식이 뒷받침되어야 한다.

5

10

15

20

25

● **분립**(分 나눌 분, 立 설 립)
갈라져서 따로 섬. 또는 따로 나누어서 세움.

● **선출**(選 가릴 선, 出 날 출)**된**
여럿 가운데서 골라진.

● **행사**(行 다닐 행, 使 부릴 사)**하는** 부려서 쓰는.

● **국가원수** 한 나라에서 으뜸가는 권력을 지니면서 나라를 다스리는 사람.

● **수장** 어떤 집단이나 단체를 다스리고 이끄는 사람.

● **의회** 입법을 담당하는 기관.

● **규정하였다** 내용이나 성격, 의미 따위를 밝혀 정하였다.

● **임기** 임무를 맡아보는 일정한 기간.

● **해산시킬** 집단, 조직, 단체 따위를 해체하여 없앨.

● **견제하고** 상대방이 자유롭게 행동하거나 힘이 강해지지 못하도록 하고.

내용
독해

1 이 글에서 가장 중심이 되는 말은 무엇인가요? (   )

① 행정부　　　　　② 대통령제　　　　　③ 권력 분립

④ 의회 제도　　　　⑤ 미국의 헌법

2 이 글을 통해 알 수 있는 내용이 <u>아닌</u> 것은 무엇인가요? (   )

① 대통령의 권한

② 대통령제의 장단점

③ 국가별 대통령의 임기

④ 대통령제에 뒷받침되어야 하는 것

⑤ 대통령제를 처음으로 시작한 국가

3 이 글을 읽고 추론할 수 있는 내용은 무엇인가요? (   )

① 대통령제에서는 입법부의 권력이 가장 낮을 것이다.

② 대통령제에서 대통령은 국회에 소속될 수 없을 것이다.

③ 미국 대통령은 1787년부터 입법부에 대한 책임을 졌을 것이다.

④ 삼권 분립을 처음으로 헌법에 규정한 국가는 프랑스였을 것이다.

⑤ 국민에 의해 선출된 대통령은 최종적으로 국회의 동의가 필요할 것이다.

4 ㉠과 바꾸어 쓸 수 <u>없는</u> 낱말은 무엇인가요? (   )

① 취함으로써　　　② 선택함으로써　　　③ 도입함으로써

④ 적용함으로써　　⑤ 선별함으로써

구조 분석

5 각 문단의 중심 내용으로 알맞은 것에 ○표, 틀린 것에 ×표를 하세요.

1 문단	입법부와 사법부가 대통령을 선출하는 대통령제	( )
2 문단	미국의 헌법 제정 과정에서 규정된 대통령제	( )
3 문단	행정부가 독립하여 다른 권력 기관의 간섭을 받지 않는 대통령제	( )
4 문단	임기 보장으로 인한 대통령제의 장점	( )
5 문단	입법부와 행정부의 견제로 독재의 위험이 있는 대통령제의 단점	( )

6 빈칸에 들어갈 알맞은 말을 이 글에서 찾아 쓰세요.

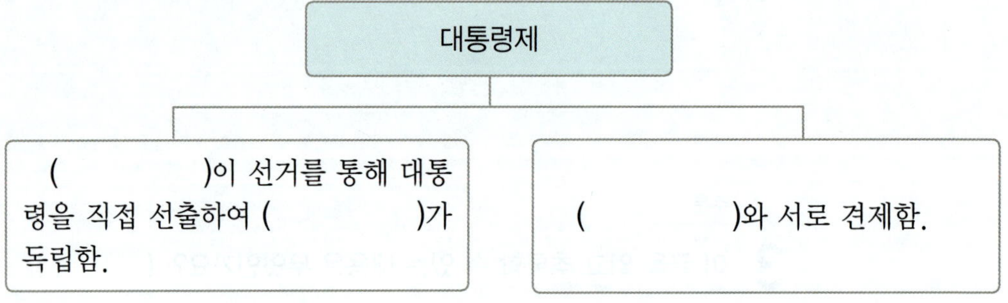

어휘

7 다음 낱말의 뜻을 찾아 선으로 알맞게 이으세요.

(1) 의회 ·　　　　· ㉮ 입법을 담당하는 기관.

(2) 분립 ·　　　　· ㉯ 여럿 가운데서 골라지다.

(3) 임기 ·　　　　· ㉰ 임무를 맡아보는 일정한 기간.

(4) 선출되다 ·　　　　· ㉱ 갈라져서 따로 섬. 또는 나누어서 세움.

(5) 규정하다 ·　　　　· ㉲ 내용이나 성격, 의미 따위를 밝혀 정하다.

국가 기관이 하는 일 (2) 행정부

정부는 넓은 뜻으로는 한 나라의 **통치** 기관 전체를 가리키고, 좁은 뜻으로는 행정부를 가리켜요. **행정부**는 국회에서 정한 법에 따라 나라의 살림살이를 하는 곳이에요. 또한, 사회 질서를 유지하고 공공시설을 관리하거나, 사회의 약자를 보호할 수 있는 복지를 펼쳐요. 이 외에도 행정부는 여러 정책을 실천하며 나라의 발전을 위해 노력해요.

행정부는 **대통령**과 국무총리, 행정 각 부로 구성돼요. 대통령은 우리나라를 대표하는 행정부의 최고 책임자예요. 국무총리는 대통령을 도와 일하거나 대통령을 대신하여 일하기도 해요. 행정 각 부는 교육, **외교**, **국방**, 경제 등으로 나누어 국민을 위해 여러 가지 일을 하고 있어요.

• 행정부에서 하는 일

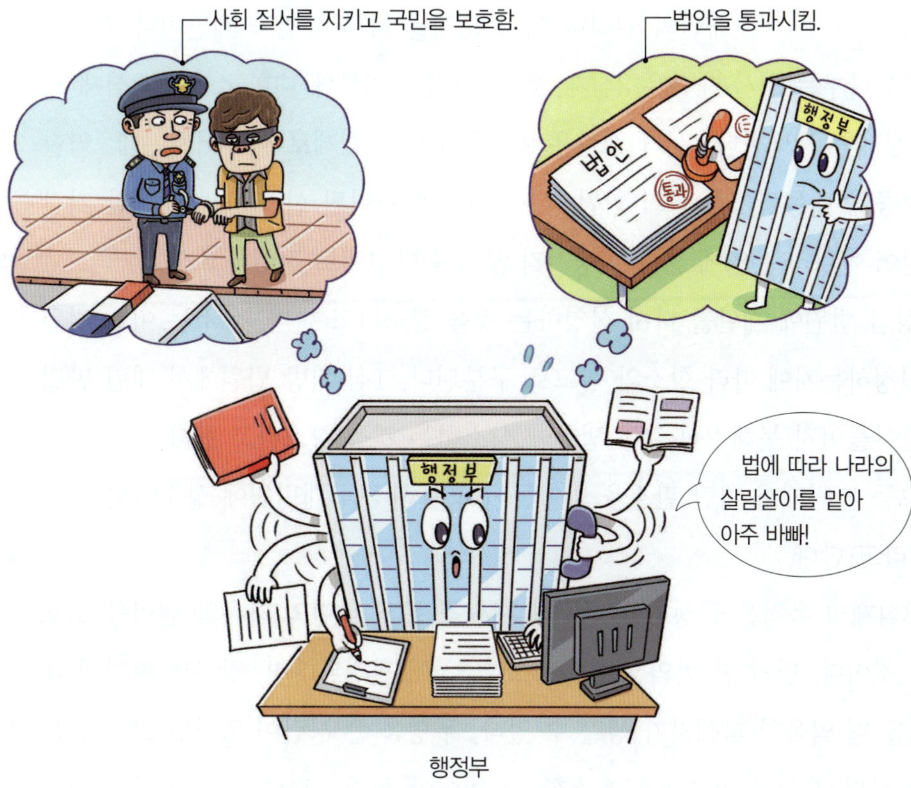

행정부

핵심 용어 다음 빈칸에 들어갈 알맞은 용어를 쓰세요.

(1) ☐ ☐ ☐

행(다닐 行) 정(정사 政) 부(곳 府): 나라의 행정을 맡은 곳.
• 뜻: 법에 따라 나라의 살림살이를 하는 곳.

(2) ☐ ☐ ☐

대(큰 大) 통(거느릴 統) 령(거느릴 領): 가장 크게 거느리는 사람.
• 뜻: 우리나라를 대표하는 행정부의 최고 책임자.

● **통치** 나라나 지역을 도맡아 다스림.
● **외교** 다른 나라와 정치적, 경제적, 문화적 관계를 맺는 일.
● **국방** 외국의 침략에 대비 태세를 갖추고 국토를 지키는 일.

우리나라의 심급 제도, 3심제

지문 분석

글자 수 973
950 1050 1150

1 만약 법원에서 내린 **판결**이 **부당하다고** 느껴지거나 받아들일 수 없다면 어떻게 해야 될까? 이런 경우 심급 제도를 이용하면 된다. 심급 제도란 법원의 계급을 상급 법원과 하급 법원으로 나누었을 때, 하급 법원에서 받은 판결에 대해 상급 법원에 다시 **재판**을 신청하는 제도를 말한다.

2 우리나라는 **원칙적**으로 한 사건에 세 번의 심판을 받을 수 있는 심급 제도, 즉 3심제를 채택하고 있다. 처음으로 판결을 받는 1심은 지방 법원, 두 번째로 판결을 받는 2심은 고등 법원, 세 번째로 판결을 받는 3심은 대법원에서 판결을 내린다. 마지막으로 대법원에서 내린 판결에 대해서는 더 이상 재판을 신청할 수 없다.

3 우리나라에서는 3심제 외에도 재판의 종류에 따라 2심제와 단심제를 진행한다. ⓐ 개인의 권리나 이익 문제를 다투는 민사 재판이나 범죄와 형벌을 다루는 형사 재판은 3심제, 행정 기관의 **처분**에 대한 소송은 3심제 또는 2심제를 채택한다. 선거 재판은 2심제 또는 단심제로 이루어지는데, 역할이 **막중한** 대통령이나 국회 의원, 시·도지사와 관련된 선거 재판은 재판 기간이 길어져 나라 운영에 혼란이 생기지 않도록 단심제로 진행하고 있다.

4 상급 법원에 재판을 다시 신청하는 것을 상소라고 한다. 상소는 어느 법원에 신청하는지에 따라 항소와 상고로 구분된다. 1심 지방 법원에서 내린 판결을 받아들이지 못해 2심 고등 법원에 상소하는 것을 항소라고 한다. 그리고 2심 고등 법원에서 내린 판결을 받아들이지 못해 3심 대법원에 상소하는 것을 상고라고 한다.

5 3심제의 목적은 공정하고 신중한 재판을 통해 국민의 자유와 권리를 보호하는 것이다. 만약 한 번의 재판으로 모든 것이 결정된다면, 잘못된 판결이 내려졌을 때 억울한 피해자가 생길 수 있다. **누명**을 쓴 사람이 있다면 그 사람은 다시 한번 자신의 억울함을 **호소할** 수 있어야 한다. 3심제는 잘못된 판결을 바로잡고, 어떤 국민이라도 억울한 상황에 놓이지 않도록 공정한 판결을 내리기 위해 반드시 필요하다.

5
10
15
20
25

- **판결**(判 판단할 판, 決 결단할 결) 법원이 소송 사건에 대해 판단하고 결정을 내림.
- **부당하다고** 이치에 맞지 아니하다고.
- **재판** 법원에서 문제가 되는 사건에 대해 법률에 따라 판단하는 일.
- **원칙적**(原 근원 원, 則 법칙 칙, 的 과녁 적) 원칙성이 있거나 원칙에 따르는 것.
- **처분** 행정·사법 기관이 특별한 사건에 대하여 해당 법규를 적용하는 행위.
- **막중한** 더할 수 없이 중대한.
- **누명** 사실이 아닌 일로 억울하게 얻은 나쁜 평판.
- **호소할** 억울하거나 딱한 사정을 남에게 간절하게 알림.

**내용
독해**

1 이 글에서 설명하는 것이 <u>아닌</u> 것은 무엇인가요? (   )

① 3심제의 의미
② 3심제의 장점
③ 3심제의 절차
④ 3심제의 필요성
⑤ 3심제의 보완책

2 이 글의 내용과 일치하는 것은 무엇인가요? (   )

① 상급 법원에 재판을 다시 신청하는 것을 상고라고 한다.
② 우리나라는 한 사건에 대해 최대 두 번까지 재판을 받을 수 있다.
③ 선거 재판은 항상 대법원의 판결만 받을 수 있는 단심제로만 진행된다.
④ 심급 제도는 하급 법원의 판결에 대해 상급 법원에 다시 재판을 신청하는 제도이다.
⑤ 우리나라에서는 대법원에서 내린 판결을 받아들일 수 없다면 다시 재판을 신청할
수 있다.

3 ㉠에 들어갈 이어 주는 말로 알맞은 것은 무엇인가요? (   )

① 그리고   ② 그런데   ③ 게다가
④ 왜냐하면   ⑤ 예를 들어

4 이 글을 읽고 알맞게 말한 친구는 누구인지 쓰세요.

> 경호: 도지사의 선거 재판은 판결을 받아들이지 못해도 재판을 다시 신청할 수 없
> 겠군.
> 윤지: 같은 사건에 대해 여러 번 재판을 받더라도 판결 내용이 달라질 가능성은 없
> 겠구나.
> 민우: 지방 법원의 판결을 받아들일 수 없을 때는 바로 대법원에 다시 재판해 달라
> 고 요청할 수 있겠군.

(   )

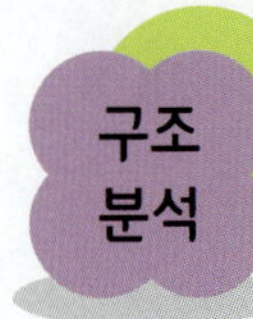

구조 분석

문단 요약

5 다음 빈칸에 들어갈 알맞은 말을 쓰며 이 글의 내용을 정리하세요.

문단	중심 내용
1	상급 법원에 다시 재판을 신청할 수 있는 ( ) 제도
2	우리나라가 채택한 ( )
3	재판 종류에 따라 나뉘는 심급 제도
4	항소와 상고로 구분되는 ( )
5	3심제의 목적과 필요성

핵심 내용

6 빈칸에 들어갈 알맞은 말을 이 글에서 찾아 쓰세요.

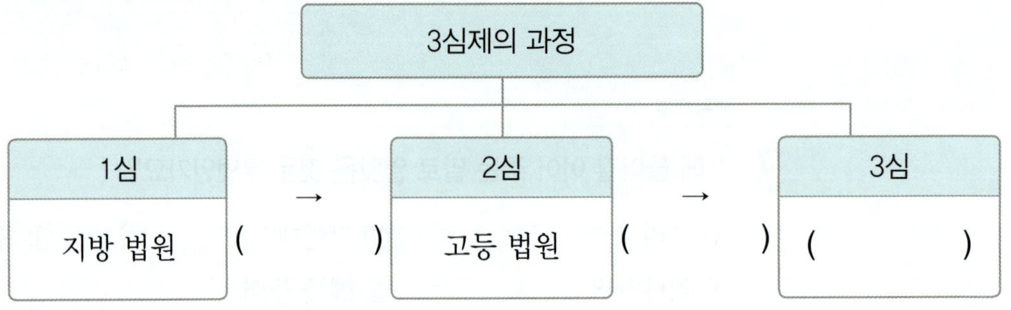

어휘

적용

7 다음 문장에 들어갈 알맞은 낱말에 ◯표 하세요.

⑴ 옥상에 출입하는 것은 (원칙적, 변칙적)으로 금지되어 있다.

⑵ 회사의 (부당한, 정당한) 해고 조치에 대해 직원들은 반발했다.

⑶ 그녀는 죄를 저지르지 않았다며 판사에게 눈물로 (호소, 호응)했다.

⑷ 심판은 항상 (단정한, 막중한) 책임감을 갖고 반칙 여부를 판정해야 한다.

⑸ 사건의 진실이 밝혀지면서 (누명, 조명)을 쓴 사람이 억울함을 풀게 되었다.

국가 기관이 하는 일 ⑶ 사법부

사법부는 법에 따라 판결을 하는 국가 기관으로, 우리나라의 사법부는 **법원**을 말해요. 법원은 재판을 통해 옳고 그름을 밝히는 곳이며 사람들 사이의 다툼을 해결하여 사회 질서를 유지하는 중요한 역할을 해요.

공정한 재판이 되기 위해서는 다른 국가 기관이나 집단의 간섭을 받지 않아야 해요. 그래서 우리나라의 헌법에서는 **사법권의 독립**을 **규정하고** 있어요. 또한, 특정한 경우를 제외하고는 모든 재판의 과정과 결과를 공개해야 하고, 한 사건에 대해 급이 다른 법원에서 세 번까지 재판 받을 수 있는 3심제를 두고 있어요.

핵심 용어 다음 빈칸에 들어갈 알맞은 용어를 쓰세요.

(1) ☐ ☐ ☐

사(관리할 司) 법(법 法) 부(관청 府): 법을 관리하는 기관.
- 뜻: 법에 따라 판결을 하는 국가 기관.

(2) ☐ ☐

법(법 法) 원(기관 院): 법 기관.
- 뜻: 재판을 통해 옳고 그름을 밝히는 곳.

사법권의 독립

- **사법권의 독립** 법관이 재판을 하는 것에 대하여 어느 누구에게도 간섭을 받지 아니하는 일.
- **규정하고** 규칙으로 정하고.

국가를 다스리는 힘의 균형

삼권 분립의 중요성

1 우리나라에는 법을 만드는 입법부, 법을 실행하는 행정부, 법을 해석하는 사법부라는 세 가지 중요한 권력 기관이 있다. 이들은 서로 다른 일을 하지만 모두가 공정하고 균형 있게 **작동해야** 하므로 세 가지 권력을 나누어 서로 견제하고 균형을 맞추고 있다. 이것을 삼권 분립이라고 한다. 그렇다면 삼권 분립이 필요한 까닭은 무엇일까?

2 삼권 분립은 권력을 **분산하여** 한쪽의 힘이 세지는 것을 막고 각 기관이 서로를 견제하고 감시함으로써 권력 **남용**을 **방지한다.** 만약 한쪽에 너무 많은 권력이 주어지면 입법부는 특정 사람들의 이익만을 반영하여 법을 만들 수 있고, 사법부는 권력을 가진 사람에게 유리한 방향으로 판결할 수 있다. 이는 모든 국민은 평등해야 한다는 민주주의의 기본 이념을 깨트리고 사회의 균형을 해칠 것이다.

3 삼권 분립은 국가를 효율적으로 운영하도록 돕는다. 만약 한 기관에서 나라 운영을 모두 책임진다면 정확하고 객관적인 판단이 어려울 것이다. 그런데 입법부, 행정부, 사법부로 권력 기관의 역할을 명확하게 나누면 각 기관은 자신의 전문 분야에 집중할 수 있다. 그래서 하나의 사안을 두고도 각 기관에서 다양한 의견이 제시되기 때문에 여러 방면을 고려하여 이를 종합한 **최적**의 결론을 이끌어 낼 수 있다. 따라서 삼권 분립은 역할을 분담함으로써 각 기관은 전문성을 가지고 효율적으로 국가를 운영하게 한다.

4 물론 삼권 분립에도 단점은 있다. 먼저 세 기관이 독립적으로 운영되기 때문에 의사 결정 과정이 **지연될** 수 있다. 이렇게 되면 문제를 빠르게 처리하지 못해 국민의 불만이 높아진다. 또한, 서로의 견제와 감시가 지나치면 권력 기관 간의 정치적 갈등을 **유발한다.** 정치적 갈등으로 각 기관이 서로 충돌한다면 국가의 통합과 협력이 어려워질 것이다.

5 그럼에도 불구하고 삼권 분립은 민주주의를 강화하기 위한 중요한 원칙이다. 민주주의 사회에서는 모든 사람이 공정하게 대우 받고, 권리와 자유가 존중되어야 한다. 삼권 분립을 통해 권력이 한 곳에 집중되지 않도록 하고 서로 다른 권력 기관이 협력하고 견제함으로써 민주주의의 원칙을 지킬 수 있다.

- **작동**(作 지을 작, 動 움직일 동)**해야** 기계 등이 움직여 일해야.
- **분산**(分 나눌 분, 散 흩을 산)**하여** 갈라져 흩어지게 하여.
- **남용** 권리나 권한 등을 써야 할 범위를 넘어 옳지 않게 함부로 씀.
- **방지한다** 어떤 일이나 현상이 일어나지 못하게 막는다.
- **최적** 가장 알맞음.
- **지연될** 무슨 일이 더디게 끌어져 시간이 늦추어질.
- **유발한다** 어떤 것이 다른 일을 일어나게 한다.

내용 독해

1 글쓴이가 이 글을 쓴 까닭은 무엇인가요? (   )

목적

① 삼권 분립의 구체적 사례를 제시하기 위해
② 삼권 분립을 해야 하는 이유를 설명하기 위해
③ 삼권 분립에 대한 국민들의 인식을 바꾸기 위해
④ 삼권 분립보다 더 효율적인 원칙을 강조하기 위해
⑤ 삼권 분립이 민주주의를 발전시킨 역사를 소개하기 위해

내용 이해

2 이 글의 내용과 일치하지 <u>않는</u> 것은 무엇인가요? (   )

① 권력 기관의 역할이 구분되어 있어 전문성을 가지고 일할 수 있다.
② 권력 기관이 서로를 견제하고 감시함으로써 권력 남용을 막을 수 있다.
③ 우리나라는 입법부, 행정부, 사법부가 서로 균형을 이루도록 하고 있다.
④ 권력 기관이 독립적으로 운영되면 의사 결정 과정이 오래 걸릴 수 있다.
⑤ 나라를 위한 중요한 일은 세 권력 기관 중 한쪽으로 권력을 모아 의사 결정을 내릴 수 있다.

추론

3 이 글을 통해 답을 알 수 있는 질문이 <u>아닌</u> 것은 무엇인가요? (   )

① 법과 관련하여 입법부, 행정부, 사법부에서 하는 일은 무엇일까?
② 입법부가 너무 많은 권력을 가지면 발생할 수 있는 문제는 무엇일까?
③ 권력 기관의 의사 결정에 대한 국민의 신뢰를 높이는 방법은 무엇일까?
④ 권력 기관 간의 감시와 견제가 지나치게 되면 어떤 문제점이 발생할까?
⑤ 민주주의 사회에서 삼권 분립을 중요한 원칙으로 삼는 이유는 무엇일까?

적용

4 다음에서 설명하는 것을 이 글에서 찾아 네 글자로 쓰세요.

> 민주주의의 핵심 원칙 중 하나로, 국가 권력을 입법, 행정, 사법의 세 가지 권력으로 나누어 각 권력이 서로 독립적으로 운영되도록 하는 제도이다. 각 기관은 서로를 감시하고 견제하여 국가 권력이 어느 한 곳에 집중되지 않도록 균형을 유지할 수 있다. 또한 이 제도의 목적은 국가 권력의 균형을 유지함으로써 국가 권력으로부터 국민의 자유를 지키고자 하는 데 있다.

(   )

구조 분석

문단 요약

5 각 문단의 중심 내용으로 알맞은 것에 ○표, 틀린 것에 ×표를 하세요.

1문단	입법부, 행정부, 사법부로 권력을 나누는 삼권 분립	( )
2문단	권력을 한쪽에 모으기 위해 필요한 삼권 분립	( )
3문단	효율적인 국가 운영을 위해 필요한 삼권 분립	( )
4문단	의사 결정 과정을 단축시키는 삼권 분립	( )
5문단	민주주의를 강화하는 삼권 분립	( )

핵심 내용

6 빈칸에 들어갈 알맞은 말을 이 글에서 찾아 쓰세요.

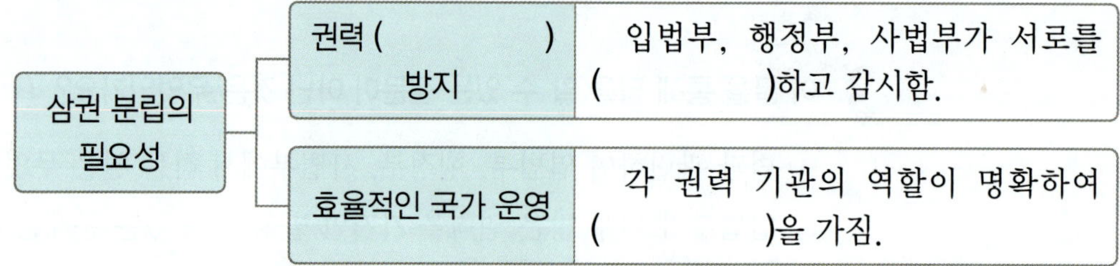

어휘

적용

7 다음 문장에 들어갈 알맞은 낱말에 ○표 하세요.

⑴ 새로운 장난감은 동생의 흥미를 (분발, 유발)했다.
⑵ 갑자기 내린 폭설로 열차 도착이 (지속, 지연)되었다.
⑶ 기계가 고장이 났는지 더 이상 (작동, 작업)하지 않았다.
⑷ 장마로 인한 피해를 (방지, 방해)하려면 미리 대비해야 한다.
⑸ 국가는 여론을 반영하여 (최적, 최악)의 정책을 마련해야 한다.

국가를 다스리는 힘의 균형

정답과 풀이 **29** 쪽

국가 **권력**을 입법부, 행정부, 사법부로 나누어 맡도록 하는 것을 **삼권 분립**이라고 해요. 우리나라는 법을 만드는 권한은 입법부에, 법을 집행하는 권한은 행정부에, 법을 해석하여 판단하는 권한은 사법부에 두고 있어요.

만약 한 사람에게 권력이 집중되면 어떻게 될까요? 권력을 가진 사람이 마음대로 나라를 운영하는 데도 아무도 그 사람을 막을 수 없다면 국민은 힘들어질 거예요.

삼권 분립을 하는 이유는 바로 국가 기관이 마음대로 국가를 운영할 수 없도록 막기 위해서예요. 삼권 분립을 통해 각 기관이 서로 견제하고 감시함으로써 **권력의 균형**을 이루게 하여 국민의 자유와 권리를 보호할 수 있어요.

핵심 용어 다음 빈칸에 들어갈 알맞은 용어를 쓰세요.

(1) ☐ ☐ ☐ ☐

삼(석 三) 권(권세 權) 분(나눌 分) 립(설 立): 세 개로 나누어진 권력.
• 뜻: 국가 권력을 입법부, 행정부, 사법부로 나누어 맡도록 한 것.

(2) **권력의** ☐ ☐

균(고를 均) 형(저울대 衡): 고른 저울.
• 뜻: 삼권 분립을 통해 각 기관이 서로 견제하고 감시함으로써 권력에 대해 이루는 것.

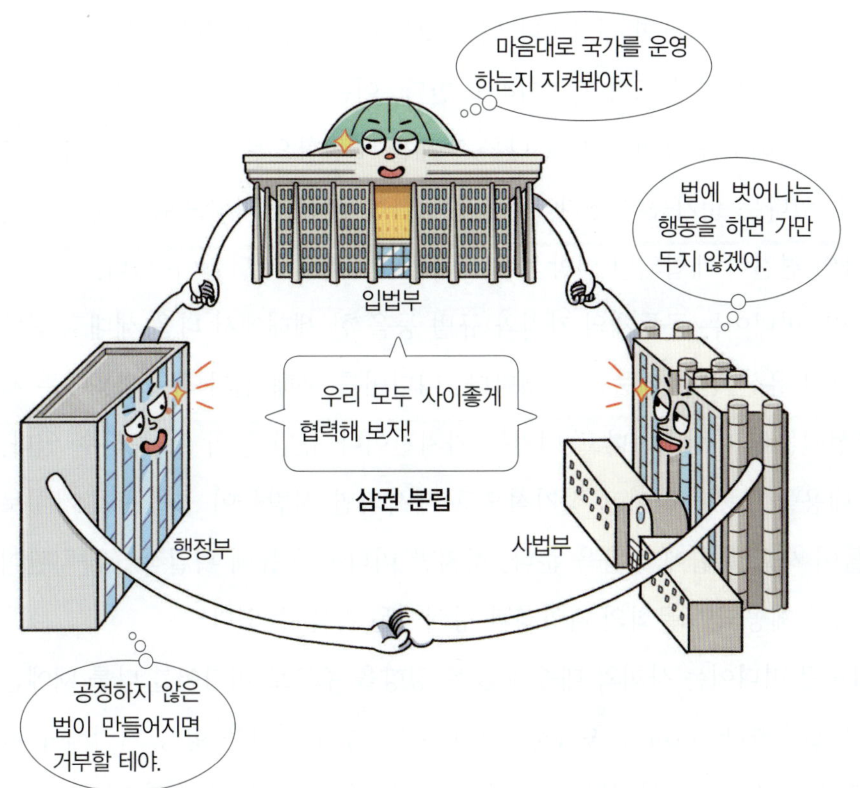

• **권력** 남을 복종시키거나 지배할 수 있도록 인정된 권리와 힘. 국가나 정부가 국민에 대하여 가지고 있는 강제력을 이름.

지문 분석

글자 수 999
950 1050 1150

민주주의에서 언론의 역할

미디어의 사회적 기능

1 어떤 작용을 한쪽에서 다른 쪽으로 전달하는 역할을 하는 것을 미디어라고 한다. 우리는 미디어를 통해 다양한 정보를 접하며, 미디어에서 다루는 내용에 영향을 받기도 한다. 미디어는 개인은 물론 정치, 경제, 문화 등 사회 전반에 영향을 미쳐 다양한 사회적 기능을 수행한다.

2 첫째, 미디어는 사회에서 일어나는 여러 가지 일에 대해 정보를 수집하여 **보도**의 형태로 대중에게 전달한다. 이를 미디어의 환경 감시 기능이라고 한다. 미디어는 대중에게 일상생활에 필요한 정보나 각종 사고 및 재난의 위험을 알린다. 그리고 사회적 제도에 대한 정보를 제공하여 제도 운영의 효율을 높이는 **순기능**이 있다. 그러나 보도하는 과정에서 잘못된 정보를 전달할 수 있고, 범죄나 재난 등을 지나치게 자세히 보도하여 사회에 공포감을 심어 주는 **역기능**이 나타날 수 있다.

3 둘째, 미디어는 사회 현상이나 이미 보도된 내용을 해석하고 설명해 주기도 하는데, 이를 상관 조정 기능이라고 한다. 이는 특정 사건이나 현상에 대한 사람들의 이해도를 높이고 서로 다른 견해를 조정함으로써 사회적 **합의**를 **도출할** 수 있다는 순기능이 있다. 하지만 정확한 사실을 바탕으로 하지 않거나 누군가의 편견이 개입되면 일방적이고 **왜곡된** 주장을 전달할 수 있다.

4 셋째, 미디어는 공동체의 가치와 규범 등을 한 세대에서 다음 세대로 전해 주는 사회 유산 **전수** 기능을 수행한다. 미디어를 통해 전파되는 내용에는 사회 구성원들이 바람직하다고 여기는 가치관이나 규범 등이 포함될 수 있다. 이런 내용들이 지속적이고 장기적으로 제시되면 사람들이 공동체의 가치로 받아들여 사회 통합에 도움을 준다. 하지만 미디어를 통해 **획일적**인 가치관이나 규범만 제공되면 문화의 다양성과 창의성을 막을 수 있다.

5 이처럼 미디어는 사회와 대중에 많은 영향을 주므로 미디어를 다룰 때에는 주의가 필요하다. 미디어 **종사자**는 미디어의 **공적** 역할을 항상 기억해야 한다. 그리고 미디어의 사회적 기능 중 ㉠순기능은 더욱 높이고 역기능은 최소화하는 방향으로 보도 내용을 제작하고 유통해야 할 것이다.

- **보도** 대중 전달 매체를 통하여 일반 사람들에게 새로운 소식을 알림. 또는 그 소식.
- **순기능** 본래 목적한 대로 작용하는 긍정적인 기능.
- **역기능** 본래 의도한 것과 반대로 작용하는 기능.
- **합의**(合 합할 합, 意 뜻 의) 서로 의견이 일치함. 또는 그 의견.
- **도출할** 판단이나 결론 따위를 이끌어 낼.
- **왜곡된** 사실과 다르게 해석되거나 그릇되게 된.
- **전수** 기술이나 지식 따위를 전하여 받음.
- **획일적** 모두가 한결같아서 다름이 없는 것인.
- **종사자** 일정한 직업을 가지고 일하는 사람. 또는 어떤 분야에서 일하는 사람.
- **공적** 국가나 사회에 관계되는 것.

내용 독해

1 이 글의 설명 방법으로 알맞은 것은 무엇인가요? (   )

① 미디어의 보도 절차를 순서대로 제시하고 있다.

② 미디어의 사회적 기능을 분류하여 설명하고 있다.

③ 미디어가 등장하게 된 역사적 배경을 설명하고 있다.

④ 미디어가 영향을 미친 사회적 현상을 분석하고 있다.

⑤ 미디어가 발전해 온 과정을 시간순으로 제시하고 있다.

2 이 글을 통해 알 수 있는 내용이 <u>아닌</u> 것은 무엇인가요? (   )

① 미디어의 개념

② 미디어의 순기능

③ 미디어의 역기능

④ 미디어에 대한 대중의 평가

⑤ 미디어 종사자에게 필요한 자세

3 ㉠의 이유를 추론한 내용으로 알맞지 <u>않은</u> 것은 무엇인가요? (   )

① 미디어는 사회적 제도 운영에 도움을 줄 수 있기 때문이다.

② 미디어의 왜곡된 주장으로 사회에 혼란을 줄 수 있기 때문이다.

③ 미디어를 통해 형성된 공동체의 가치는 의사소통을 방해하기 때문이다.

④ 미디어의 내용이 사회 구성원들의 가치관 형성에 영향을 미치기 때문이다.

⑤ 미디어는 서로 다른 의견을 조정하여 사회적 합의를 이룰 수 있기 때문이다.

4 이 글을 읽고 알맞게 말한 친구는 누구인지 쓰세요.

> 수지: 전통 문화의 우수성을 알리는 영상물을 제작하여 공유하는 것은 미디어의 상관 조정 기능으로 볼 수 있겠군.
>
> 지현: 비가 온다는 일기 예보를 통해 사람들이 외출할 때 우산을 챙기도록 하는 것은 미디어의 환경 감시 기능으로 볼 수 있겠군.
>
> 현우: 웃어른을 공경하는 문화가 점점 사라지는 현상에 대해 해설한 기사를 제공하는 것은 미디어의 사회 유산 전수 기능으로 볼 수 있겠군.

(   )

구조
분석

문단 요약

5 다음 빈칸에 들어갈 알맞은 말을 쓰며 이 글의 내용을 정리하세요.

문단	중심 내용
1	미디어의 개념과 (　　　　　) 기능
2	미디어의 환경 (　　　　　) 기능
3	미디어의 상관 조정 기능
4	미디어의 사회 유산 (　　　　　) 기능
5	미디어 종사자의 역할

핵심 내용

6 빈칸에 들어갈 알맞은 말을 이 글에서 찾아 쓰세요.

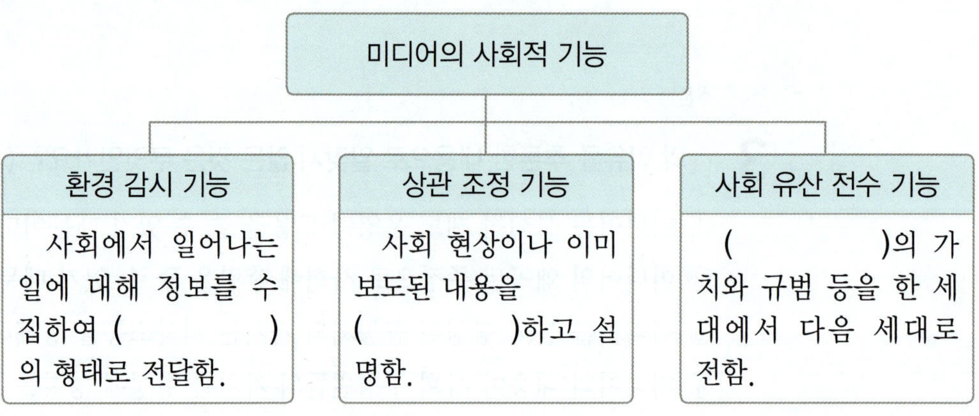

어휘

적용

7 다음 문장의 빈칸에 들어갈 알맞은 낱말을 보기 에서 찾아 쓰세요.

보기

왜곡　　보도　　전수　　도출　　획일적

⑴ 언론에 (　　　　)된 내용이 사실인지 확인해야 한다.

⑵ 어머니는 만두 빚는 비법을 아들에게 (　　　　)하였다.

⑶ 일본이 독도의 영유권을 주장하는 것은 역사를 (　　　　)하는 것이다.

⑷ 문제가 생기면 (　　　　)(으)로 해결하지 말고 유연하게 대응해야 한다.

⑸ 회의에서 나온 의견을 종합하니 한 가지 결론을 (　　　　)할 수 있었다.

민주주의에서 언론의 역할

민주주의 사회에서 언론은 매우 중요한 역할을 해요. **언론**은 매체를 통해 사람들에게 다양한 정보를 제공하는 것을 말해요. 언론의 보도를 접한 사람들은 언론을 통해 사회적 문제와 현상에 대해 알 수 있어요. 사람들은 사회적 문제나 현상에 대해 자신의 생각이나 의견을 가지게 되는데, 이렇게 국민의 생각이나 의견이 하나로 모여진 것을 **여론**이라고 해요. 따라서 언론은 여론이 만들어지는 데 큰 영향을 미친다고 할 수 있어요.

민주주의 사회에서는 언론의 자유를 보장해야 해요. 언론이 사회적 문제와 현상을 자유롭게 보도해야 국민도 사실을 바로 알고 이에 대해 올바른 결정을 내릴 수 있기 때문이에요. 언론은 자유롭게 보도할 수 있는 대신 공정한 보도를 위해 책임감을 지녀야 해요.

• 언론을 통한 여론의 형성

핵심 용어 다음 빈칸에 들어갈 알맞은 용어를 쓰세요.

(1) ☐☐

언(말씀 言) 론(논할 論): 말하거나 논하는 것.
- 뜻: 매체를 통해 사람들에게 다양한 정보를 제공하는 것.

(2) ☐☐

여(수레 輿) 론(논할 論): 대중의 의견.
- 뜻: 국민의 생각이나 의견이 하나로 모여진 것.

● **매체** 어떤 작용을 한쪽에서 다른 쪽으로 전달하는 물체. 또는 그런 수단.

초등 고학년을 위한 중학교 필수 영역 초고필

국어
비문학 독해 1·2 / 문학 독해 1·2 / 국어 어휘 / 국어 문법

수학
유리수의 사칙연산 / 방정식 / 도형의 각도

한국사
한국사 1권 / 한국사 2권

사회 교과 연계 비문학 독해 특화 훈련서

초등 비문학 독해

통합사회

6학년

정답과 해설

동아출판

- **글의 종류** 설명문
- **글의 특징** 경도의 기준인 본초 자오선이 그리니치 천문대를 지나는 경선으로 정해지게 된 배경을 설명하는 글입니다.
- **주제** 경도의 기준이 된 그리니치 천문대

017~018 쪽

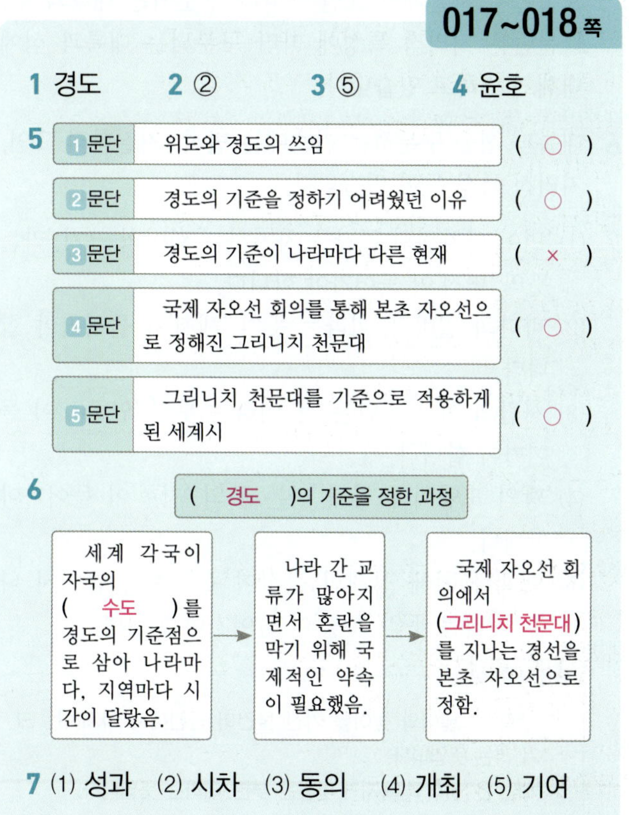

1 경도　　**2** ②　　**3** ⑤　　**4** 윤호

5
1 문단	위도와 경도의 쓰임	(○)
2 문단	경도의 기준을 정하기 어려웠던 이유	(○)
3 문단	경도의 기준이 나라마다 다른 현재	(×)
4 문단	국제 자오선 회의를 통해 본초 자오선으로 정해진 그리니치 천문대	(○)
5 문단	그리니치 천문대를 기준으로 적용하게 된 세계시	(○)

6 (경도)의 기준을 정한 과정

세계 각국이 자국의 (수도)를 경도의 기준점으로 삼아 나라마다, 지역마다 시간이 달랐음.	→	나라 간 교류가 많아지면서 혼란을 막기 위해 국제적인 약속이 필요했음.	→	국제 자오선 회의에서 (그리니치 천문대)를 지나는 경선을 본초 자오선으로 정함.

7 (1) 성과　(2) 시차　(3) 동의　(4) 개최　(5) 기여

1 이 글은 경도의 기준인 본초 자오선이 영국의 그리니치 천문대를 지나는 경선으로 정해지게 된 배경에 대해 설명하는 글입니다.

2 지구가 자전하는 원리에 대해서는 이 글을 통해 알 수 없습니다.

3 국제 자오선 회의에서 영국의 그리니치 천문대를 지나는 경선을 본초 자오선으로 정한 까닭은 영국의 활발한 항로 개척으로 1850년대부터 많은 배가 그리니치 천문대를 기준점으로 만든 해양 지도를 사용했기 때문입니다.

오답 풀이
① 이 글에서 알 수 없는 내용입니다.
② 지구의 남북을 중앙으로 가르는 선은 적도로, 영국의 그리니치 천문대의 위치와는 관련이 없습니다.
③ 지구의 동서를 중앙으로 가르는 선은 지구가 매시간 자전하기 때문에 하나로 정할 수 없었습니다.
④ 본초 자오선이 결정됨으로써 영국은 경도의 정확한 측정을 위해 오랫동안 연구에 기여한 성과를 인정받았다고 하였으나, 상을 받았다는 내용은 알 수 없습니다.

4 현재 세계의 시간대는 경도의 기준인 본초 자오선을 경도 0°로 삼고 경도 15°마다 1시간의 시차를 둔다고 했고, 세계시는 본초 자오선을 기준으로 동쪽으로는 빠른 시간대를 적용한다고 했습니다. 그러므로 본초 자오선인 영국의 그리니치 천문대를 기준으로 동쪽으로 15° 떨어진 곳에 있다면 1시간이 더 빠를 것입니다.

5 **1** 문단은 위도와 경도의 쓰임, **2** 문단은 경도의 기준을 정하기 어려웠던 이유, **3** 문단은 경도의 기준이 나라마다 달랐던 과거, **4** 문단은 국제 자오선 회의를 통해 본초 자오선으로 정해진 그리니치 천문대, **5** 문단은 그리니치 천문대를 기준으로 적용하게 된 세계시에 대해 설명하고 있습니다.

6 과거에는 세계 각국이 자국의 수도를 경도의 기준점으로 삼아 나라마다, 지역마다 시간이 달랐고, 나라 간 교류가 많아지면서 혼란을 막기 위해 모두가 동의할 수 있는 국제적인 약속이 필요했습니다. 국제 자오선 회의에서는 당시 그리니치 천문대를 기준점으로 한 해양 지도가 많이 사용되었기 때문에 영국의 그리니치 천문대를 지나는 경선을 본초 자오선으로 정하였습니다.

7 (1) '이루어 낸 결실.'이라는 뜻의 '성과'가 들어가야 합니다.
(2) '세계 표준시를 기준으로 하여 정한 세계 각 지역의 시간 차이.'라는 뜻의 '시차'가 들어가야 합니다.
(3) '의사나 의견을 같이함.'이라는 뜻의 '동의'가 들어가야 합니다.
(4) '모임이나 회의 따위를 주최하여 엶.'이라는 뜻의 '개최'가 들어가야 합니다.
(5) '도움이 되도록 이바지함.'이라는 뜻의 '기여'가 들어가야 합니다.

비주얼 사회 교과서 개념　　**019 쪽**

(1) 위도　　(2) 경도

(1) '지구상의 위치를 나타낼 때 쓰여 적도를 중심으로 남북으로 얼마나 떨어져 있는지를 나타내는 것.'을 '위도'라고 합니다.
(2) '지구상의 위치를 나타낼 때 쓰여 본초 자오선을 중심으로 동서로 얼마나 떨어져 있는지 나타내는 것.'을 '경도'라고 합니다.

- **글의 종류** 설명문
- **글의 특징** 대륙과 섬을 구분하는 기준에 대해 설명하는 글입니다.
- **주제** 대륙과 섬의 구분 기준

021~022 쪽

1 ④　　**2** ⑤　　**3** ⑤　　**4** 대륙

5

1문단	대륙과 섬을 구분하는 정확한 기준	(×)
2문단	크기에 따라 구분할 수 있는 대륙과 섬	(○)
3문단	지질학적으로 만들어진 원인이 다른 대륙과 섬	(○)
4문단	서식하는 동물의 수에 따라 구분되는 대륙과 섬	(×)

6

구분	대륙	섬
면적	넓은 면적을 가짐.	(그린란드) 면적보다 작음.
(지질학적) 요인	판의 이동에 의해 만들어짐.	만들어진 과정에 따라 대륙 섬, 화산섬, 인공 섬 등이 있음.
지리적 특성	지형과 (기후)가 다양하며, 다른 대륙에서 볼 수 없는 동식물이 서식함.	지형과 기후가 주변의 대륙과 크게 다르지 않고, 그 섬에서만 서식하는 동식물이 적음.

7 (1) 면적　(2) 해저　(3) 인공적　(4) 지형　(5) 분출

1 이 글은 대륙과 섬을 구분하는 기준을 크기, 지질학적 요인, 지리적 특성으로 나누어 설명하고 있습니다.

2 바다나 호수에 둘러싸인 육지의 면적이 그린란드보다 작으면 섬으로 분류합니다.

> **오답 풀이**
> ① 대륙은 섬에 비해 넓은 면적을 가집니다.
> ② 대륙은 섬과 달리 아주 오래전 판이 이동하면서 서서히 갈라져 지금의 대륙이 되었습니다.
> ③ 섬은 대륙과 달리 인공적으로 만든 인공 섬이 있습니다.
> ④ 지구에는 아시아, 아프리카, 북아메리카, 남아메리카, 유럽, 오세아니아, 그리고 남극 대륙까지 7개의 대륙이 있습니다.

3 해저 화산이 분출하여 솟아올라 만들어진 것은 화산섬이므로, 대륙인 오스트레일리아에 대해 짐작한 것으로 알맞지 않습니다.

> **오답 풀이**
> ① 대륙은 넓은 면적을 가진다고 했습니다.
> ② 대륙은 다른 대륙과 지리적 특성이 다르다고 했습니다.
> ③, ④ 대륙은 지형과 기후가 다양하며 다른 대륙에서는 볼 수 없는 동식물이 자란다고 했습니다.

4 이 글에 따르면 넓은 면적을 가진 육지로, 다양한 지형과 기후가 나타나며, 옛날에 한 덩어리로 모여 있었다가 서서히 갈라져 지금의 모습이 된 것은 대륙입니다.

5 1문단은 대륙과 섬을 구분하는 약속과 관습에 따른 기준, 2문단은 크기에 따라 구분되는 대륙과 섬, 3문단은 지질학적 요인에 따라 구분되는 대륙과 섬, 4문단은 지리적 특성에 따라 구분되는 대륙과 섬에 대해 설명하고 있습니다.

6 대륙과 섬을 구분하는 기준에는 면적, 지질학적 요인, 지리적 특성 등이 있습니다.

7 (1) '면이 이차원의 공간을 차지하는 넓이의 크기.'라는 뜻의 '면적'이 들어가야 합니다.
(2) '바다의 밑바닥.'이라는 뜻의 '해저'가 들어가야 합니다.
(3) '사람의 힘으로 만든 것.'이라는 뜻의 '인공적'이 들어가야 합니다.
(4) '땅의 모양이나 형세.'라는 뜻의 '지형'이 들어가야 합니다.
(5) '액체나 기체 상태의 물질이 솟구쳐서 뿜어져 나옴.'이라는 뜻의 '분출'이 들어가야 합니다.

> **오답 어휘 설명**
> (1) '부피'는 '넓이와 높이를 가진 물건이 공간에서 차지하는 크기.'라는 뜻입니다.
> (2) '해안'은 '바다와 육지가 맞닿은 부분.'이라는 뜻입니다.
> (3) '자연적'은 '사람의 손길이 가지 아니한 자연 그대로의 모습을 지닌 것.'이라는 뜻입니다.
> (4) '외형'은 '사물의 겉모양.'이라는 뜻입니다.
> (5) '돌출'은 '쑥 내밀거나 불거져 있음.'이라는 뜻입니다.

비주얼 사회 교과서 개념　　**023 쪽**

(1) 대륙　　(2) 대양

(1) '바다로 둘러싸인 큰 땅덩어리.'를 '대륙'이라고 합니다.
(2) '지구의 표면을 덮고 있는 큰 바다.'를 '대양'이라고 합니다.

- **글의 종류** 설명문
- **글의 특징** 지리적 위치와 역사적 배경으로 튀르키예가 아시아와 유럽의 모습이 공존하는 이유에 대해 설명하는 글입니다.
- **주제** 아시아와 유럽이 공존하는 국가, 튀르키예

025~026 쪽

1 튀르키예　**2** ④　　**3** ③　　**4** ②, ④

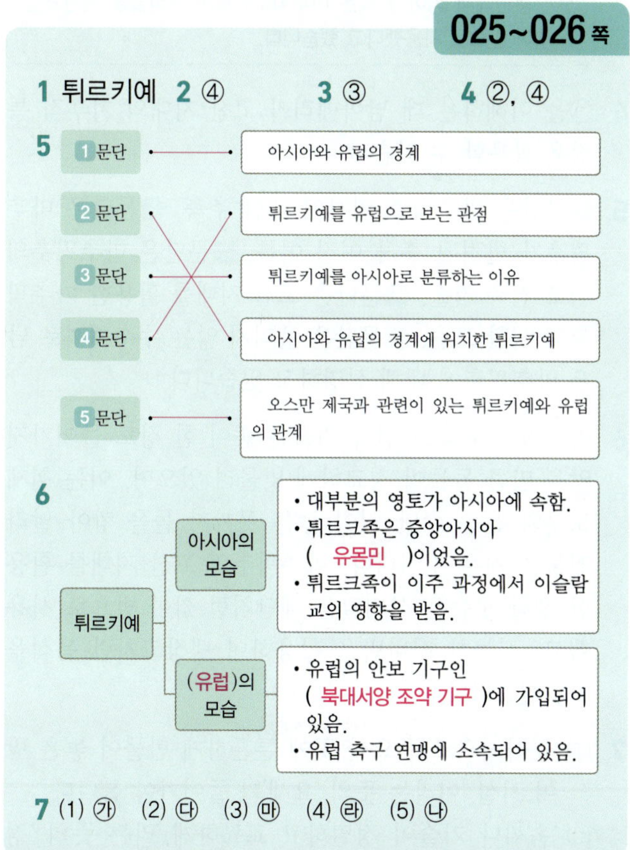

7 (1) ㉮　(2) ㉲　(3) ㉺　(4) ㉭　(5) ㉯

1 이 글은 튀르키예가 아시아와 유럽의 경계에 있는 지리적 위치와 과거 오스만 제국의 역사적 배경으로 인해 아시아와 유럽이 공존하는 국가라고 설명하고 있습니다.

2 5문단에서 오스만 제국은 아시아와 아프리카, 유럽까지 3개 대륙에 걸친 거대한 영토를 통치하였다고 했습니다.

① 5문단에서 오스만 제국이 유럽에 이슬람교를 전파하였다고 했습니다.
② 1문단에서 대부분의 대륙 간 경계는 바다를 통해 쉽게 구분할 수 있다고 했습니다.
③ 2문단에서 튀르키예는 아나톨리아 반도와 유럽 발칸반도 남쪽의 일부분을 차지하고 있다고 했습니다.
⑤ 4문단에서 튀르키예의 가장 크고 유명한 도시인 이스탄불은 유럽의 발칸반도에 있다고 했습니다.

3 5문단에서 오스만 제국은 1922년에 멸망하였다고 설명하고 있지만, 왜 멸망했는지에 대해서는 언급하지 않았습니다. ①은 2문단, ②는 3문단, ④는 1문단, ⑤는 4문단을 통해 알 수 있습니다.

4 ㉠은 튀르크족이 오스만 제국을 세웠다는 뜻으로 쓰였으므로 '나라가 세워지다. 또는 나라를 세우다.'라는 뜻의 '건국한'과 '기관, 조직체 따위를 새로 조직하다.'라는 뜻의 '건립한'으로 바꾸어 쓸 수 있습니다.

① '건의한'은 '개인이나 단체가 의견이나 희망을 내놓은.'이라는 뜻입니다.
③ '건축한'은 '집이나 성, 다리 따위의 구조물을 그 목적에 따라 설계하여 흙이나 나무, 돌, 벽돌, 쇠 따위를 써서 세우거나 쌓아 만든.'이라는 뜻입니다.
⑤ '건전한'은 '병이나 탈이 없이 건강하고 온전한.'이라는 뜻입니다.

5 1문단은 아시아와 유럽의 경계, 2문단은 아시아와 유럽의 경계에 위치한 튀르키예, 3문단은 튀르키예를 아시아로 분류하는 이유, 4문단은 튀르키예를 유럽으로 보는 관점, 5문단은 오스만제국과 관련이 있는 튀르키예와 유럽의 관계에 대해 설명하고 있습니다.

6 튀르키예는 대부분의 영토가 아시아에 속하고 튀르크족이 과거 중앙아시아 유목민이며 이슬람교의 영향을 받아서 아시아로 분류됩니다. 그러나 튀르키예는 오스만 제국 때부터 유럽과 긴밀한 관계를 유지하여 북대서양 조약 기구에 가입되어 있고, 유럽 축구 연맹에 소속되는 등 유럽의 모습도 갖추고 있습니다.

7 (1) '해협'은 '육지 사이에 끼어 있는 좁고 긴 바다.'라는 뜻입니다.
(2) '긴밀하다'는 '서로의 관계가 매우 가까워 빈틈이 없다.'라는 뜻입니다.
(3) '융합되다'는 '다른 종류의 것이 녹아서 서로 구별이 없게 하나로 합하여지다.'라는 뜻입니다.
(4) '공존하다'는 '두 가지 이상의 사물이나 현상이 함께 존재하다.'라는 뜻입니다.
(5) '유입되다'는 '문화, 지식, 사상 따위가 들어오게 되다.'라는 뜻입니다.

비주얼 사회 교과서 개념　　**027 쪽**

(1) 아시아　(2) 유럽

(1) '태평양, 인도양과 접한 대륙.'을 '아시아'라고 합니다.
(2) '서쪽으로는 대서양, 남쪽으로는 지중해와 접한 대륙.'을 '유럽'이라고 합니다.

- **글의 종류** 설명문
- **글의 특징** 잉카 문명을 상징하는 고대 도시 마추픽추에 대해 설명하는 글입니다.
- **주제** 마추픽추의 신비로운 특징

029~030 쪽

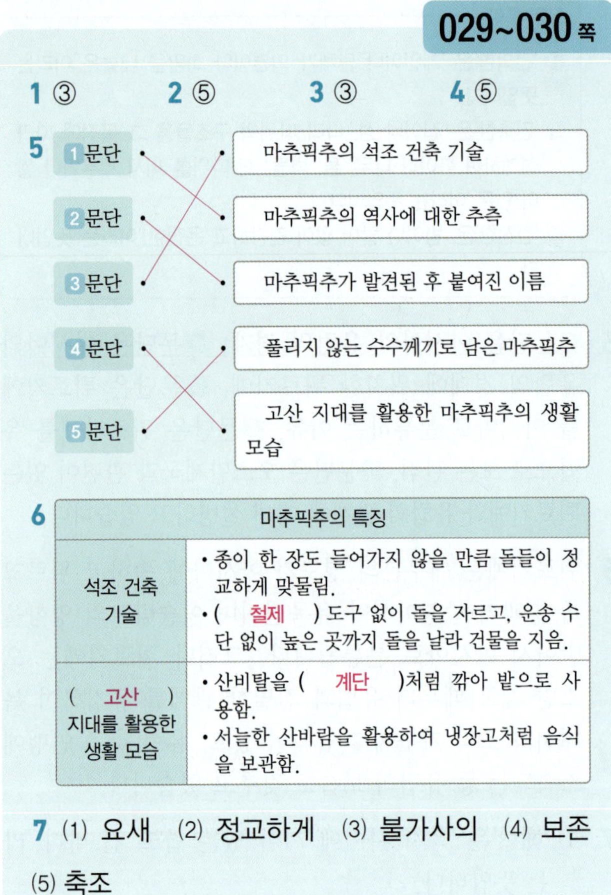

1 ③ **2** ⑤ **3** ③ **4** ⑤

5

1문단	마추픽추의 석조 건축 기술
2문단	마추픽추의 역사에 대한 추측
3문단	마추픽추가 발견된 후 붙여진 이름
4문단	풀리지 않는 수수께끼로 남은 마추픽추
5문단	고산 지대를 활용한 마추픽추의 생활 모습

6

마추픽추의 특징	
석조 건축 기술	• 종이 한 장도 들어가지 않을 만큼 돌들이 정교하게 맞물림. • (철제) 도구 없이 돌을 자르고, 운송 수단 없이 높은 곳까지 돌을 날라 건물을 지음.
(고산) 지대를 활용한 생활 모습	• 산비탈을 (계단)처럼 깎아 밭으로 사용함. • 서늘한 산바람을 활용하여 냉장고처럼 음식을 보관함.

7 (1) 요새 (2) 정교하게 (3) 불가사의 (4) 보존
(5) 축조

1 **1**문단에서 마추픽추에 대한 고고학자들의 의견을 제시했습니다.

오답 풀이
① **2**문단에서 1911년 미국의 역사학자가 마추픽추를 발견했다고 했지만, 그 발견 과정이 나타나 있지는 않습니다.
② 이 글에서 대상을 분류하고 있지 않습니다.
④ 이 글에서 유사한 특성을 지닌 대상을 비교하고 있지 않습니다.
⑤ 이 글에서 마추픽추와 관련된 과학적인 원리는 나타나 있지 않습니다.

2 **1**문단에서 마추픽추는 1450년쯤 지어진 것으로 추측되고, 스페인의 침략 이후 약 400년 동안 사람들의 기억에서 잊혀 있었다고 했으므로 마추픽추가 지어진 이후 약 400년 동안 아무에게도 발견되지 않았다는 설명은 알맞지 않습니다.

3 **3**문단에서 당시에 운송 수단도 없이 높은 곳까지 돌을 날라 건물을 지었던 방법에 대해서는 정확하게 알려지지 않았다고 했으므로 이 글을 통해 알 수 없습니다.

오답 풀이
①, ④ **1**문단에서 마추픽추는 해수면으로부터 2430미터 높이에 있으며, 수풀로 뒤덮여 있어 누구에게도 발견되지 않았다고 했습니다.
② **3**문단에서 마추픽추의 모든 건물은 돌로 축조되어 있다고 했습니다.
⑤ **4**문단에서 평야가 적은 마추픽추에서는 산비탈을 계단처럼 깎아 밭으로 사용했다고 했습니다.

4 ㉠을 이해하는 데 남아메리카 고산 지대의 기후적 특징을 활용할 수 있습니다.

5 **1**문단은 마추픽추 역사에 대한 추측, **2**문단은 마추픽추가 발견된 후 붙여진 이름, **3**문단은 마추픽추의 석조 건축 기술, **4**문단은 고산 지대를 활용한 마추픽추의 생활 모습, **5**문단은 풀리지 않는 수수께끼로 남은 마추픽추에 대해 설명하고 있습니다.

6 마추픽추의 석조 건축 기술은 종이 한 장도 들어가지 않을 만큼 돌들이 정교하게 맞물려 있으며, 이는 철제 도구와 운송 수단 없이 높은 곳까지 돌을 깎아 날라 건물을 지은 것입니다. 마추픽추의 고산 지대를 활용한 생활 모습은 산비탈을 계단처럼 깎아 밭으로 사용했고, 서늘한 산바람을 활용하여 냉장고처럼 음식을 보관했습니다.

7 (1) '군사적으로 중요한 곳에 튼튼하게 만들어 놓은 방어 시설.'이라는 뜻의 '요새'가 들어가야 합니다.
(2) '솜씨나 기술이 정밀하고 교묘하게.'라는 뜻의 '정교하게'가 들어가야 합니다.
(3) '사람의 생각으로는 미루어 헤아릴 수 없이 이상하고 묘함.'이라는 뜻의 '불가사의'가 들어가야 합니다.
(4) '잘 보호하고 간수하여 남김.'이라는 뜻의 '보존'이 들어가야 합니다.
(5) '쌓아져 만들어짐.'이라는 뜻의 '축조'가 들어가야 합니다.

비주얼 사회 교과서 개념 **031 쪽**

(1) 북아메리카 (2) 남아메리카

(1) '아메리카 대륙에서 북반구에 있는 대륙.'을 '북아메리카'라고 합니다.
(2) '아메리카 대륙에서 북쪽은 적도에 걸쳐 있으며, 대부분 남반구에 있는 대륙.'을 '남아메리카'라고 합니다.

- **글의 종류** 설명문
- **글의 특징** 아프리카의 국경선이 직선으로 그어진 역사적 배경에 대해 설명하는 글입니다.
- **주제** 아프리카의 국경선이 직선인 이유

033~034 쪽

1 ④ **2** ① **3** ② **4** 광호

5
㉮ 아프리카의 국경선이 된 식민지 경계
㉯ 뚜렷한 국경선이 없었던 과거 아프리카
㉰ 아프리카에 큰 상처가 된 직선의 국경선
㉱ 아프리카를 침략한 유럽 국가들의 식민지 쟁탈전
㉲ 일반적인 국경선의 형태와 다른 아프리카의 국경선

(㉲) → (㉯) → (㉱) → (㉮) → (㉰)

6

일반적인 국경선	아프리카의 국경선
• (지형)에 따라 만들어짐. • (구불구불)한 형태를 띔.	• 유럽 국가들이 그은 (식민지) 경계가 현재의 국경선이 됨. • (직선)의 형태가 많음.

7 (1) ㉯ (2) ㉮ (3) ㉱ (4) ㉰ (5) ㉲

1 이 글은 아프리카의 국경선이 직선으로 그어진 역사적 배경에 대해 설명하고 있습니다.

2 ⑤문단에서 유럽 국가들이 그은 국경선에 의해 아프리카의 여러 부족이 뒤섞이게 되었다고 했습니다.

> **오답 풀이**
> ② ①문단에서 하천이나 산맥, 호수, 사막 등 지리적인 조건을 기준으로 정해진 국경선은 구불구불한 형태를 띤다고 했습니다.
> ③ ②문단에서 아프리카 부족들은 주로 한 지역에 정착하여 살지 않고 유목 생활을 했다고 했습니다.
> ④ ④문단에서 유럽 국가들은 아프리카의 지형적 특성을 고려하지 않고 식민지 경계를 나누었다고 했습니다.
> ⑤ ③문단에서 아프리카에 침략한 유럽 국가들은 아프리카의 천연자원을 수탈하고, 서로 더 많은 식민지를 차지하기 위한 경쟁이 치열해졌다고 했습니다.

3 ㉠ 앞에서는 하천이나 산맥, 호수, 사막 등 지리적인 조건을 기준으로 정해진 국경선은 구불구불한 형태를 띤다고 하였고, ㉠ 뒤에서는 아프리카 대륙의 국경선은 자로 그은 듯이 반듯한 직선이 많다고 하였습니다. 그러므로 ㉠에 들어갈 이어 주는 말로는 '그런데'가 알맞습니다.

4 아프리카는 부족을 중심으로 한 부족 사회였고, 유목 생활을 했기 때문에 국경선이 필요할 이유가 없었다고 했습니다. 그러므로 아프리카 부족들이 정착 생활

을 했다면 아프리카에도 일찍부터 국경선이 있었을 수도 있습니다.

> **오답 풀이**
> 유영: 지리적 조건에 의해 국경선이 그어진 다른 대륙과 달리 유럽 국가들이 임의로 국경선을 그은 아프리카는 국경선에 따라 언어나 종교, 문화를 구분하기 어려울 것입니다.
> 현진: 유럽 국가들이 나눈 식민지 경계가 현재 아프리카의 국경선이 되었다고 했으며, 유럽 국가들이 아프리카에 국가라는 개념을 전파한 것은 아닙니다.

5 ①문단은 일반적인 국경선의 형태와 다른 아프리카의 국경선, ②문단은 뚜렷한 국경선이 없었던 과거의 아프리카, ③문단은 아프리카를 침략한 유럽 국가들의 식민지 쟁탈전, ④문단은 아프리카의 국경선이 된 식민지 경계, ⑤문단은 아프리카에 큰 상처가 된 직선의 국경선에 대해 설명하고 있습니다.

6 일반적인 국경선은 지형에 따라 만들어지며 구불구불한 형태를 띠는 반면에, 아프리카의 국경선은 유럽 국가들이 그은 식민지 경계가 현재의 국경선이 되었고 직선의 형태가 많다고 했습니다.

7 (1) '내전'은 '한 나라 안에서 일어나는 싸움.'이라는 뜻입니다.
(2) '풍습'은 '풍속과 습관을 이르는 말.'이라는 뜻입니다.
(3) '임의'는 '일정한 기준이나 원칙 없이 하고 싶은 대로 함.'이라는 뜻입니다.
(4) '적대적'은 '적으로 대하거나 적과 같이 대하는 것.'이라는 뜻입니다.
(5) '주도권'은 '어떤 일에 주장이 되어 행동하는 위치에서 이끌어 나갈 수 있는 권리나 권력.'이라는 뜻입니다.

> **비주얼 사회 교과서 개념** **035 쪽**
>
> (1) 아프리카 (2) 오세아니아

(1) '북반구와 남반구에 걸쳐 있으면서 인도양과 대서양 사이에 있는 대륙.'을 '아프리카'라고 합니다.

(2) '아시아의 남쪽, 남반구에 있으면서 태평양과 인도양 사이에 있는 대륙.'을 '오세아니아'라고 합니다.

- **글의 종류** 설명문
- **글의 특징** 북극과 남극의 차이점에 대해 설명하는 글입니다.
- **주제** 북극과 남극의 차이

037~038 쪽

1 ㉰　　**2** ③　　**3** ④　　**4** 남극

5

문단		
1문단	북극과 남극은 비슷한 듯하지만 차이를 보인다.	(○)
2문단	북극은 대륙, 남극은 바다라는 지형적 차이가 있다.	(×)
3문단	북극과 남극은 기후와 생태계가 다르다.	(○)
4문단	북극과 남극에서 살아온 원주민은 생활 모습에 차이를 보인다.	(×)
5문단	북극과 남극은 지구의 기후와 생태계에 중요한 역할을 한다.	(○)

6

차이점	북극	남극
지형	아시아, 유럽, 북아메리카에 둘러싸인 얼음 바다임.	지구 최남단에 있는 (대륙)임.
(기후)	여름에는 영상 10℃ 정도로 비교적 따뜻함.	여름에도 영하 20℃까지 내려가 매우 추움.
생태계	약 5500종의 동물이 서식함.	약 230종의 동물이 서식함.
영유권	여러 (원주민)이 살아왔고, 일부 국가의 영토와 영해에 포함되어 주인이 있음.	사람이 살지 않았고, 남극 조약에 의해 누구의 땅도 아님.

7 (1) 인접　(2) 비교적　(3) 서식　(4) 영토　(5) 체결

1 이 글은 북극과 남극의 차이점을 서로 대조하며 설명하고 있습니다.

2 남극은 남극해에 둘러싸여 있고, 북극이 아시아, 유럽, 북아메리카 대륙에 둘러싸여 있습니다.

① 남극은 북극과 달리 대륙으로 분류됩니다.
② 북극의 생태계가 남극보다 더 다양하다고 했습니다.
④ 북극은 겨울에 영하 30℃에서 40℃까지 내려가고 여름에 영상 10℃로 나타나고, 남극은 겨울에 영하 70℃까지 내려가고 여름에 영하 20℃ 이하라고 했으므로 남극은 북극보다 여름과 겨울의 기온이 더 낮습니다.
⑤ 북극과 남극 모두 지구의 기후와 생태계에 중요한 역할을 합니다.

3 이 글에서 남극곰이 없는 이유에 대해서는 언급하지 않았습니다.

① **4**문단에서 북극에는 이누이트를 비롯한 여러 원주민이 살아왔다고 했습니다.
② **4**문단에서 남극 조약에 의해 평화적이고 과학적인 연구만을 위해 남극에 방문할 수 있다고 했습니다.
③ **3**문단에서 북극 주변의 바다가 열을 흡수하고 저장하여 남극보다 따뜻하다고 했습니다.
⑤ **5**문단에서 북극과 남극의 얼음이 녹으면 주변 생태계가 파괴될 뿐만 아니라 전 세계의 해수면이 상승한다고 했습니다.

4 지구의 가장 남쪽에 위치해 있고, 두꺼운 얼음이 땅을 뒤덮고 있어 여름에도 기온이 매우 낮은 대륙은 남극입니다.

5 **1**문단은 비슷한 듯하지만 차이를 보이는 북극과 남극, **2**문단은 아시아, 유럽, 북아메리카 대륙에 둘러싸인 얼음 바다인 북극과 대륙인 남극의 지형적 차이, **3**문단은 기후와 생태계가 다른 북극과 남극, **4**문단은 원주민이 살았고 주인이 있는 북극과 사람이 살지 않았고 그 누구의 땅도 아닌 남극의 영유권 차이, **5**문단은 지구의 기후와 생태계에 중요한 역할을 하는 북극과 남극에 대해 설명하고 있습니다.

6 북극과 남극은 지형의 차이, 기후와 생태계의 차이, 영유권의 차이를 보입니다.

7 (1) '이웃하여 있음. 또는 옆에 닿아 있음.'이라는 뜻의 '인접'이 들어가야 합니다.
(2) '일정한 수준이나 보통 정도보다 꽤.'라는 뜻의 '비교적'이 들어가야 합니다.
(3) '생물 따위가 일정한 곳에 자리를 잡고 삶.'이라는 뜻의 '서식'이 들어가야 합니다.
(4) '국가가 다스릴 수 있는 땅의 영역.'이라는 뜻의 '영토'가 들어가야 합니다.
(5) '계약이나 조약을 공식적으로 맺음.'이라는 뜻의 '체결'이 들어가야 합니다.

039 쪽

(1) 남극　　(2) 북극

(1) '지구의 남쪽 끝에 있는 대륙.'을 '남극'이라고 합니다.
(2) '지구의 북쪽 끝에 있는 지역으로, 북극해에 있는 얼음덩어리.'를 '북극'이라고 합니다.

- **글의 종류** 설명문
- **글의 특징** 히말라야산맥이 형성된 과정에 대해 설명하는 글입니다.
- **주제** 히말라야산맥의 형성 과정

041~042 쪽

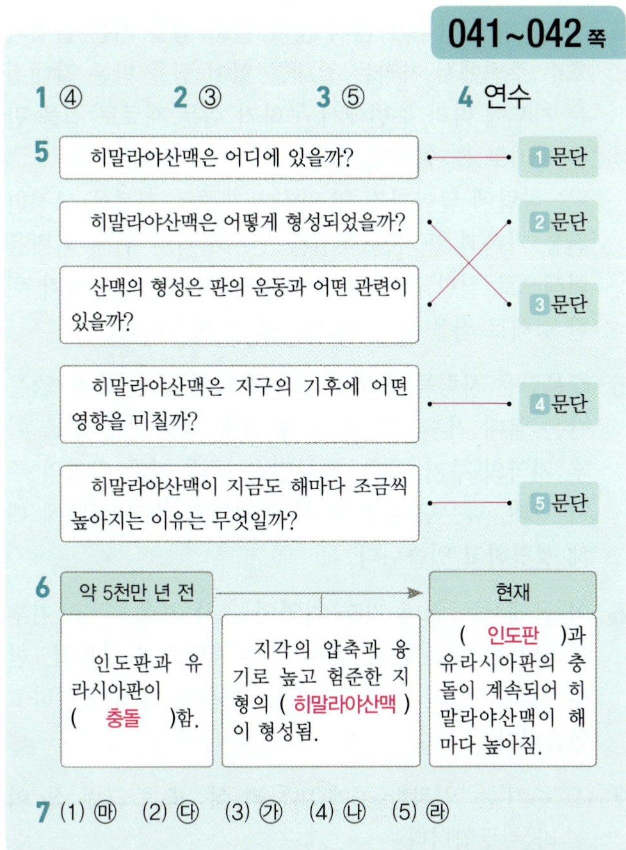

1 이 글에서는 히말라야산맥에 서식하는 생물들에 대해 설명하고 있지 않습니다. ①은 1 문단, ②는 3 문단, ③은 5 문단, ⑤는 4 문단에서 설명하고 있습니다.

2 2 문단에서 판이 충돌하면 밀도가 더 높은 쪽이 밀려 내려간다고 했습니다.

오답 풀이

① 2 문단에서 지구의 표면을 이루는 여러 개의 큰 판이 서로 움직인다고 했습니다.
② 5 문단에서 인도판과 유라시아판이 현재도 조금씩 충돌하여 히말라야산맥이 해마다 조금씩 높아진다고 했습니다.
④ 4 문단에서 히말라야산맥의 높은 고도 때문에 기단이나 바람이 산맥을 넘지 못하고 지구의 기후에 영향을 미친다고 했습니다.
⑤ 3 문단에서 히말라야산맥은 인도판과 유라시아판의 충돌이 오랜 시간에 걸쳐 반복되면서 험준한 지형이 만들어졌다고 했습니다.

3 히말라야산맥은 겨울철에 시베리아의 차갑고 건조한 바람을 막아 바람이 동쪽으로 방향을 바꾸어 중국, 대한민국, 일본에 북서풍이 불어오게 한다고 했습니다.

히말라야 산맥이 없었다면 우리나라의 기후도 영향을 받을 것이라고 짐작할 수 있습니다.

4 히말라야산맥의 형성 과정은 인도판과 유라시아판의 충돌에서 비롯되었다고 했습니다.

오답 풀이

주연: 지구의 표면에 있는 판들이 서로 움직여 충돌하면 히말라야산맥 같은 험준한 지형이 만들어지기도 합니다.
지민: 인도판과 유라시아판은 앞으로도 계속 충돌할 것으로 추정된다고 했습니다.

5 1 문단에서 히말라야산맥의 위치를 알 수 있고, 2 문단에서 판의 운동과 관련된 산맥의 형성 과정을 알 수 있습니다. 3 문단에서 인도판과 유라시아판의 충돌에서 비롯된 히말라야산맥의 형성 과정을 알 수 있고, 4 문단에서 지구의 기후에 영향을 미치는 히말라야산맥을 알 수 있습니다. 5 문단에서 판의 충돌로 해마다 높아지는 히말라야산맥을 알 수 있습니다.

6 히말라야산맥의 형성은 약 5천만 년 전 인도판과 유라시아판의 충돌에서 비롯되었고, 인도판이 유라시아판 밑으로 파고들어서 지각이 밀리고 접히며 솟아올랐습니다. 이러한 압축과 융기가 오랜 시간에 걸쳐 반복되며 높고 험준한 지형의 히말라야산맥이 만들어졌고, 현재도 두 판의 충돌이 계속되어 히말라야산맥이 해마다 조금씩 높아지고 있습니다.

7 (1) '기단'은 '넓은 지역에 걸쳐 있는, 수평 방향으로 거의 같은 성질을 가진 공기 덩어리.'라는 뜻입니다.
(2) '사례'는 '어떤 일이 전에 실제로 일어난 예.'라는 뜻입니다.
(3) '추정'은 '미루어 생각하여 판정함.'이라는 뜻입니다.
(4) '지각'은 '지구의 바깥쪽을 차지하는 부분.'이라는 뜻입니다.
(5) '험준한'은 '땅의 생긴 모양이 험하며 높고 가파른.'이라는 뜻입니다.

비주얼 사회 교과서 개념   **043 쪽**

(1) 산맥   (2) 고원

(1) '산지의 산봉우리들이 연속적으로 길게 이어진 지형.'을 '산맥'이라고 합니다.

(2) '높은 산간 지대에 넓게 펼쳐진 평평한 지형.'을 '고원'이라고 합니다.

- **글의 종류** 설명문
- **글의 특징** 세계의 다양한 기후에 따라 볼 수 있는 독특한 주거 형태에 대해 설명하는 글입니다.
- **주제** 기후에 따라 다른 세계의 주거 형태

045~046쪽

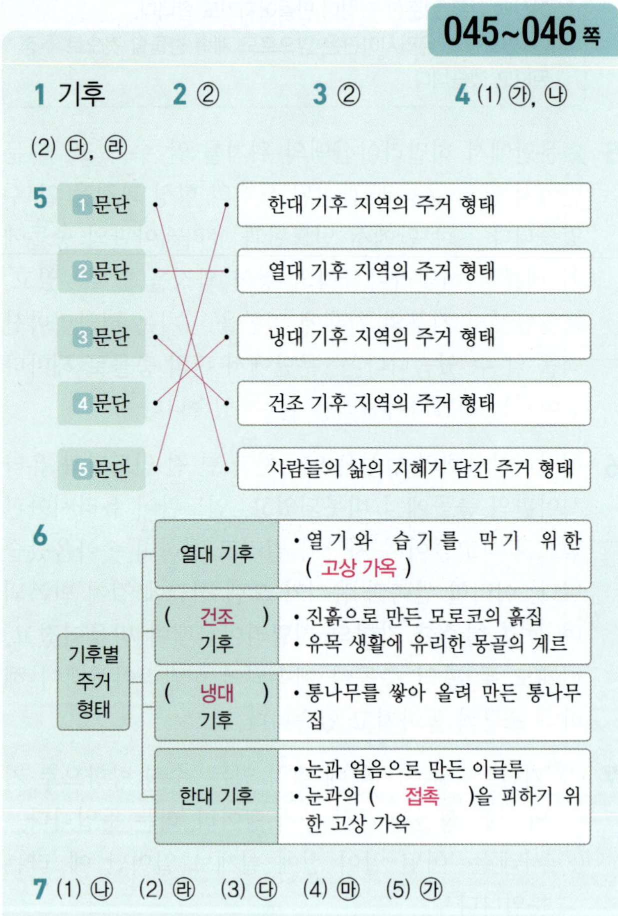

1 이 글은 열대 기후, 건조 기후, 냉대 기후, 한대 기후 등 기후에 따라 다른 세계의 집에 대해 설명하고 있습니다.

2 4문단에서 침엽수림이 넓게 분포하여 목재 생산이 발전한 러시아와 캐나다 등 냉대 기후 지역에서는 통나무집이 많다고 했습니다.

오답 풀이

① 5문단에서 이글루는 사냥할 때 추위를 피해 임시로 머무른다고 했습니다.
③ 3문단에서 강수량이 적은 건조 기후 지역에는 주변에서 구하기 쉬운 진흙으로 만든 흙집이 있다고 했습니다.
④ 3문단에서 초원에서 유목 생활을 하는 사람들이 생활하는 이동식 가옥 게르는 쉽고 빠르게 조립하고 분해할 수 있어서 편하게 이동할 수 있다고 했습니다.
⑤ 2문단에서 열대 기후 지역에서는 열기와 습기, 뱀이나 해충을 막기 위해 땅에 말뚝을 박아 그 위에 집을 짓는다고 했습니다.

3 3문단에서 몽골과 같이 초원에서 유목 생활을 하는

사람들은 이동식 가옥인 게르에서 생활한다고 설명하고 있지만, 게르에서 며칠 동안 생활할 수 있는지는 알 수 없습니다.

오답 풀이

①은 5문단에서, ③은 3문단에서, ④는 4문단에서, ⑤는 2문단과 5문단에서 답을 찾을 수 있습니다.

4 ㉠: 주위에 나무가 많지 않아 돌로 집을 지은 돌집과 호수 주변에서 자라는 갈대를 엮어 집을 만든 갈대집은 기후에 따라 주변에서 구하기 쉬운 재료로 집을 만든 사례로 볼 수 있습니다.
㉡: 바람에 날아가지 않도록 새끼줄로 지붕을 고정한 전통 가옥과 뜨거운 햇볕을 반사시키기 위해 외벽을 흰색으로 칠한 집은 주변 자연환경에 잘 적응하기 위한 형태로 집을 만든 사례로 볼 수 있습니다.

5 1문단은 사람들의 삶의 지혜가 담긴 주거 형태, 2문단은 열대 기후 지역의 주거 형태, 3문단은 건조 기후 지역의 주거 형태, 4문단은 냉대 기후 지역의 주거 형태, 5문단은 한대 기후 지역의 주거 형태에 대해 설명하고 있습니다.

6 이 글에서는 열대 기후 지역의 고상 가옥, 건조 기후 지역의 흙집과 게르, 냉대 기후 지역의 통나무집, 한대 기후 지역의 이글루와 고상 가옥에 대해 설명하고 있습니다.

7 (1) '주거'는 '일정한 곳에 머물러 삶. 또는 그런 집.'이라는 뜻입니다.
(2) '해충'은 '인간의 생활에 해를 끼치는 벌레를 통틀어 이르는 말.'이라는 뜻입니다.
(3) '방출하다'는 '입자나 전자기파의 형태로 에너지를 내보내다.'라는 뜻입니다.
(4) '분해하다'는 '여러 부분이 결합되어 이루어진 것을 그 낱낱으로 나누다.'라는 뜻입니다.
(5) '분포하다'는 '일정한 범위에 흩어져 퍼져 있다.'라는 뜻입니다.

비주얼 사회 교과서 개념   **047쪽**

(1) 기후   (2) 강수량

(1) '어떤 지역에서 여러 해에 걸쳐 나타나는 기온이나 눈, 비, 바람 등의 평균적인 날씨.'를 '기후'라고 합니다.
(2) '눈이나 비, 안개 등 일정 기간 동안 일정한 곳에 내린 물의 총량.'을 '강수량'이라고 합니다.

- **글의 종류** 논설문
- **글의 특징** 지구와 인류의 지속 가능한 미래를 위해 아마존 열대 우림을 보호해야 한다고 주장하는 글입니다.
- **주제** 아마존 열대 우림을 보존하기 위한 책임과 노력의 필요성

049~050 쪽

1 ⑤　　**2** ③　　**3** ⑤　　**4** ④

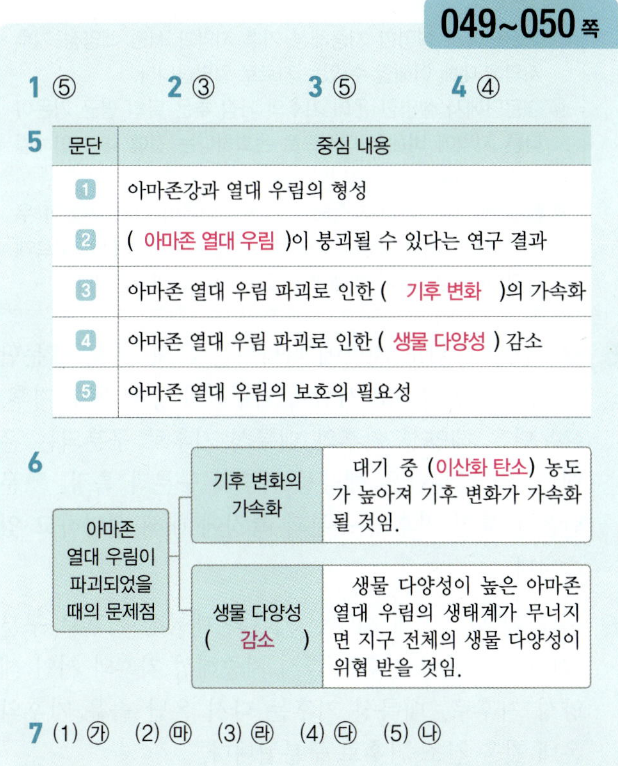

5

문단	중심 내용
1	아마존강과 열대 우림의 형성
2	(아마존 열대 우림)이 붕괴될 수 있다는 연구 결과
3	아마존 열대 우림 파괴로 인한 (기후 변화)의 가속화
4	아마존 열대 우림 파괴로 인한 (생물 다양성) 감소
5	아마존 열대 우림의 보호의 필요성

6

아마존 열대 우림이 파괴되었을 때의 문제점

기후 변화의 가속화	대기 중 (이산화 탄소) 농도가 높아져 기후 변화가 가속화될 것임.
생물 다양성 (감소)	생물 다양성이 높은 아마존 열대 우림의 생태계가 무너지면 지구 전체의 생물 다양성이 위협 받을 것임.

7 (1) ㉮　(2) ㉺　(3) ㉣　(4) ㉢　(5) ㉯

1 이 글의 글쓴이는 지구와 인류의 지속 가능한 미래를 위해 아마존 열대 우림을 보호해야 한다고 주장하고 있습니다.

2 3문단에서 아마존 열대 우림은 대기 중 산소 농도를 유지해 주는 지구의 허파 역할을 한다고 했습니다.

> **오답 풀이**
> ① 1문단에서 아마존강은 세계에서 두 번째로 긴 강이라고 했습니다.
> ② 2문단에서 아마존 열대 우림이 훼손된 규모는 이미 25퍼센트를 넘어섰다고 했습니다.
> ④ 2문단에서 2050년에는 아마존 열대 우림이 급격히 붕괴될 것이라는 연구 결과가 보고되었다고 했습니다.
> ⑤ 4문단에서 아마존 열대 우림이 파괴되면 동식물의 서식지와 먹이가 급격히 줄어들게 될 것이라고 했습니다.

3 4문단에서 아마존 열대 우림에 희귀하고 다양한 동식물이 서식한다고 했으나, 어떤 동식물이 서식하는지에 대해서는 설명하지 않았습니다.

> **오답 풀이**
> ①, ②는 1문단에서, ③은 3문단 ④는 2문단에서 답을 찾을 수 있습니다.

4 '흡수하고'는 '빨아서 거두어들이고.'라는 뜻이므로 '수분, 양분, 기체 따위를 끌어들이거나 흡수하고.'라는 뜻의 '빨아들이고'와 바꾸어 쓸 수 있습니다.

> **오답 풀이**
> ① '통과하고'는 '어떤 곳이나 때를 거쳐서 지나가고.'라는 뜻입니다.
> ② '배출하고'는 '안에서 밖으로 밀어 내보내고.'라는 뜻입니다.
> ③ '흡사하고'는 '거의 같을 정도로 비슷하고.'라는 뜻입니다.
> ⑤ '흘러넘치고'는 '액체가 가득 차서 흘러내리고.'라는 뜻입니다.

5 1문단은 아마존강과 열대 우림의 형성, 2문단은 열대 우림의 붕괴를 전망한 최근의 연구, 3문단은 아마존 열대 우림 파괴로 인한 문제점으로 기후 변화의 가속화, 4문단은 아마존 열대 우림 파괴의 문제점으로 생물 다양성 감소, 5문단은 아마존 열대 우림의 보호의 필요성에 대해 설명하고 있습니다.

6 아마존 열대 우림이 파괴되면 대기 중 이산화 탄소 농도가 높아져 기후 변화가 가속화될 것이고, 생물 다양성이 높은 아마존 열대 우림의 생태계가 파괴되면 지구 전체의 생물 다양성이 위협 받아 감소될 것입니다.

7 (1) '벌목'은 '숲의 나무를 벰'이라는 뜻입니다.
(2) '농도'는 '용액 따위의 진함과 묽음의 정도.'라는 뜻입니다.
(3) '훼손하다'는 '헐리거나 깨져 못 쓰게 만들다.'라는 뜻입니다.
(4) '전망하다'는 '앞날을 헤아려 내다보다.'라는 뜻입니다.
(5) '가속화하다'는 '속도가 더해지다.'라는 뜻입니다.

비주얼 사회 교과서 개념　**051 쪽**

(1) **열대**　(2) **건조**

(1) '일 년 내내 기온이 높고 강수량이 많은 기후.'를 '열대 기후'라고 합니다.
(2) '강수량이 적고, 하루 동안의 기온 변화가 큰 기후.'를 '건조 기후'라고 합니다.

- **글의 종류** 설명문
- **글의 특징** 온대 기후의 특징과 분류, 온대 기후의 해양성 기후
와 대륙성 기후의 특징에 대해 설명하는 글입니다.
- **주제** 온대 기후의 현재 특징

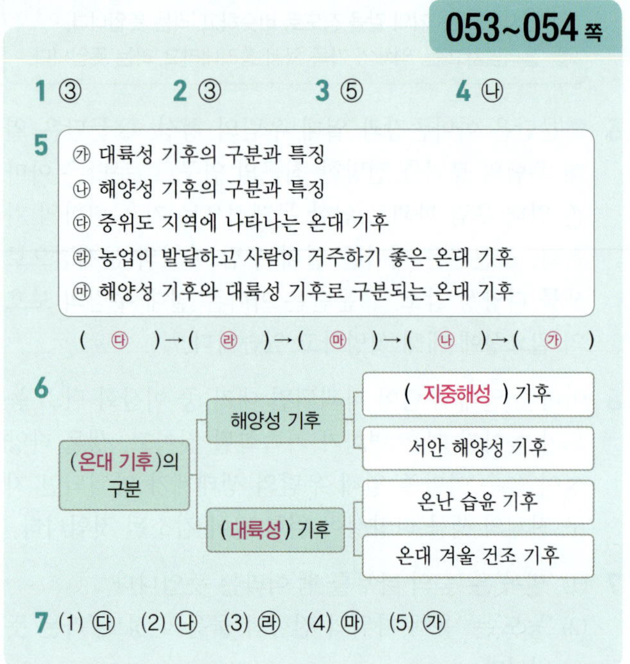

1 이 글은 온대 기후의 개념과 특징을 설명한 뒤 온대
기후를 해양성 기후와 대륙성 기후로 나누어 설명하
고 있습니다.

2 ④문단에서 지중해성 기후는 여름에는 기온이 높고
건조한 건기, 겨울에는 기온이 온화하고 비가 많이 내
리는 우기가 된다고 했습니다.

3 ②문단에서 온대 기후 지역 중 유럽을 밀을, 아시아는
벼를 재배했음을 알 수 있고, ④문단과 ⑤문단에서 같
은 온대 기후라도 유럽은 해양성 기후, 우리나라는 대
륙성 기후의 영향을 받아 차이를 보임을 알 수 있습니다.

> **오답 풀이**
> ① ③문단에서 온대 기후 지역은 위도, 지형, 바다에 따라 기온이
> 나 강수량이 차이를 보인다고 했습니다.
> ② ③문단과 ④문단에서 바다로부터 편서풍의 영향을 받는 해양
> 성 기후로, 유럽의 지중해 연안 등에서 나타나는 지중해성 기
> 후가 있다고 했습니다.
> ③ ④문단에서 북아메리카의 북서쪽 등 서안 해양성 기후 지역은
> 연교차가 적다고 했으므로 여름철과 겨울철의 기온 차이가 적
> 을 것입니다.
> ④ ⑤문단에서 우리나라의 남해안, 일본 중남부 등 바다의 영향
> 을 많이 받는 온난 습윤 기후 지역은 겨울에는 덜 건조하고
> 강수량이 많다고 했습니다.

4 ⑤문단에서 우리나라의 남해안, 일본 중남부 등의 지

역은 겨울에는 덜 건조하고 강수량이 많다고 했고, 중
국 내륙과 인도 북부 등의 지역은 겨울에 건조하고 강
수량이 매우 적다고 했습니다. 그러므로 우리나라의
남해안과 인도 북부의 겨울철 기온을 비교한 자료보
다는 겨울철 강수량을 비교한 자료를 활용하는 것이
더 적절합니다.

> **오답 풀이**
> ㉮ ④문단에서 설명한 지중해성 기후 지역과 서안 해양성 기후
> 지역에 대해 이해할 수 있는 자료로 알맞습니다.
> ㉰ ①문단에서 설명한 온대 기후의 가장 추운 달의 평균 기온이
> 다른 지역에 비해 상대적으로 온화하다는 것에 대해 이해할
> 수 있는 자료로 알맞습니다.
> ㉱ ④문단에서 설명한 지중해성 기후는 여름이 건기, 겨울이 우
> 기가 되고, 서안 해양성 기후는 일 년 내내 강수량이 고르게
> 나타나는 것에 대해 이해할 수 있는 자료로 알맞습니다.

5 ①문단은 중위도 지역에 나타나는 온대 기후, ②문단
은 농업이 발달하고 사람이 거주하기 좋은 온대 기후,
③문단은 해양성 기후와 대륙성 기후로 구분되는 온
대 기후, ④문단은 해양성 기후의 구분과 특징, ⑤문
단은 대륙성 기후의 구분과 특징에 대해 설명하고 있
습니다.

6 온대 기후는 크게 해양성 기후와 대륙성 기후로 구분
됩니다. 해양성 기후는 다시 지중해성 기후와 서안 해
양성 기후로, 대륙성 기후는 다시 온난 습윤 기후와
온대 겨울 건조 기후로 구분됩니다.

7 (1) '문명'은 '인류가 이룬 물질적, 기술적, 사회 구조적
인 발전.'이라는 뜻입니다.
(2) '연안'은 '강이나 호수, 바다를 따라 잇닿아 있는 육
지.'라는 뜻입니다.
(3) '계절풍'은 '계절에 따라 주기적으로 일정한 방향으
로 부는 바람.'이라는 뜻입니다.
(4) '연교차'는 '1년 동안 측정한 기온, 습도 따위의 최
댓값과 최솟값의 차이.'라는 뜻입니다.
(5) '밀집된'은 '빈틈없이 빽빽하게 모인.'이라는 뜻입니
다.

> **비주얼 사회 교과서 개념**   **055** 쪽
>
> (1) 온대   (2) 냉대

(1) '기온이 온화하고 사계절의 변화가 뚜렷한 기후.'를
'온대 기후'라고 합니다.
(2) '사계절이 나타나지만 온대 기후보다 겨울이 더 길고
추운 기후.'를 '냉대 기후'라고 합니다.

- **글의 종류** 설명문
- **글의 특징** 북극권과 남극권에서 나타나는 백야와 극야의 개념 및 원리와 시기, 백야와 극야에 적응하기 위한 주민들의 생활 방식에 대해 설명하는 글입니다.
- **주제** 극지방에서 나타나는 독특한 기상 현상인 백야와 극야

057~058 쪽

1 ⑤　　**2** ④　　**3** ⑤　　**4** 슬기

5
⑦ 백야와 극야가 나타나는 원리
⑭ 백야와 극야가 나타나는 시기
⑮ 극지방에서 나타나는 백야와 극야
⑯ 백야와 극야에 적응하기 위한 주민들의 생활 방식

(다) → (가) → (나) → (라)

6

구분	백야	(극야)
개념	해가 지지 않아 밤에 어두워지지 않는 현상	해가 뜨지 않아 밤이 지속되는 현상
원리	• 북극권이나 남극권이 태양을 향해 기울어져 있을 때 나타남. • 태양이 지평선 (아래)로 내려가지 않음.	• 북극권이나 남극권이 태양과 반대 방향으로 기울어져 있을 때 나타남. • 태양이 지평선 (위)로 떠오르지 않음.
시기	(북극)권에서는 5~7월에, (남극)권에서는 11~1월에 나타남.	(북극)권에서는 11~1월에, (남극)권에서는 5~7월에 나타남.

7 (1) 일조량　(2) 공전　(3) 지속　(4) 지평선　(5) 혹독한

1 이 글은 극지방에서 나타나는 독특한 기상 현상인 백야와 극야의 개념 및 원리와 시기, 그리고 백야와 극야에 적응하기 위한 주민들의 생활 방식에 대해 설명하는 글입니다.

2 백야는 23.5°로 기울어진 자전축 때문에 지구가 태양 주위를 공전할 때 북극권이나 남극권이 태양을 향해 기울어져 있을 때 나타나는 현상입니다.

오답 풀이
① 극야는 태양이 지평선 위로 올라오지 않아 낮이 되어도 밤처럼 어두운 현상입니다.
② 백야는 해가 지지 않아 밤에 어두워지지 않는 현상입니다.
③, ⑤ 극지방 주민들은 백야가 나타나면 수면에 방해되는 햇빛을 차단하기 위해 두꺼운 커튼을 치거나 안대를 착용하고, 극야가 나타나면 일조량이 적어 기온이 매우 낮아져 난방을 강화합니다.

3 백야는 북극권에서 5월과 7월 사이에, 남극권에서 11월과 1월 사이에 나타나고, 극야는 북극권과 남극권

에서 백야와 반대되는 시기에 나타난다고 했습니다. 그러므로 극야는 북극권에서 11월과 1월 사이에, 남극권에서 5월과 7월 사이에 나타남을 알 수 있습니다.

4 극야 동안에는 일조량이 적어 기온이 급격히 떨어진다고 했으므로 백야와 극야에 대해 알맞게 이해한 친구는 슬기입니다.

오답 풀이
현주: 백야와 극야는 극지방에서 나타나는 기상 현상이므로, 우리나라에서는 나타날 수 없습니다.
성우: 12월에 북극에 놀러 가면 극야가 나타나는 시기이므로 해가 뜨지 않고 밤이 지속될 것입니다.

5 ❶문단은 극지방에서 나타나는 백야와 극야, ❷문단은 백야와 극야가 나타나는 원리, ❸문단은 백야와 극야가 나타나는 시기, ❹문단은 백야와 극야에 적응하기 위한 주민들의 생활 방식에 대해 설명하고 있습니다.

6 해가 지지 않아 밤에 어두워지지 않는 현상인 백야는 태양이 지평선 아래로 내려가지 않으며, 북극권에서는 5~7월에, 남극권에서는 11~1월에 나타납니다. 해가 뜨지 않아 밤이 지속되는 현상인 극야는 태양이 지평선 위로 떠오르지 않으며, 북극권에서는 11~1월에, 남극권에서는 5~7월에 나타납니다.

7 (1) '일정한 물체의 표면이나 지표면에 비치는 햇볕의 양.'이라는 뜻의 '일조량'이 들어가야 합니다.
(2) '한 천체가 다른 천체의 둘레를 주기적으로 도는 일.'이라는 뜻의 '공전'이 들어가야 합니다.
(3) '어떤 상태가 오래 계속됨.'이라는 뜻의 '지속'이 들어가야 합니다.
(4) '편평한 대지의 끝과 하늘이 맞닿아 경계를 이루는 선.'이라는 뜻의 '지평선'이 들어가야 합니다.
(5) '몹시 심한.'이라는 뜻의 '혹독한'이 들어가야 합니다.

비주얼 사회 교과서 개념　**059 쪽**

(1) 한대　(2) 고산

(1) '극지방에 주로 분포하는 매우 추운 기후.'를 '한대 기후'라고 합니다.
(2) '해발 고도가 높은 지역에서 나타나는 기후.'를 '고산 기후'라고 합니다.

- **글의 종류** 논설문
- **글의 특징** 남북통일의 필요성을 주장하는 글입니다.
- **주제** 남북통일의 필요성

063~064 쪽

| 1 ② | 2 ⑤ | 3 ④ | 4 성준 |

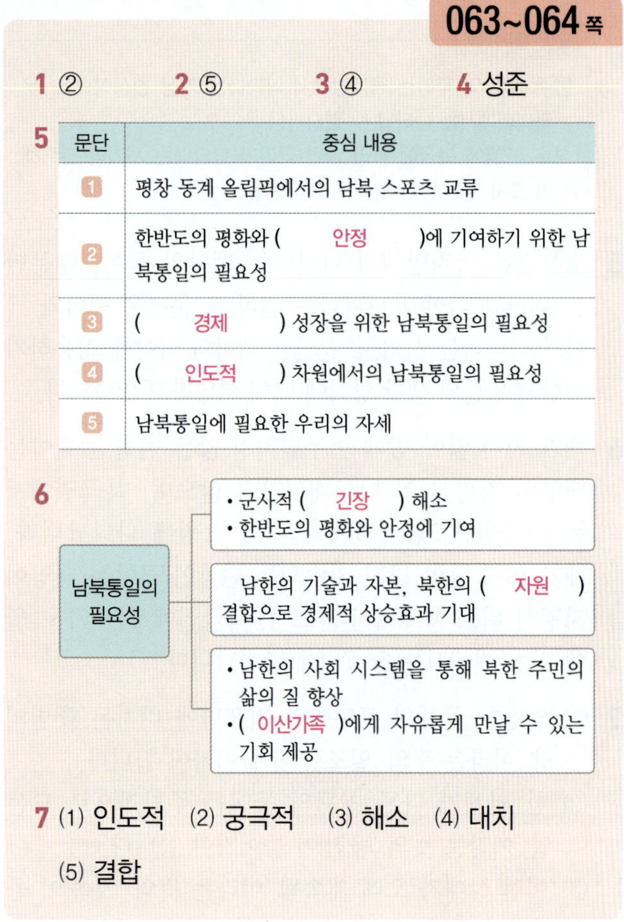

문단	중심 내용
1	평창 동계 올림픽에서의 남북 스포츠 교류
2	한반도의 평화와 (안정)에 기여하기 위한 남북통일의 필요성
3	(경제) 성장을 위한 남북통일의 필요성
4	(인도적) 차원에서의 남북통일의 필요성
5	남북통일에 필요한 우리의 자세

6

남북통일의 필요성
- 군사적 (긴장) 해소
- 한반도의 평화와 안정에 기여

- 남한의 기술과 자본, 북한의 (자원) 결합으로 경제적 상승효과 기대

- 남한의 사회 시스템을 통해 북한 주민의 삶의 질 향상
- (이산가족)에게 자유롭게 만날 수 있는 기회 제공

7 (1) 인도적　(2) 궁극적　(3) 해소　(4) 대치

　(5) 결합

1 글쓴이는 남북통일을 해야 하는 이유를 제시하며 남북통일의 필요성을 주장하고 있습니다.

2 ③문단에서 남한의 기술과 자본이 북한의 풍부한 자원과 만나면 경제적으로 큰 효과를 얻을 수 있을 것이라고 했습니다.

오답 풀이

① ④문단에서 북한 주민들은 식량과 의료 서비스 부족으로 고통을 겪고 있다고 했습니다.
② ②문단에서 남한은 민주주의와 시장 경제, 북한은 사회주의 체제를 유지하여 언제든지 충돌이 발생할 수 있다고 했습니다.
③ ①문단에서 스포츠 교류는 남과 북이 서로를 이해할 수 있는 기회를 제공한다고 했습니다.
④ ④문단에서 이산가족이 남과 북으로 나뉘어 서로 만날 수 없다고 했습니다.

3 ㉠의 뒤에 이어지는 문장에서 통일이 이루어진다면 남한의 기술과 자본, 북한의 자원이 결합되어 경제적 상승효과를 발휘할 수 있다고 했습니다. 그러므로 북한은 남한만큼 기술과 자본을 가지고 있지 않기 때문에 자원을 제대로 활용하지 못한다고 추론할 수 있습니다.

4 글쓴이는 우리 모두 평화와 통일을 위해 노력하고, 서로 이해하고 협력하는 자세를 가져야 한다고 했으므로 성준이의 의견과 같습니다.

오답 풀이

효진: 이 글에서는 북한이 스스로 무너지도록 해야 한다고 주장하고 있지 않습니다.
민아: 이 글에서는 강한 군사력을 바탕으로 통일을 해야 한다고 주장하고 있지 않습니다.

5 ①문단은 평창 동계 올림픽에서의 남북 스포츠 교류, ②문단은 남북통일의 필요성으로 한반도의 평화와 안정에 기여, ③문단은 남북통일의 필요성으로 경제적 상승효과, ④문단은 남북통일의 필요성으로 인도적 차원, ⑤문단은 남북통일에 필요한 우리의 자세에 대해 주장하고 있습니다.

6 글쓴이는 군사적 긴장 해소로 한반도의 평화와 안정에 기여할 수 있고, 남한의 자본과 기술, 북한의 자원이 결합되어 경제적 상승효과를 발휘할 수 있으므로 남북통일이 필요하다고 했습니다. 또한 인도적 차원에서도 북한 주민의 삶의 질을 향상시키고, 이산가족에게 만날 수 있는 기회를 제공하기 위해 남북통일이 필요하다고 했습니다.

7 (1) '사람으로서 마땅히 지켜야 할 도리에 관계되는 것.'이라는 뜻의 '인도적'이 들어가야 합니다.
(2) '더할 나위 없는 지경에 도달하는 것.'이라는 뜻의 '궁극적'이 들어가야 합니다.
(3) '어려운 일이나 문제가 되는 상태를 해결하여 없애 버림.'이라는 뜻의 '해소'가 들어가야 합니다.
(4) '서로 맞서서 버팀.'이라는 뜻의 '대치'가 들어가야 합니다.
(5) '둘 이상의 사물이나 사람이 서로 관계를 맺어 하나가 됨.'이라는 뜻의 '결합'이 들어가야 합니다.

비주얼 사회 교과서 개념　**065 쪽**

(1) 남북 분단　　(2) 평화 통일

(1) '한반도가 6·25 전쟁 이후 미국과 소련에 의해 남북으로 분단된 것.'을 '남북 분단'이라고 합니다.
(2) '한반도의 평화를 위해 교류와 협력으로 이루는 남북 통일.'을 '평화 통일'이라고 합니다.

- **글의 종류** 설명문
- **글의 특징** 우리나라의 대통령 직선제를 이루어 낸 6월 항쟁의 전개 과정과 의의를 설명하는 글입니다.
- **주제** 6월 민주 항쟁의 전개 과정과 의의

067~068 쪽

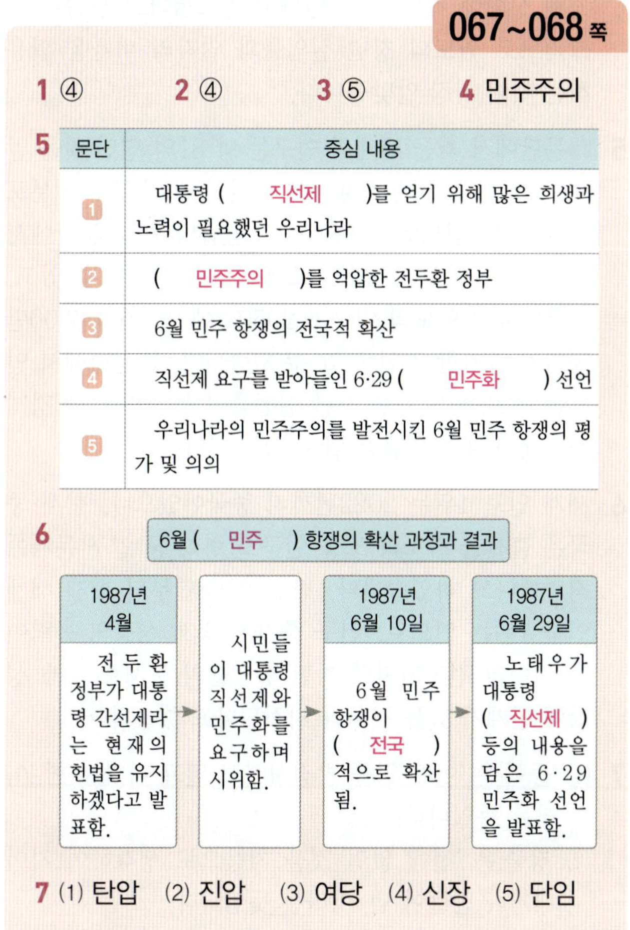

1 ④   **2** ④   **3** ⑤   **4** 민주주의

5

문단	중심 내용
1	대통령 (직선제)를 얻기 위해 많은 희생과 노력이 필요했던 우리나라
2	(민주주의)를 억압한 전두환 정부
3	6월 민주 항쟁의 전국적 확산
4	직선제 요구를 받아들인 6·29 (민주화) 선언
5	우리나라의 민주주의를 발전시킨 6월 민주 항쟁의 평가 및 의의

6 6월 (민주) 항쟁의 확산 과정과 결과

1987년 4월	1987년 6월 10일	1987년 6월 29일
전두환 정부가 대통령 간선제라는 현재의 헌법을 유지하겠다고 발표함.	시민들이 대통령 직선제와 민주화를 요구하며 시위함.	6월 민주 항쟁이 (전국)적으로 확산됨.	노태우가 대통령 (직선제) 등의 내용을 담은 6·29 민주화 선언을 발표함.

7 (1) 탄압 (2) 진압 (3) 여당 (4) 신장 (5) 단임

1 이 글은 6월 민주 항쟁이 벌어지게 된 과정과 그 결과를 설명하고 있습니다.

2 5문단에서 6·29 민주화 선언 이후 5년 단임으로 하는 대통령 직선제를 중심으로 한 헌법 개정이 이루어졌다고 했습니다.

오답 풀이
① 1문단에서 현재 우리나라는 국민이 직접 투표하여 대통령을 뽑고 있다고 했습니다.
② 2문단에서 전두환은 대통령 간선제를 통해 대통령에 다시 당선되었다고 했습니다.
③ 3문단에서 시민들은 대통령 직선제와 민주화를 요구하는 시위를 벌였다고 했습니다.
⑤ 4문단에서 여당 대표이자 대통령 후보였던 노태우가 시민들의 요구를 받아들여 6·29 민주화 선언을 발표했다고 했습니다.

3 대통령 간선제의 헌법을 유지하겠다는 전두환의 발표와 대학생 박종철의 사망 사건이 잇따라 벌어지면서 시민들의 민주화 운동이 전국적으로 확산되었습니다.

그러므로 ㉠에 가장 어울리는 한자 성어는 '일파만파'입니다.

4 이 글에 따르면 6월 민주 항쟁은 박정희 정부부터 시작된 30년간의 군사 독재를 국민의 힘으로 끝내고, 우리나라의 민주주의를 한층 더 발전시킨 민주화 운동으로 평가 받는다고 하였습니다. 그러므로 빈칸에 들어갈 말은 '민주주의'입니다.

5 1문단은 대통령 직선제를 얻기 위해 많은 희생과 노력이 필요했던 우리나라, 2문단은 민주주의를 억압한 전두환 정부, 3문단은 6월 민주 항쟁의 적극적 확산, 4문단은 직선제 요구를 받아들인 6·29 민주화 선언, 5문단은 우리나라의 민주주의를 발전시킨 6월 민주 항쟁의 평가 및 의의에 대해 설명하고 있습니다.

6 1987년 4월 전두환이 대통령 간선제라는 현재 헌법을 유지하겠다고 발표하자 시민들이 대통령 직선제와 민주화를 요구하며 시위하였고, 6월 10일부터 민주 항쟁이 전국적으로 확산되었습니다. 결국 6월 29일 노태우는 시민들의 요구를 받아들여 대통령 직선제 등의 내용을 담은 6·29 민주화 선언을 발표했습니다.

7 (1) '권력이나 무력 따위로 억지로 눌러 꼼짝 못 하게 함.'이라는 뜻의 '탄압'이 들어가야 합니다.
(2) '강압적인 힘으로 억눌러 진정시킴.'이라는 뜻의 '진압'이 들어가야 합니다.
(3) '정당 정치에서, 현재 정권을 잡고 있는 정당.'이라는 뜻의 '여당'이 들어가야 합니다.
(4) '세력이나 권리 따위가 늘어남. 또는 늘어나게 함.'이라는 뜻의 '신장'이 들어가야 합니다.
(5) '원래 정해진 임기를 다 마친 뒤에 다시 그 직위를 맡지 않음. 또는 그런 일.'이라는 뜻의 '단임'이 들어가야 합니다.

비주얼 사회 교과서 개념   **069 쪽**

(1) 혁명   (2) 민주화   (3) 항쟁

(1) '1960년 시민들이 선거 결과를 무효화하고 이승만이 물러나기를 요구하며 일어난 시위.'를 '4·19 혁명'이라고 합니다.

(2) '1980년 전라남도 광주에서 민주화를 요구하며 일어난 시위.'를 '5·18 민주화 운동'이라고 합니다.

(3) '1987년 6월 시민들이 대통령 직선제 개헌과 민주화를 요구하며 전국적으로 일어난 시위.'를 '6월 민주 항쟁'이라고 합니다.

- **글의 종류** 기사문
- **글의 특징** 2022년까지 세계 인구 1위였던 중국의 인구 감소세와 현재 세계 인구 1위인 인도의 인구 증가세에 대해 설명하는 기사입니다.
- **주제** 중국에서 인도로 바뀐 세계 인구 1위 국가

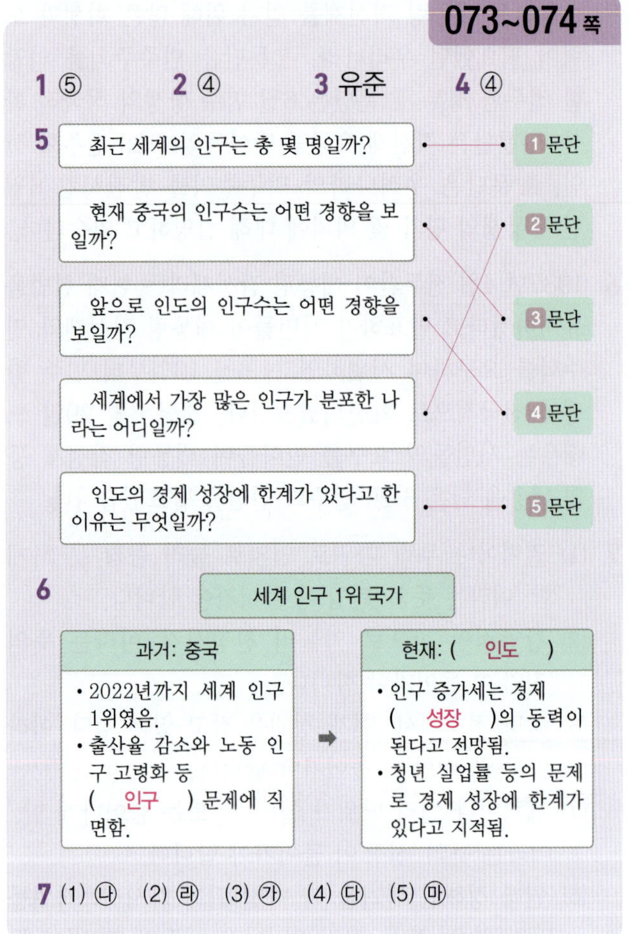

1 이 글은 세계 인구수와 인도의 인구수 등 구체적인 수치를 제시하며 세계의 인구에 대해 설명하고 있습니다.

2 5 문단에서 인도는 코로나19 이후 청년 실업률이 높게 나타나고 있다고 했습니다.

> **오답 풀이**
> ① 4 문단에서 인도의 인구는 중국보다 약 3000만 명이 많다고 했습니다.
> ② 1 문단에서 아시아에는 세계 인구의 약 60%가 거주한다고 했습니다.
> ③ 2 문단에서 2023년을 기점으로 현재 세계 인구 1위는 인도가 차지하였다고 했습니다.
> ⑤ 3 문단에서 중국의 일부 지역에서 출산율을 높이는 정책을 추가로 발표했으나 인구 감소세를 되돌리는 데에는 역부족이었다고 했습니다.

3 3 문단에서 중국은 2021년부터 한 부부가 세 자녀까

지 가질 수 있도록 허용했다고 했고, 2 문단에서 2023년을 기점으로 중국이 2위로 밀려났다고 했으므로 유준이의 추론은 알맞습니다.

4 5 문단에서 인도는 코로나19 이후 청년 실업률이 높게 나타나고 있고, 일부 경제학자들은 인도가 일자리 창출 등의 경제적 기회를 마련하지 않으면 불안정한 경제 상황에 직면할 수 있다고 경고했다고 했습니다. 그러므로 인도의 청년 실업률과 일자리 비율을 활용하는 것이 가장 알맞습니다.

5 1 문단에서 최근 세계의 인구는 약 81억 명인 것을 알 수 있고, 2 문단에서 세계에서 가장 많은 인구가 분포한 나라는 인도인 것을 알 수 있습니다. 3 문단에서 현재 중국의 인구수가 감소하고 있음을 알 수 있고, 4 문단에서 인도의 인구가 2050년에 약 16억 6800만 명까지 증가할 것임을 알 수 있습니다. 5 문단에서 인도는 코로나19 이후 청년 실업률이 높게 나타나 경제 성장에 한계가 있음을 알 수 있습니다.

6 세계 인구 1위는 2022년까지 중국이었으나, 현재 중국은 출산율 감소와 노동 인구 고령화 등 인구 문제에 직면했다고 하였습니다. 반면 2023년부터 현재 세계 인구 1위는 인도로, 인구 증가가 경제 성장의 동력이 될 것이라 전망되지만 청년 실업률의 문제로 경제 성장에 한계가 있을 것이라 지적된다고 했습니다.

7 (1) '동력'은 '어떤 일을 발전시키고 밀고 나가는 힘.'이라는 뜻입니다.
(2) '창출'은 '전에 없던 것을 처음으로 생각하여 지어내거나 만들어 냄.'이라는 뜻입니다.
(3) '출산율'은 '아기를 낳는 비율.'이라는 뜻입니다.
(4) '직면하다'는 '어떠한 일이나 사물을 직접 당하거나 접하다.'라는 뜻입니다.
(5) '폐지하다'는 '실시하여 오던 제도나 법규, 일 따위를 그만두거나 없애다.'라는 뜻입니다.

(1) 분포　　(2) 밀도

(1) '사람들이 어디에 얼마나 모여 살고 있는지를 나타낸 것.'을 '인구 분포'라고 합니다.
(2) '단위 면적당 살고 있는 사람의 수를 나타낸 것.'을 '인구 밀도'라고 합니다.

- **글의 종류** 설명문
- **글의 특징** 한 나라였던 인도가 종교적·정치적 갈등으로 인해 인도, 파키스탄, 방글라데시로 분리된 과정에 대해 설명하는 글입니다.
- **주제** 종교적·정치적 갈등으로 분리된 인도와 파키스탄, 방글라데시

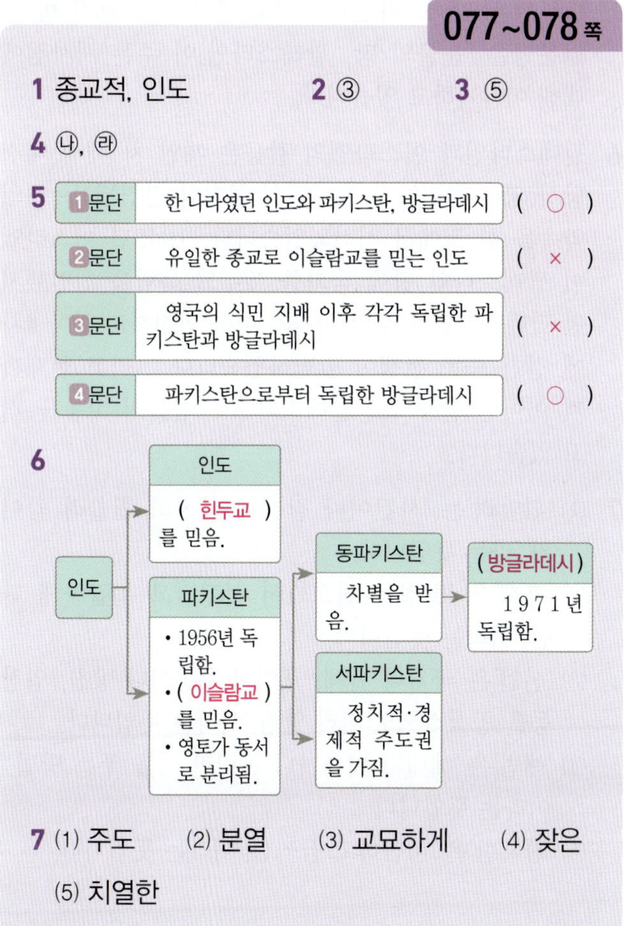

1 이 글은 종교적 갈등과 정치적 갈등으로 인해 인도가 힌두교를 믿는 인도, 이슬람교를 믿는 파키스탄과 방글라데시 세 나라로 분리된 과정에 대해 설명하고 있습니다.

2 4문단에서 동파키스탄과 서파키스탄은 이슬람교를 믿는다는 공통점 외에 언어, 문자, 풍습이 모두 달랐다고 했습니다.

3 3문단에서 인도가 영국으로부터 독립한 이후 힌두교와 이슬람교를 중심으로 자기들의 나라를 세우기 위해 갈등이 벌어지면서 결국 힌두교를 믿는 인도와 이슬람교를 믿는 파키스탄으로 나뉘어 독립된 국가를 세웠다고 했습니다.

4 ㉠은 인도가 영국으로부터 독립한 기쁨도 잠시 힌두교와 이슬람교의 갈등이 벌어졌다는 내용이므로 좋은

일이 일어났다가 후에 나쁜 일이 벌어진 상황입니다. 따라서 '좋은 일에는 흔히 방해되는 일이 많음.'을 뜻하는 '호사다마'와 '인생의 길흉화복은 변화가 많아서 예측하기가 어렵다는 말.'을 뜻하는 '새옹지마'가 어울립니다.

5 1문단은 한 나라였던 인도와 파키스탄, 방글라데시, 2문단은 힌두교와 이슬람교 등 여러 종교가 뒤섞인 인도, 3문단은 영국의 식민 지배 이후 각각 독립한 인도와 파키스탄, 4문단은 파키스탄으로부터 독립한 방글라데시에 대해 설명하고 있습니다.

6 인도는 영국으로부터 독립한 후 1956년에 힌두교를 믿는 인도와 이슬람교를 믿는 파키스탄으로 나뉘었습니다. 파키스탄에서는 인도를 사이에 두고 정치적·경제적 주도권을 가진 서파키스탄과 차별을 받았던 동파키스탄의 내전이 벌어졌습니다. 결국 1971년 동파키스탄이 방글라데시라는 이름으로 독립했습니다.

7 (1) '어떤 일에 주장이 되어 행동하는 처지가 되어 이끎.'이라는 뜻의 '주도'가 들어가야 합니다.
(2) '집단이나 단체, 사상 따위가 갈라져 나뉨.'이라는 뜻의 '분열'이 들어가야 합니다.
(3) '솜씨나 재주 따위가 재치 있게 약삭빠르고 묘하게.'라는 뜻의 '교묘하게'가 들어가야 합니다.
(4) '잇따라 자주 있는.'이라는 뜻의 '잦은'이 들어가야 합니다.
(5) '기세나 세력 따위가 불길같이 맹렬한.'이라는 뜻의 '치열한'이 들어가야 합니다.

(1) 종교　(2) 갈등

(1) '신이나 자연과 같이 절대적인 힘을 통하여 고민을 해결하고 삶의 근본적인 목적을 찾으려는 문화.'를 '종교'라고 합니다.

(2) '서로 다른 종교로 인해 국가 간 갈등이나 민족 간 갈등이 벌어지는 일.'을 '종교 갈등'이라고 합니다.

- **글의 종류** 서평
- **글의 특징** 이스라엘과 팔레스타인의 분쟁을 다룬 책의 내용을 소개하며 책에 대해 평가하는 서평입니다.
- **주제** 팔레스타인의 고통을 다룬 『눈물의 땅, 팔레스타인』

081~082 쪽

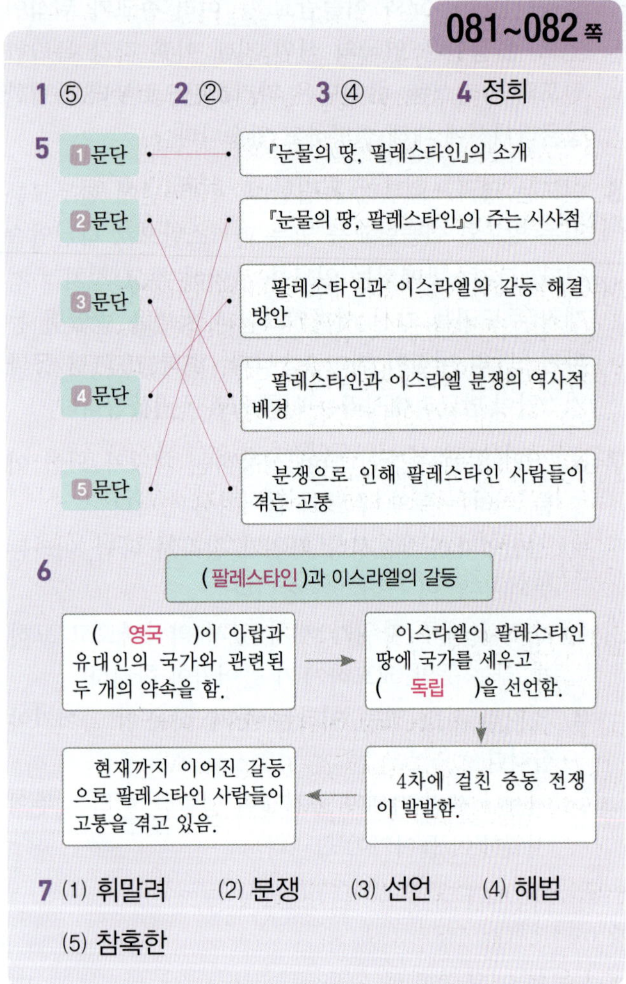

1 ⑤　　2 ②　　3 ④　　4 정희

5
- 1문단 — 『눈물의 땅, 팔레스타인』의 소개
- 2문단 — 『눈물의 땅, 팔레스타인』이 주는 시사점
- 3문단 — 팔레스타인과 이스라엘의 갈등 해결 방안
- 4문단 — 팔레스타인과 이스라엘 분쟁의 역사적 배경
- 5문단 — 분쟁으로 인해 팔레스타인 사람들이 겪는 고통

6 (팔레스타인)과 이스라엘의 갈등

(영국)이 아랍과 유대인의 국가와 관련된 두 개의 약속을 함. → 이스라엘이 팔레스타인 땅에 국가를 세우고 (독립)을 선언함. → 4차에 걸친 중동 전쟁이 발발함. → 현재까지 이어진 갈등으로 팔레스타인 사람들이 고통을 겪고 있음.

7 (1) 휘말려　(2) 분쟁　(3) 선언　(4) 해법
　(5) 참혹한

1 이 글은 『눈물의 땅, 팔레스타인』의 내용을 소개하며 책에 대한 소감과 평가를 공유하기 위해 쓴 서평입니다.

2 『눈물의 땅, 팔레스타인』에서는 이스라엘과 팔레스타인 분쟁을 해결하기 위한 방법으로 두 개 국가 해법을 제시하는데 이는 이스라엘과 팔레스타인이 서로를 국가로 인정하자는 것입니다. 그러므로 현재는 두 국가가 서로를 인정한다고 볼 수 없습니다.

3 4문단에서 두 개 국가 해법은 제3차 중동 전쟁 이전의 국경선을 기준으로 각각 이스라엘과 팔레스타인 국가를 건설하여 서로를 인정하자는 것이라고 했습니다.

4 팔레스타인과 이스라엘이 어떻게 갈등에 휘말렸는지에 대한 역사적 배경에는 영국의 두 약속이 계기가 되었다고 했으므로, 이 글을 읽고 국제 사회가 책임을 갖고 평화를 위해 노력해야 한다고 생각할 수 있습니다.

오답 풀이

수한: 팔레스타인과 이스라엘의 분쟁을 해결하기 위한 다양한 협상과 국제 사회의 노력이 있었다고 했습니다.
진수: 아랍 국가들이 이스라엘에 이슬람교를 강요했다는 내용은 없습니다.

5 1문단은 『눈물의 땅, 팔레스타인』의 소개, 2문단은 팔레스타인과 이스라엘 분쟁의 역사적 배경, 3문단은 분쟁으로 인해 팔레스타인 사람들이 겪는 고통, 4문단은 팔레스타인과 이스라엘의 갈등 해결 방안, 5문단은 『눈물의 땅, 팔레스타인』이 주는 시사점에 대해 이야기하고 있습니다.

6 팔레스타인과 이스라엘의 갈등은 제일 차 세계 대전 당시 영국이 아랍과 유대인의 국가와 관련된 두 개의 약속을 한 것에서 시작되었습니다. 1948년 이스라엘이 팔레스타인 땅에 국가를 세우고 독립을 선언했지만 팔레스타인과 주변 국가가 이를 인정하지 않아 4차에 걸친 중동 전쟁이 발발하였습니다 그리고 현재까지 이어진 갈등으로 팔레스타인 사람들이 고통을 겪고 있습니다.

7 (1) '휘말려'는 '사건이나 감정에 완전히 휩쓸려 들어가.'라는 뜻입니다.
(2) '분쟁'은 '말썽을 일으키어 시끄럽고 복잡하게 다툼.'이라는 뜻입니다.
(3) '선언'은 '국가나 단체, 개인이 주장이나 방침, 입장 등을 공식적으로 널리 알림.'이라는 뜻입니다.
(4) '해법'은 '해내기 어렵거나 곤란한 일을 푸는 방법.'이라는 뜻입니다.
(5) '참혹한'은 '비참하고 끔찍한.'이라는 뜻입니다.

비주얼 사회 교과서 개념　**083 쪽**

(1) 빈곤　(2) 국제기구

(1) '가난하게 생활하며 먹을 음식이 부족해 굶주리는 것.'을 '빈곤과 기아'라고 합니다.

(2) '여러 국가가 모여 지구촌 문제를 함께 해결하려고 만든 조직.'을 '국제기구'라고 합니다.

- **글의 종류** 설명문
- **글의 특징** 지구 온난화로 인한 지구 환경과 생태계 변화의 심각성을 깨닫고 관심을 기울여야 함을 설명하는 글입니다.
- **주제** 지구 온난화에 따른 생태계 변화

085~086 쪽

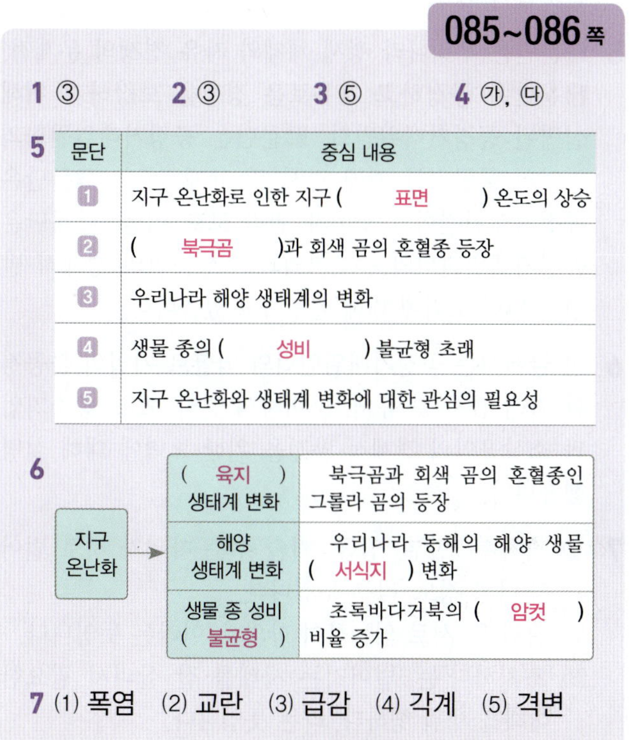

1 ③　　2 ③　　3 ⑤　　4 ㉮, ㉰

5
문단	중심 내용
1	지구 온난화로 인한 지구 (표면) 온도의 상승
2	(북극곰)과 회색 곰의 혼혈종 등장
3	우리나라 해양 생태계의 변화
4	생물 종의 (성비) 불균형 초래
5	지구 온난화와 생태계 변화에 대한 관심의 필요성

6

지구 온난화 →

(육지) 생태계 변화	북극곰과 회색 곰의 혼혈종인 그롤라 곰의 등장
해양 생태계 변화	우리나라 동해의 해양 생물 (서식지) 변화
생물 종 성비 (불균형)	초록바다거북의 (암컷) 비율 증가

7 (1) 폭염　(2) 교란　(3) 급감　(4) 각계　(5) 격변

1 이 글은 지구 온난화가 심화되면서 지구 환경과 생태계가 급변하는 상황에 대해 설명하고 있습니다.

2 4문단에서 초록바다거북은 부화 시 온도에 따라 성별이 결정된다고 했습니다.

① 4문단에서 초록바다거북 개체 중 암컷의 비율이 99%를 넘었다고 했습니다.
② 이 글에서 언급되지 않은 내용입니다.
④ 1문단에서 최근 지구 표면 온도는 17.0℃로, 관측을 시작한 이래 가장 높은 수치라고 했습니다.
⑤ 2문단에서 기온 상승으로 북극곰은 먹이를 찾기 위해 남쪽으로, 회색 곰은 따뜻해진 북쪽으로 이동하여 만나면서 혼혈종 그롤라 곰이 등장했다고 했습니다.

3 우리나라 동해의 수온이 높아지면서 해양 생물의 서식지가 변화하였고, 2000년대 초까지 연간 20만 톤 이상이던 오징어의 어획량이 최근 5만 톤 수준으로 급감했다고 했습니다. 그러므로 오징어가 우리나라 동해보다 수온이 낮은 바다로 서식지를 이동하여 어획량이 감소했음을 추론할 수 있습니다.

4 2문단에서 기온 상승으로 북극해의 빙하 면적이 줄

고 있다고 했으므로 ㉮의 자료를 활용할 수 있습니다. 4문단에서 호주 북동부 해안 지역 기온이 상승하면서 초록바다거북의 암컷이 대폭 늘었다고 했으므로 ㉰의 자료를 활용할 수 있습니다.

㉯ 3문단에서 전문가들은 오징어와 같이 국내 주요 어종이 우리나라를 떠나면 수산물 시장의 생산자와 소비자가 피해를 볼 것이라고 했으므로 ㉯의 자료는 글의 내용을 뒷받침하지 않습니다.

5 1문단은 지구 온난화로 인한 지구 표면 온도의 상승, 2문단은 북극곰과 회색 곰의 혼혈종 등장, 3문단은 우리나라 해양 생태계의 변화, 4문단은 생물 종의 성비 불균형 초래, 5문단은 지구 온난화와 생태계 변화에 대한 관심의 필요성에 대해 설명하고 있습니다.

6 이 글에서는 지구 온난화로 육지에서는 북극곰과 회색 곰의 혼혈종인 그롤라 곰이 등장했고, 해양 생태계에도 영향을 미쳐 우리나라 동해에서 오징어 어획량이 급감했다고 했습니다. 또한, 지구 온난화가 초록바다거북의 암컷이 증가하는 성비 불균형도 초래한다고 했습니다.

7 (1) '매우 심한 더위.'라는 뜻의 '폭염'이 들어가야 합니다.
(2) '마음이나 상황 따위를 뒤흔들어서 어지럽고 혼란하게 함.'이라는 뜻의 '교란'이 들어가야 합니다.
(3) '급작스럽게 줄어듦.'이라는 뜻의 '급감'이 들어가야 합니다.
(4) '사회의 각 분야.'라는 뜻의 '각계'가 들어가야 합니다.
(5) '상황 따위가 갑자기 심하게 변함.'이라는 뜻의 '격변'이 들어가야 합니다.

비주얼 사회 교과서 개념　　**087 쪽**

(1) 온난화　(2) 지속

(1) '지구의 평균 기온이 점점 높아지는 현상.'을 '지구 온난화'라고 합니다.
(2) '현재와 미래 세대가 건강하게 생활할 수 있도록 환경을 보호하고 사회적·경제적으로 책임감 있게 행동하는 것.'을 '지속 가능한 미래'라고 합니다.

- **글의 종류** 설명문
- **글의 특징** 공정하고 자유로운 경쟁을 보장하기 위해 설립된 공정거래위원회에서 하는 일에 대해 설명하는 글입니다.
- **주제** 공정거래위원회의 역할

089~090 쪽

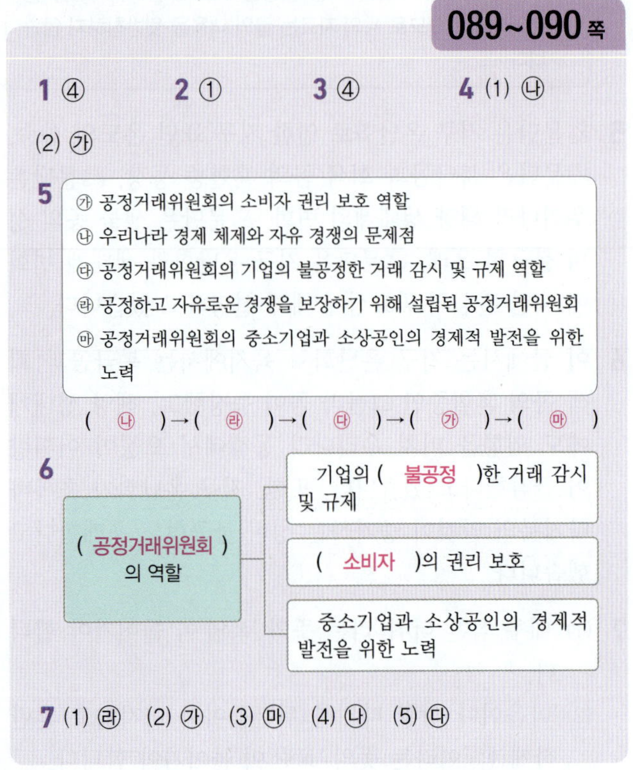

1 ④　　**2** ①　　**3** ④　　**4** (1) ㉯

(2) ㉮

5
- ㉮ 공정거래위원회의 소비자 권리 보호 역할
- ㉯ 우리나라 경제 체제와 자유 경쟁의 문제점
- ㉰ 공정거래위원회의 기업의 불공정한 거래 감시 및 규제 역할
- ㉱ 공정하고 자유로운 경쟁을 보장하기 위해 설립된 공정거래위원회
- ㉲ 공정거래위원회의 중소기업과 소상공인의 경제적 발전을 위한 노력

(㉯) → (㉱) → (㉰) → (㉮) → (㉲)

6

(공정거래위원회)의 역할
- 기업의 (**불공정**)한 거래 감시 및 규제
- (**소비자**)의 권리 보호
- 중소기업과 소상공인의 경제적 발전을 위한 노력

7 (1) ㉱　(2) ㉮　(3) ㉲　(4) ㉯　(5) ㉰

1 이 글은 우리나라의 공정거래위원회에서 하는 일에 대해 설명하고 있습니다.

2 ①문단에서 지나친 자유 경쟁은 개인 간 경제적 격차를 심화시킨다고 했습니다.

오답 풀이

② ④문단에서 공정거래위원회는 소비자가 거래 중에 피해를 본 사실을 공정거래위원회에 신고하면 해당 기업을 조사해 조치한다고 했습니다.

③ ②문단에서 우리나라는 자유 경쟁의 한계를 보완하고, 공정하고 자유로운 경쟁을 보장하기 위해 공정거래위원회를 설립하였다고 했습니다.

④ ⑤문단에서 공정거래위원회는 대형 업체와 거래를 할 때 다소 불리한 위치에 있는 중소기업과 소상공인의 경제적 발전을 위해 노력한다고 했습니다.

⑤ ③문단에서 여러 기업이 협력하여 자기들에게 유리하게 제품의 가격 등을 조절하는 것을 기업 간 담합이라고 했습니다.

3 ㉮ 앞에서 공정거래위원회는 소비자의 권리를 보호하는 일을 한다고 했고, ㉮ 뒤에서 표준이 되는 약관 마련, 허위 광고와 과장 광고 단속, 소비자의 신고에 따른 조치 등 구체적인 예시를 들고 있으므로 '예컨대'가 들어가는 것이 알맞습니다.

4 ㉠: 공정거래위원회가 소비자를 위해 일한 사례로는 취소 수수료가 발생하여 소비자에게 불리한 약관을 수정한 ㉯가 알맞습니다.

㉡: 중소기업과 소상공인을 위해 일한 사례로는 온라인 배달 플랫폼에 들어선 음식점의 경제적 부담을 덜어 주기 위해 수수료를 없애 주는 정책을 마련한 ㉮가 알맞습니다.

5 ①문단은 우리나라 경제 체제와 자유 경쟁의 문제점, ②문단은 공정하고 자유로운 경쟁을 보장하기 위해 설립된 공정거래위원회, ③문단은 공정거래위원회의 기업의 불공정한 거래 감시 및 규제 역할, ④문단은 공정거래위원회의 소비자 권리 보호 역할, ⑤문단은 공정거래위원회의 중소기업과 소상공인의 경제적 발전을 위한 노력에 대해 설명하고 있습니다.

6 이 글에서는 공정거래위원회의 역할로 기업의 불공정한 거래 감시 및 규제, 소비자의 권리 보호, 중소기업과 소상공인의 경제적 발전을 위한 노력에 대해 설명했습니다.

7 (1) '격차'는 '빈부, 임금, 기술 수준 따위가 서로 벌어져 다른 정도.'라는 뜻입니다.

(2) '담합'은 '서로 의논하여 합의함.'이라는 뜻입니다.

(3) '조치하다'는 '벌어지는 사태를 잘 살펴서 필요한 대책을 세워 행하다.'라는 뜻입니다.

(4) '촉진하다'는 '다그쳐 빨리 나아가게 하다.'라는 뜻입니다.

(5) '확립하다'는 '체계나 견해, 조직 따위를 굳게 서게 하다.'라는 뜻입니다.

비주얼 사회 교과서 개념　　**091 쪽**

(1) **자유**　　(2) **경쟁**

(1) '개인과 기업이 자유롭게 경제 활동을 할 수 있는 것.'을 '경제 활동의 자유'라고 합니다.

(2) '개인과 기업의 자유로운 경제 활동 과정에서 나타나는 경쟁.'을 '자유 경쟁'이라고 합니다.

- **글의 종류** 설명문
- **글의 특징** 기업의 사회적 책임의 개념과 효과, 그리고 사회적 책임에 필요한 기업의 자세에 대해 설명하는 글입니다.
- **주제** 기업의 사회적 책임의 필요성

093~094 쪽

1 ③ **2** ① **3** ④ **4** 규현

5 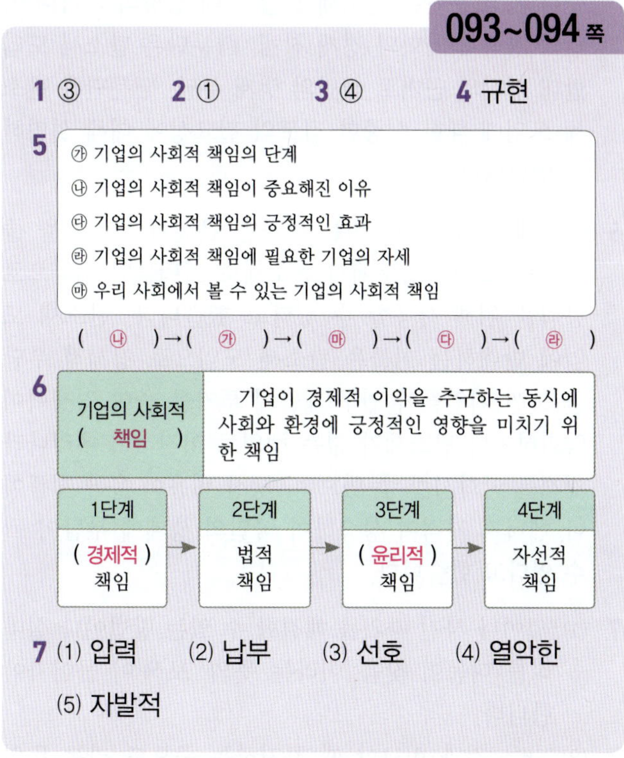

7 (1) 압력 (2) 납부 (3) 선호 (4) 열악한

(5) 자발적

1 이 글에서 기업의 사회적 책임의 문제점을 다각도로 분석하여 비판하고 있지는 않습니다.

오답 풀이

① 4문단에서 기업의 사회적 책임이 기업에 미치는 긍정적인 효과에 대해 설명했습니다.
② 2문단에서 기업의 사회적 책임을 단계별로 나누어 설명했습니다.
④ 3문단에서 우리 사회에서 볼 수 있는 기업의 사회적 책임에 대한 예를 들고 있습니다.
⑤ 4문단에서 "기업의 사회적 책임은 사회에만 긍정적인 영향을 미칠까?"라고 질문한 뒤에 바로 그렇지 않다고 대답하고 있습니다.

2 4문단에서 기업의 사회적 책임은 사회에만 긍정적인 영향을 미치는 것이 아니며, 기업이 사회적 책임을 실천하면서 기업의 가치를 높일 수 있다고 했습니다.

3 5문단에서 기업은 자발적이고 적극적인 자세로 사회적 책임을 실천하는 것이 중요하다고 하였으나, 기업이 외부의 압력에 의해 사회적 책임을 실천했을 때의 문제에 대해서는 설명하지 않았습니다.

4 C기업은 윤리적이고 환경적으로 경영하고, 사회적 약

자나 소외 계층을 차별하지 않고 공정하게 대우하는 윤리적 책임을 실천하고 있습니다.

오답 풀이

지민: A기업은 기업의 이윤을 극대화하고 일자리를 창출하는 경제적 책임을 실천하고 있습니다.
민규: B기업은 사회 공헌 활동을 하거나 교육, 문화 등 사회 활동에 지원하는 자선적 책임을 실천하고 있습니다.

5 1문단은 기업의 사회적 책임이 중요해진 이유, 2문단은 기업의 사회적 책임의 단계, 3문단은 우리 사회에서 볼 수 있는 기업의 사회적 책임, 4문단은 기업의 사회적 책임의 긍정적인 효과, 5문단은 기업의 사회적 책임에 필요한 기업의 자세에 대해 설명하고 있습니다.

6 기업의 사회적 책임은 1단계 경제적 책임, 2단계 법적 책임, 3단계 윤리적 책임, 4단계 자선적 책임으로 구분할 수 있다고 했습니다.

7 (1) '권력이나 세력에 의하여 타인을 자기 의지에 따르게 하는 힘.'이라는 뜻의 '압력'이 들어가야 합니다.
(2) '세금이나 공과금 따위를 관계 기관에 냄.'이라는 뜻의 '납부'가 들어가야 합니다.
(3) '여럿 가운데서 특별히 가려서 좋아함.'이라는 뜻의 '선호'가 들어가야 합니다.
(4) '품질이나 능력, 시설 따위가 매우 떨어지고 나쁨.'이라는 뜻의 '열악한'이 들어가야 합니다.
(5) '남이 시키거나 요청하지 아니하여도 자기 스스로 나아가 행하는 것.'이라는 뜻의 '자발적'이 들어가야 합니다.

(1) 가계 (2) 기업

(1) '가정의 살림을 함께하는 생활 공동체.'를 '가계'라고 합니다.
(2) '이윤을 얻기 위해 생활에 필요한 물건이나 서비스를 생산하여 판매하는 집단.'을 '기업'이라고 합니다.

- **글의 종류** 설명문
- **글의 특징** 탄소세 도입에 대한 찬성 입장과 반대 입장을 설명하는 글입니다.
- **주제** 탄소세 도입에 대한 찬반 의견

097~098 쪽

1 ③　　**2** ④　　**3** (1) ㉮, ㉰　(2) ㉯, ㉲

4 탄소세

5

문단	중심 내용
1	(탄소세) 도입에 대한 찬반 논란이 벌어지는 우리나라
2	탄소세 도입 찬성 ① – (온실가스) 배출 감소
3	탄소세 도입 찬성 ② – 탄소세의 공익적 활용
4	탄소세 도입 반대 ① – 기업의 경쟁력 약화와 경제 침체
5	탄소세 도입 반대 ② – 국민의 (생계) 부담
6	탄소세 도입에 대한 신중한 검토의 필요성

6

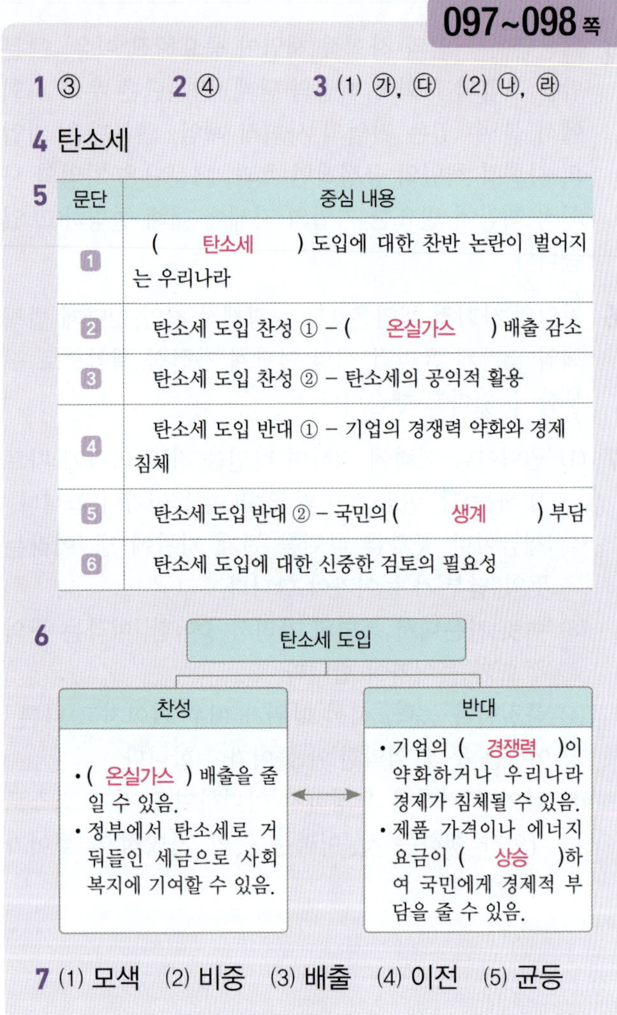

7 (1) 모색　(2) 비중　(3) 배출　(4) 이전　(5) 균등

1 이 글은 탄소세 도입에 찬성하는 입장과 반대하는 입장을 각각 설명하고 있습니다.

2 **5**문단에서 탄소세를 도입하면 생산 비용이 올라 제품 가격이나 에너지 요금이 상승할 수밖에 없다고 했습니다.

3 **2**문단과 **3**문단에서 탄소세 도입에 찬성하는 이들은 지구 온난화의 주범인 온실가스 배출을 줄이고, 탄소세로 거둬들인 세금으로 정부가 사회 복지에 기여할 수 있다고 주장하므로 ㉮, ㉰의 근거가 알맞습니다. **4**문단과 **5**문단에서 탄소세 도입에 반대하는 이들은 기업의 경쟁력 약화나 경제 침체를 우려하고, 제품 가격이나 에너지 요금 상승으로 국민의 생계에 부담이 될 수 있다고 주장하므로 ㉯, ㉲의 근거가 알맞습니다.

4 지구 온난화를 방지하기 위해 이산화 탄소를 배출하는 각종 화석 연료 사용량에 따라 일정 금액을 부과하는 세금은 탄소세입니다.

5 **1**문단은 탄소세 도입에 대한 찬반 논란이 벌어지는 우리나라, **2**문단은 탄소세 도입 찬성 입장의 근거로 온실가스 배출 감소, **3**문단은 탄소세 도입 찬성 입장의 근거로 탄소세의 공익적 활용에 대해 설명하고 있습니다. **4**문단은 탄소세 도입 반대 입장의 근거로 기업의 경쟁력 약화와 경제 침체, **5**문단은 탄소세 도입 반대 입장의 근거로 국민의 생계 부담, **6**문단은 탄소세 도입에 대한 신중한 검토의 필요성에 대해 설명하고 있습니다.

6 탄소세 도입에 찬성하는 이들은 온실가스 배출을 줄일 수 있으며, 정부에서 탄소세로 거둬들인 세금으로 공익을 위해 사용할 수 있다고 했습니다. 탄소세 도입에 반대하는 이들은 탄소세 도입으로 경제적 부담을 느낀 기업들이 연구·개발에 투자를 줄여 경쟁력이 약화하거나 탄소세가 없는 해외로 이전하여 우리나라 경제를 악화시킬 수 있으며, 생산 비용이 올라 제품이나 에너지 가격이 상승하여 국민의 생계에 부담이 될 수 있다고 했습니다.

7 (1) '일이나 사건 따위를 해결할 수 있는 방법이나 실마리를 더듬어 찾음.'이라는 뜻의 '모색'이 들어가야 합니다.
(2) '다른 것과 비교할 때 차지하는 중요도.'라는 뜻의 '비중'이 들어가야 합니다.
(3) '안에서 밖으로 밀어 내보냄.'이라는 뜻의 '배출'이 들어가야 합니다.
(4) '장소나 주소 따위를 다른 데로 옮김.'이라는 뜻의 '이전'이 들어가야 합니다.
(5) '고르고 가지런하여 차별이 없음.'이라는 뜻의 '균등'이 들어가야 합니다.

(1) 친환경　(2) 녹색 제품

(1) '태양, 풍력, 수력 등 화석 연료를 대체하여 자연환경을 오염시키지 않는 에너지.'를 '친환경 에너지'라고 합니다.
(2) '온실가스와 오염 물질의 배출을 최소화하여 정부로부터 인증 받은 제품.'을 '녹색 제품'이라고 합니다.

- **글의 종류** 전기문
- **글의 특징** 열악한 노동 환경의 개선을 주장하며 자신을 희생한 전태일의 생애와 업적을 설명하는 전기문입니다.
- **주제** 노동자의 인권 향상에 중요한 역할을 한 전태일

101~102쪽

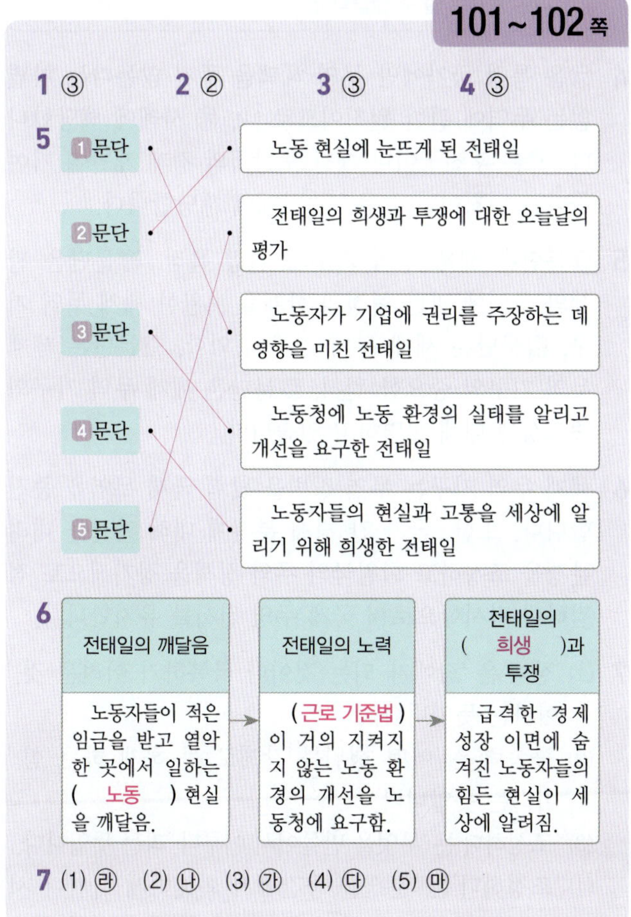

1 이 글은 열악한 노동 환경의 개선을 주장하며 노동자의 권리를 세상에 외쳤던 전태일의 생애와 업적을 시간의 흐름에 따라 설명하고 있습니다.

2 3문단에서 전태일은 동료 노동자들과 함께 노동 환경의 실태를 조사했다고 했고, 4문단에서 전태일과 500여 명의 노동자들이 함께 시위를 벌였다고 했습니다.

오답 풀이

① 2문단에서 전태일은 어려운 가정 형편 때문에 어린 시절부터 여러 일을 하며 생계를 이어가야 했다고 했습니다.
③ 5문단에서 전태일의 희생과 투쟁은 노동자들의 힘든 현실을 알린 계기가 되었다고 했습니다.
④ 3문단에서 전태일은 근로 기준법이 거의 지켜지지 않는 당시의 노동 환경을 개선해야 된다고 생각했고, 1970년 6월에 노동청에 노동 환경의 실태를 알리며 개선을 요구했다고 했습니다.
⑤ 1문단에서 노사 갈등을 해결하기 위해 기업과 노동자가 끊임없이 대화하고 정부가 둘 사이를 중재하기도 한다고 했습니다.

3 3문단에서 전태일은 노동 운동에 관심을 가지면서 근로 기준법의 존재를 알게 되었다고 하였으나, 전태일에게 근로 기준법을 알려 준 인물에 대해서는 이 글에 나와 있지 않습니다.

4 ㉠은 '잘 알지 못했던 이치나 원리 따위를 깨달아 알게 되다.'라는 뜻으로 사용되었으므로 '깨닫게'로 바꾸어 쓸 수 있습니다.

5 1문단은 노동자가 기업에 권리를 주장하는 데 영향을 미친 전태일, 2문단은 노동 현실에 눈뜨게 된 전태일, 3문단은 노동청에 노동 환경의 실태를 알리고 개선을 요구한 전태일에 대해 설명하고 있습니다. 4문단은 노동자들의 현실과 고통을 세상에 알리기 위해 희생한 전태일, 5문단은 전태일의 희생과 투쟁에 대한 오늘날의 평가에 대해 설명하고 있습니다.

6 전태일은 노동자들이 적은 임금을 받으며 열악한 곳에서 일하는 노동 현실을 깨닫고 노동 운동에 관심을 가졌으며, 근로 기준법이 거의 지켜지지 않는 노동 환경의 개선을 노동청에 요구했습니다. 그러나 요구가 받아들여지지 않자 노동자들과 함께 시위를 벌였고, 전태일은 자신을 희생하여 노동자들의 힘든 현실을 세상에 알렸습니다.

7 (1) '이면'은 '겉으로 나타나지 않거나 눈에 보이지 않는 부분.'이라는 뜻입니다.
(2) '투쟁'은 '어떤 대상을 이기거나 극복하기 위한 싸움.'이라는 뜻입니다.
(3) '실태'는 '있는 그대로의 상태. 또는 실제의 모양.'이라는 뜻입니다.
(4) '중재하다'는 '분쟁에 끼어들어 이편과 저편을 화해시키다.'라는 뜻입니다.
(5) '개선하다'는 '잘못된 것이나 부족한 것, 나쁜 것 따위를 고쳐 더 좋게 만들다.'라는 뜻입니다.

비주얼 사회 교과서 개념　**103쪽**

(1) 빈부 격차　　(2) 노사 갈등

(1) '가난한 사람과 부유한 사람의 경제적 차이.'를 '빈부 격차'라고 합니다.

(2) '노동자와 기업 간의 임금, 노동 시간, 노동 환경 등 여러 노동 조건을 두고 서로 주장하는 바가 달라 발생하는 갈등.'을 '노사 갈등'이라고 합니다.

- **글의 종류** 설명문
- **글의 특징** 세계 무역 기구의 설립 목적과 설립 배경, 역할과 원칙, 중요성에 대해 설명하는 글입니다.
- **주제** 세계 무역의 질서를 책임지는 세계 무역 기구

105~106쪽

1 세계 무역 기구 **2** ⑤ **3** ④

4 (1) ㉯, ㉣ (2) ㉮, ㉰

5
㉮ 세계 무역 기구의 역할
㉯ 세계 무역 기구의 중요성
㉤ 세계 무역 기구의 설립 목적
㉣ 세계 무역 기구의 중요한 원칙
㉰ 관세와 무역에 관한 협정의 한계를 보완한 세계무역기구

(㉤) → (㉰) → (㉮) → (㉣) → (㉯)

6

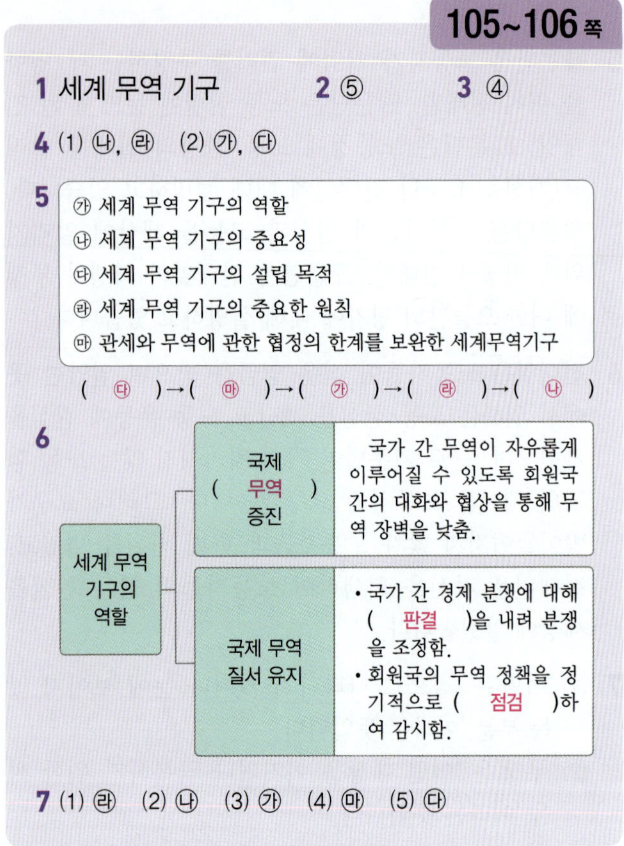

| 세계 무역 기구의 역할 | 국제 (무역) 증진 | 국가 간 무역이 자유롭게 이루어질 수 있도록 회원국 간의 대화와 협상을 통해 무역 장벽을 낮춤. |
| | 국제 무역 질서 유지 | • 국가 간 경제 분쟁에 대해 (판결)을 내려 분쟁을 조정함.
• 회원국의 무역 정책을 정기적으로 (점검)하여 감시함. |

7 (1) ㉣ (2) ㉯ (3) ㉮ (4) ㉰ (5) ㉤

1 이 글은 세계 무역 기구의 설립 목적과 역할 및 원칙 등에 대해서 설명하고 있습니다.

2 이 글에서 세계 무역 기구가 분쟁을 해결한 사례는 설명하고 있지 않습니다.

> **오답 풀이**
> ①은 **4**문단, ②는 **5**문단, ③은 **1**문단, ④는 **3**문단에서 알 수 있습니다.

3 **3**문단에서 세계 무역 기구는 회원국의 무역 정책을 정기적으로 점검하여 세계 무역 기구의 협정이 잘 지켜지고 있는지 감시한다고 했고, **5**문단에서 세계 무역 기구는 우리나라를 포함하여 전 세계 164개 국가가 가입되어 있다고 했으므로 우리나라가 다른 나라와 무역을 할 때는 세계 무역 기구의 협정을 따른다고 추론할 수 있습니다.

> **오답 풀이**
> ① **1**문단에서 세계 무역 기구는 스위스 제네바에 본부를 둔 국제기구라고 했을 뿐, 스위스가 세계 무역 기구를 이끌어 세계 무역 질서를 확립한다고 볼 수 없습니다.

② **2**문단에서 세계 무역 기구가 설립되기 전에 관세와 무역에 관한 협정이 있었다고 했으므로 세계 무역 기구가 설립되기 전부터 국제 무역이 이루어졌음을 알 수 있습니다.
③ **3**문단에서 세계 무역 기구는 국가 간 무역이 최대한 자유롭게 이루어질 수 있도록 무역 장벽을 낮춘다고 했으므로 무역 장벽을 낮출수록 국가 간 무역이 활발하게 이루어질 것입니다.
⑤ **2**문단에서 세계 무역 기구는 관세와 무역에 관한 협정의 한계를 보완했다고 했으므로 관세와 무역에 관한 협정과 전혀 다른 체제로 볼 수 없습니다.

4 ㉠은 특정 국가에만 무역 혜택을 주지 않는다는 차별 없는 무역에 관한 원칙이므로 ㉯, ㉣ 사례에 해당합니다. ㉡은 후진국이나 개발 도상국의 경제 개발에 기여한다는 원칙이므로 ㉮, ㉰ 사례에 해당합니다.

5 **1**문단은 세계 무역 기구의 설립 목적, **2**문단은 관세와 무역에 관한 협정의 한계를 보완한 세계 무역 기구, **3**문단은 세계 무역 기구의 역할, **4**문단은 세계 무역 기구의 중요한 원칙, **5**문단은 세계 무역 기구의 중요성에 대해 설명하고 있습니다.

6 세계 무역 기구는 무역 장벽을 낮춰 국제 무역을 증진합니다. 또한, 국가 간 경제 분쟁에 대해 판결을 내려 분쟁을 조정하고 회원국의 무역 정책을 정기적으로 점검하여 감시함으로써 국제 무역 질서를 유지합니다.

7 (1) '장벽'은 '장애가 되는 것이나 극복하기 어려운 것.'이라는 뜻입니다.
(2) '구속력'은 '어떤 행위를 강제로 못 하게 하는 힘.'이라는 뜻입니다.
(3) '조성하다'는 '무엇을 만들어서 이루다.'라는 뜻입니다.
(4) '조정하다'는 '분쟁을 중간에서 화해하게 하거나 서로 타협점을 찾아 합의하도록 하다.'라는 뜻입니다.
(5) '출범하다'는 '단체가 새로 조직되어 일을 시작하다.'라는 뜻입니다.

비주얼 사회 교과서 개념 **107쪽**

(1) **무역** (2) **수출** (3) **수입**

(1) '나라 간에 물건이나 서비스를 사고파는 것.'을 '무역'이라고 합니다.
(2) '물건이나 서비스를 다른 나라에 파는 것.'을 '수출'이라고 합니다.
(3) '물건이나 서비스를 다른 나라에서 사오는 것.'을 '수입'이라고 합니다.

- **글의 종류** 보고서
- **글의 특징** 미래 산업 박람회를 견학하고 와서 작성한 보고서입니다.
- **주제** 미래 산업 박람회 견학

109~110 쪽

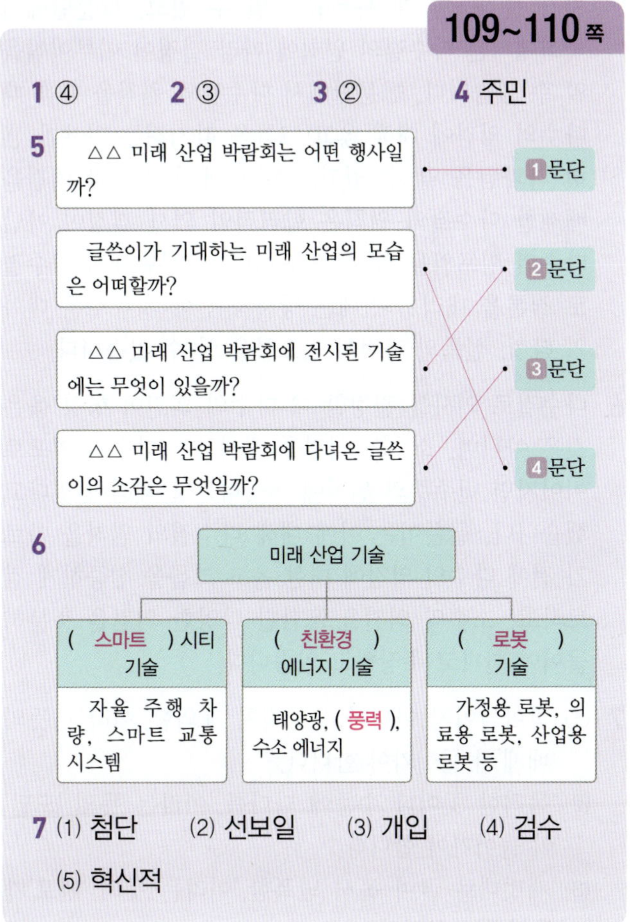

1 이 글은 글쓴이가 미래 산업 박람회를 다녀와서 보고 느낀 것을 보고하는 글입니다.

2 태양광, 풍력, 수소 에너지와 같은 친환경 에너지 기술이 소개되었다고 했으나 이를 직접 만들어 보는 공간이 마련된 것은 아닙니다.

3 미래 산업 박람회에서 소개된 자율 주행 차량, 로봇 등을 볼 때, 미래에는 사람의 손을 거치지 않고 일을 할 수 있는 기회가 많아질 것임을 짐작할 수 있습니다.

> **오답 풀이**
> ① 자율 주행 차량과 스마트 교통 시스템은 교통 효율을 높여 줄 것이라고 했습니다.
> ③ 산업용 로봇은 공장에서 제품을 조립하거나 검수하는 데 활용된다고 했습니다.
> ④ 로봇 기술은 앞으로 일상생활을 비롯한 더 많은 분야에서 활용될 것 같다고 했습니다.
> ⑤ 미래 산업 기술로 소개된 자율 주행 차량은 사람의 개입 없이 스스로 도로를 주행할 수 있는 기술이라고 했습니다.

4 태양광이나 풍력, 수소 에너지와 같은 친환경 에너지 기술은 지구 환경을 보호하고 지속 가능한 에너지 공급을 가능하게 한다고 했습니다.

> **오답 풀이**
> 지유: 의료용 로봇은 의사의 수술을 돕는 데 활용된다고 했으므로 의사 없이 로봇 스스로 수술을 하는 것은 아닙니다.
> 유주: 자율 주행 차량은 사고의 위험을 줄이고 교통 효율을 높일 수 있다고 했습니다.

5 1문단에서는 △△ 미래 산업 박람회가 어떤 행사인지 소개하고 있으며, 2문단에서는 △△ 미래 산업 박람회에 전시된 주요 기술과 제품을 설명하고 있습니다. 3문단에서는 글쓴이가 △△ 미래 산업 박람회에 다녀온 소감을 말하고 있으며, 4문단에서는 미래 산업에 대한 글쓴이의 기대와 전망을 이야기하고 있습니다.

6 미래 산업 박람회의 주요 전시 기술로 자율 주행 차량과 스마트 교통 시스템 등의 스마트 시티 기술, 태양광, 풍력, 수소 에너지 등의 친환경 에너지 기술, 가정용, 의료용, 산업용 등의 로봇 기술이 있다고 했습니다.

7 (1) '시대나 유행, 기술 등의 맨 앞.'이라는 뜻의 '첨단'이 들어가야 합니다.
(2) '물건의 좋고 나쁨을 가려보일.'이라는 뜻의 '선보일'이 들어가야 합니다.
(3) '자신과 직접적인 관계가 없는 일에 끼어듦.'이라는 뜻의 '개입'이 들어가야 합니다.
(4) '물건의 규격, 수량, 품질 따위를 검사한 후 물건을 받음.'이라는 뜻의 '검수'가 들어가야 합니다.
(5) '묵은 풍속, 관습, 조직, 방법 따위를 완전히 바꾸어 새롭게 하는 것.'이라는 뜻의 '혁신적'이 들어가야 합니다.

비주얼 사회 교과서 개념   **111 쪽**

(1) 성장   (2) 첨단

(1) '한 나라의 생산 능력이 향상되고 생산량이 늘어나는 것.'을 '경제 성장'이라고 합니다.
(2) '반도체와 컴퓨터 등 고도의 기술력을 요구하는 사업.'을 '첨단 산업'이라고 합니다.

- **글의 종류** 논설문
- **글의 특징** 민주주의에서 이루어지는 다수결의 원칙을 따르기 전에 자유로운 대화와 설득을 통해 소수의 의견도 존중해야 한다고 주장하는 글입니다.
- **주제** 다수결의 원칙의 문제점

113~114쪽

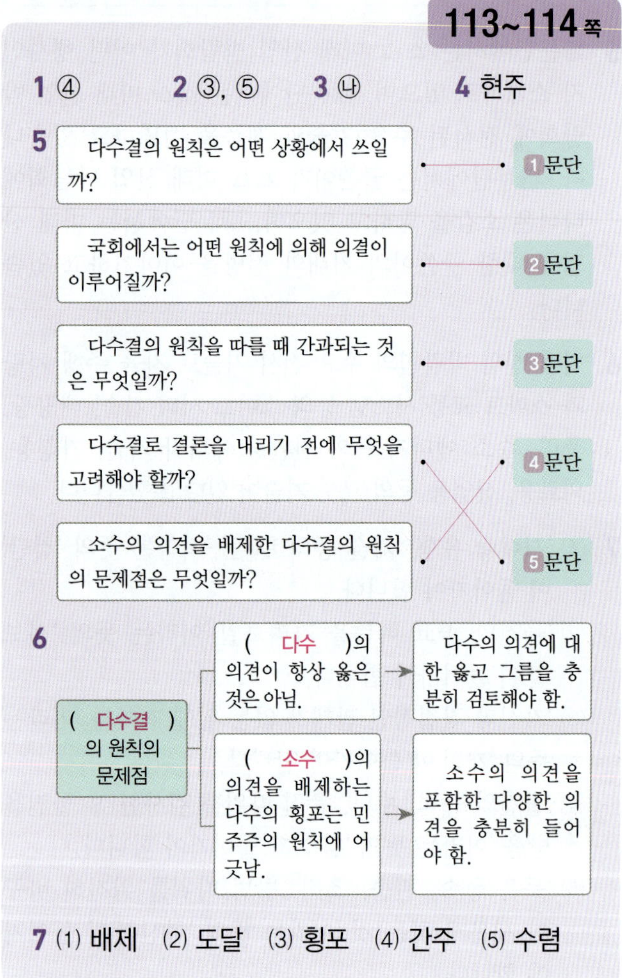

1 이 글에서 글쓴이는 다수결로 결정을 내리기 전에 당사자들 간의 자유로운 대화와 타협, 설득의 과정이 있어야 하며 소수 의견을 포함한 다양한 의견을 충분히 듣고 합의점에 도달하기 위해 노력해야 한다고 했습니다.

2 3문단에서 다수결의 원칙은 다수의 의견에 대해 옳고 그름을 따지려는 자세가 흔히 간과된다고 했고, 2문단에서 국회에서 다수결의 원칙에 따라 국가의 주요 사안을 결정한다고 했습니다.

3 ㉠은 신중한 검토 없이 많은 사람이 동의하는 의견으로 쉽게 결정하면 잘못된 정책이 시행될 위험이 있다고 했으므로 '줏대 없이 남의 의견에 따라 움직임.'을 뜻하는 '부화뇌동'과 가장 어울립니다.

4 이 글의 글쓴이는 다수결로 결정하더라도 소수 의견도 존중해야 한다고 주장하고 있습니다. 대화에서 현주는 소수 의견인 박물관을 선택한 친구들의 의견도 들어 봐야 한다고 말하고 있으므로 현주가 글쓴이와 생각이 같은 친구입니다.

5 1문단에서 다수결의 원칙은 구성원 전원의 의견 합치가 불가능할 때 사용됨을 알 수 있고, 2문단에서 국회에서는 다수결의 원칙에 따라 결정이 이루어짐을 알 수 있습니다. 3문단에서 다수결의 원칙을 따를 때 다수의 의견에 대해 옳고 그름을 따지려는 자세가 흔히 간과됨을 알 수 있고, 4문단에서 소수의 의견을 배제한 다수결의 원칙은 합리적인 의사 결정이 아닌 다수의 횡포임을 알 수 있습니다. 5문단에서 다수결로 결론을 내리기 전에는 당사자 간에 자유로운 대화와 타협, 설득의 과정이 필요함을 알 수 있습니다.

6 다수결로 의사를 결정할 때 다수의 의견이 항상 옳은 것은 아니며, 소수의 의견을 배제하는 다수의 횡포로 이어지면 민주주의 원칙에 어긋나는 문제점이 있다고 했습니다. 글쓴이는 이에 대해 다수결의 원칙을 따르기 전에 다수의 의견에 대한 옳고 그름을 신중하게 검토하고, 소수의 의견을 포함한 다양한 의견을 충분히 들어야 한다고 주장하고 있습니다.

7 (1) '받아들이지 아니하고 물리쳐 제외함.'이라는 뜻의 '배제'가 들어가야 합니다.
(2) '목적한 곳이나 수준에 다다름.'이라는 뜻의 '도달'이 들어가야 합니다.
(3) '제멋대로 굴며 몹시 난폭함.'이라는 뜻의 '횡포'가 들어가야 합니다.
(4) '상태, 모양, 성질 따위가 그와 같다고 봄. 또는 그렇다고 여김.'이라는 뜻의 '간주'가 들어가야 합니다.
(5) '의견이나 사상 따위가 여럿으로 나뉘어 있는 것을 하나로 모아 정리함.'이라는 뜻의 '수렴'이 들어가야 합니다.

비주얼 사회 교과서 개념 **115쪽**

(1) **국민 주권**　　　(2) **선거**

(1) '국민이 한 나라의 주인으로서 나라의 중요한 일을 최종적으로 결정하는 권리.'를 '국민 주권'이라고 합니다.
(2) '투표를 통해 나라의 대표를 선출하는 일.'을 '선거'라고 합니다.

- **글의 종류** 설명문
- **글의 특징** 우리나라의 중앙선거관리위원회가 설립된 배경과 특징, 그리고 중앙선거관리위원회에서 공정한 선거를 위해 하는 일을 설명하는 글입니다.
- **주제** 우리나라의 공정한 선거를 위해 설립된 중앙선거관리위원회와 그 업무

117~118쪽

1 선거　　**2** ③　　**3** 안나　　**4** ④

5
- ㉮ 공정한 선거의 중요성
- ㉯ 중앙선거관리위원회의 특징
- ㉰ 우리나라 선거 기관의 역사와 중앙선거관리위원회
- ㉱ 중앙선거관리위원회의 후보자의 선거 운동 감시와 단속
- ㉲ 중앙선거관리위원회의 선거 홍보와 후보자의 선거 비용 조사

(㉮) → (㉰) → (㉯) → (㉱) → (㉲)

6

중앙선거관리위원회가 공정한 선거를 위해 하는 일			
선거에 출마하는 (후보자) 등록을 받음.	후보자가 선거 절차를 준수하는지 감시하고 (단속)함.	선거 정보를 누리집에 게시하거나 (정책)토론회를 개최함.	선거가 끝난 후 후보자의 (선거 비용)을 조사하고 공개함.

7 (1) ㉯　(2) ㉲　(3) ㉰　(4) ㉱　(5) ㉮

1 이 글은 우리나라의 공정한 선거를 위해 설립된 중앙선거관리위원회에 대해 설명하고 있습니다.

2 ⑤문단에서 중앙선거관리위원회는 선거가 끝난 후 후보자의 선거 비용 보고서를 3개월 동안 공개한다고 했습니다.

3 ②문단에서 대한민국 정부 수립 이후 행정 기관의 선거 위원회에서 선거를 진행하였으나 1960년에 이승만의 3·15 부정 선거가 벌어져 중앙선거위원회를 설치하였다고 했습니다. 그러므로 옛날처럼 행정 기관에서 직접 선거를 관리하면 공정한 선거가 이루어지지 않을 수 있습니다.

오답 풀이

수아와 지수는 부정한 방법으로 이루어진 선거는 민주주의를 저버리는 결과로 이어진다는 것을 우리나라의 지난 역사를 통해 경험했다는 ㉠에 대해 알맞게 추론했습니다.

4 이 글에서 중앙선거관리위원회가 정부의 정책 수행에 대해 평가한다는 내용은 확인할 수 없습니다.

오답 풀이

① ⑤문단에서 중앙선거관리위원회는 누리집에 선거 정보를 게시하거나 정책 토론회를 개최한다고 했습니다.
② ④문단에서 중앙선거관리위원회는 후보자가 선거 절차를 준수하며 공정하게 경쟁하는지 철저한 감시와 단속을 펼친다고 했습니다.
③ ⑤문단에서 중앙선거관리위원회는 선거가 끝난 후 후보자가 선거 비용을 올바르게 사용했는지 조사한다고 했습니다.
⑤ ④문단에서 중앙선거관리위원회는 선거일이 정해지면 선거에 출마하려는 후보자들의 등록을 받는다고 했습니다.

5 ①문단은 공정한 선거의 중요성, ②문단은 우리나라 선거 기관의 역사와 중앙선거관리위원회, ③문단은 중앙선거관리위원회의 특징에 대해 설명하고 있습니다. ④문단은 중앙선거관리위원회의 후보자 선거 운동의 감시와 단속, ⑤문단은 중앙선거관리위원회의 선거 홍보와 후보자의 선거 비용 조사에 대해 설명하고 있습니다.

6 중앙선거관리위원회는 선거에 출마하려는 후보자 등록을 받고 선거 활동을 하는 후보자가 공정하게 경쟁하는지 감시하고 단속합니다. 또한 국민에게 선거 정보를 홍보하며, 선거가 끝난 후에는 후보자의 선거 비용을 조사하고 공개하는 등 다양한 일을 하고 있습니다.

7 (1) '유권자'는 '선거할 권리를 가진 사람.'이라는 뜻입니다.
(2) '중립성'은 '어느 편에도 치우치지 아니하고 공정하게 처신하는 성질.'이라는 뜻입니다.
(3) '조작하다'는 '어떤 일을 사실인 듯이 꾸며 만들다.'라는 뜻입니다.
(4) '준수하다'는 '명령이나 규칙, 법률 등을 지키다.'라는 뜻입니다.
(5) '출마하다'는 '선거에 나가다.'라는 뜻입니다.

비주얼 사회 교과서 개념　　**119쪽**

(1) 직접　　(2) 간접

(1) '다른 사람이 대신할 수 없고 선거권을 가진 사람이 직접 투표를 하는 선거 제도.'를 '직접 선거'라고 합니다.
(2) '국민이 직접 투표하는 것이 아니라 국민이 뽑은 선거인단이 대표자를 선출하는 선거 제도.'를 '간접 선거'라고 합니다.

- **글의 종류** 설명문
- **글의 특징** 우리나라에서 법이 만들어지는 과정에 대해 설명하는 글입니다.
- **주제** 우리나라의 입법 과정

121~122쪽

1 ② 　　2 ⑤ 　　3 ② 　　4 상진

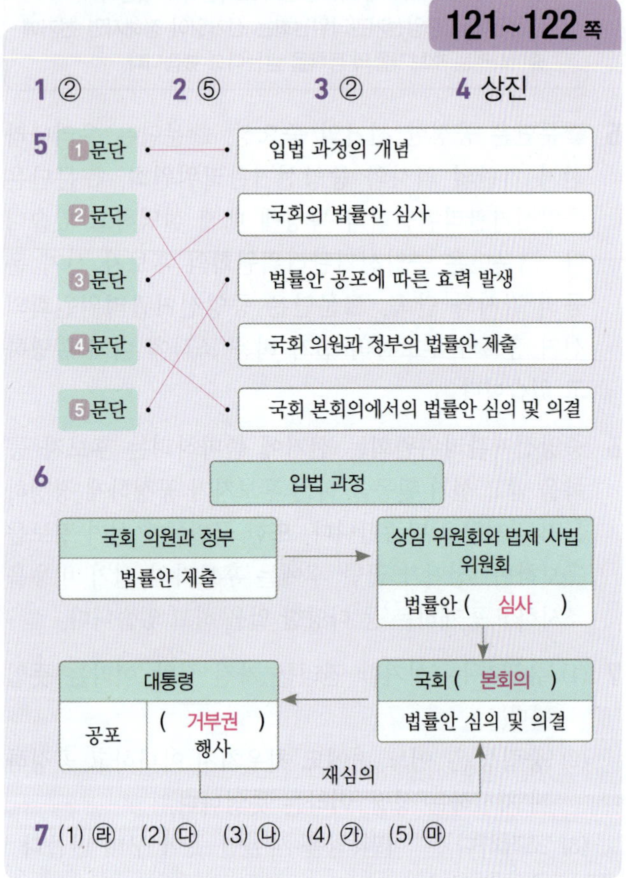

1 이 글은 우리나라의 입법 과정을 단계별로 설명하고 있습니다. ③은 2문단에서, ⑤는 4문단에서 설명하고 있지만 이 글에서 주로 설명하는 대상은 아닙니다.

2 5문단에서 국회 본회의에서 심의를 거쳐 의결된 법률안은 15일 이내에 대통령이 공포해야 하지만, 공포하기 전까지는 대통령이 거부권을 행사할 수 있다고 했습니다.

3 2문단에서 정부가 제안한 법률안은 법제처의 심사와 국무 회의의 심의 등을 거친다고 했으나, 법제처의 심사를 받는 이유에 대해서는 이 글에서 알 수 없습니다.

오답 풀이
① 4문단을 통해 알 수 있습니다.
③ 1문단을 통해 알 수 있습니다.
④ 3문단을 통해 알 수 있습니다.
⑤ 2문단을 통해 알 수 있습니다.

4 국회 본회의에서 심의가 의결되려면 현재 국회에 소속된 전체 국회 의원의 절반이 넘는 사람이 출석해야

하며, 출석한 국회 의원 중에서 또 절반이 넘는 사람이 찬성해야 한다고 했습니다. 따라서 현재 국회에 소속된 전체 국회 의원 300명 중 155명이 출석하고, 출석한 155명 중 80명이 찬성한다면 법률안의 심의는 의결될 것입니다.

오답 풀이
미래: 300명 중 출석한 국회 의원이 180명이므로 과반수, 180명 중 찬성한 국회 의원이 90명이므로 과반수가 아닙니다. 그러므로 법률안의 심의는 부결됩니다.
유현: 300명 중 출석한 국회 의원이 160명이므로 과반수, 160명 중 찬성한 국회 의원이 85명이므로 과반수입니다. 그러므로 법률안의 심의는 의결됩니다.

5 1문단은 입법 과정의 개념, 2문단은 국회 의원과 정부의 법률안 제출, 3문단은 국회의 법률안 심사, 4문단은 국회 본회의에서의 법률안 심의 및 의결, 5문단은 법률안 공포에 따른 효력 발생에 대해 설명하고 있습니다.

6 국회에 제출된 법률안을 상임 위원회와 법제 사법 위원회에서 심사하고, 심사가 통과되면 국회 본회의에서 법률안을 심의하여 의결합니다. 대통령은 법률안을 공포하거나 거부권을 행사하여 재심의를 요청할 수 있습니다.

7 (1) '효력'은 '법률이나 규칙 따위의 작용.'이라는 뜻입니다.
(2) '의결'은 '의논하여 결정함.'이라는 뜻입니다.
(3) '심의'는 '심사하고 토의함.'이라는 뜻입니다.
(4) '과반수'는 '절반이 넘는 수.'라는 뜻입니다.
(5) '시행되다'는 '법령이 공포된 후에 그 효력이 실제로 발생되다.'라는 뜻입니다.

비주얼 사회 교과서 개념　　**123쪽**

(1) 입법부 　　　(2) 국회

(1) '법을 만드는 기관.'을 '입법부'라고 합니다.
(2) '국민의 대표인 국회 의원이 모여 나라와 국민을 위해 중요한 결정을 내리는 곳.'을 '국회'라고 합니다.

- **글의 종류** 설명문
- **글의 특징** 대통령제의 개념과 역사, 특징과 장단점에 대해 설명하는 글입니다.
- **주제** 대통령제의 특징과 장단점

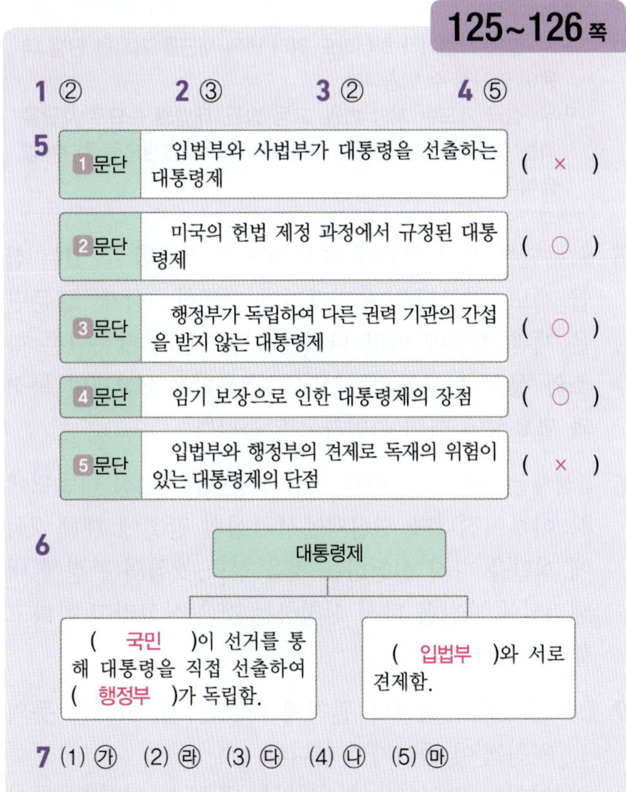

1 이 글에서 주로 설명하여 가장 중심이 되는 말은 '대통령제'입니다.

2 이 글에서 국가별 대통령의 임기에 대해서는 설명하지 않았습니다. ①은 1문단과 3문단에서, ②는 4문단과 5문단에서, ④는 5문단에서, ⑤는 2문단에서 알 수 있습니다.

3 1문단에서 대통령제에서 대통령은 입법부와 사법부로부터 독립하여 행정권을 행사한다고 했으므로 대통령제에서 대통령은 국회에 소속될 수 없을 것이라고 추론할 수 있습니다.

> **오답 풀이**
> ① 대통령제는 입법부, 행정부, 사법부라는 권력 분립에 기초를 둔다고 했으므로 입법부의 권력이 가장 낮다고 볼 수 없습니다.
> ③ 1787년부터 대통령제가 시작된 미국에서는 대통령이 입법부에 대한 책임을 지지 않을 것입니다.
> ④ 삼권 분립을 처음으로 헌법에 규정한 국가는 이 글에서 알 수 없습니다.
> ⑤ 국민에 의해 선출된 대통령은 국회의 동의가 필요하지 않을 것입니다.

4 '선별하다'는 '가려서 따로 나누다.'라는 뜻이므로 '작품, 의견, 제도 따위를 골라서 다루거나 뽑아 쓰다.'라는 뜻의 ㉠과 바꾸어 쓸 수 없습니다.

> **오답 풀이**
> ① '취하다'는 '일정한 조건에 맞는 것을 골라 가지다.'라는 뜻입니다.
> ② '선택하다'는 '여럿 가운데서 필요한 것을 골라 뽑다.'라는 뜻입니다.
> ③ '도입하다'는 '기술, 방법, 물자 따위를 끌어 들이다.'라는 뜻입니다.
> ④ '적용하다'는 '알맞게 이용하거나 맞추어 쓰다.'라는 뜻입니다.

5 1문단은 국민에 의해 대통령을 선출하는 대통령제, 2문단은 미국의 헌법 제정 과정에서 규정된 대통령제, 3문단은 행정부가 독립하여 다른 권력 기관의 간섭을 받지 않는 대통령제, 4문단은 임기 보장으로 인한 대통령제의 장점, 5문단은 행정부와 입법부의 과도한 견제로 정책 마련과 시행이 늦어지고 권력의 과도한 집중으로 독재의 위험이 있는 대통령제의 단점으로 중심 내용을 정리할 수 있습니다.

6 대통령제는 대통령이 국민에 의해 직접 선출되어 행정부가 독립한다는 특징이 있으며, 입법부와 서로 견제합니다.

7 (1) '의회'는 '입법을 담당하는 기관.'이라는 뜻입니다.
(2) '분립'은 '갈라져서 따로 섬. 또는 나누어서 세움.'이라는 뜻입니다.
(3) '임기'는 '임무를 맡아보는 일정한 기간.'이라는 뜻입니다.
(4) '선출되다'는 '여럿 가운데서 골라지다.'라는 뜻입니다.
(5) '규정하다'는 '내용이나 성격, 의미 따위를 밝혀 정하다.'라는 뜻입니다.

비주얼 사회 교과서 개념　　**127쪽**

(1) 행정부　　　　(2) 대통령

(1) '법에 따라 나라의 살림살이를 하는 곳.'을 '행정부'라고 합니다.
(2) '우리나라를 대표하는 행정부의 최고 책임자.'를 '대통령'이라고 합니다.

- **글의 종류** 설명문
- **글의 특징** 공정한 재판을 위한 우리나라의 심급 제도인 3심제에 대해 설명하는 글입니다.
- **주제** 공정한 재판을 위한 우리나라의 심급 제도

129~130쪽

1 ⑤　　**2** ④　　**3** ⑤　　**4** 경호

5

문단	중심 내용
1	상급 법원에 다시 재판을 신청할 수 있는 (심급) 제도
2	우리나라가 채택한 (3심제)
3	재판 종류에 따라 나뉘는 심급 제도
4	항소와 상고로 구분되는 (상소)
5	3심제의 목적과 필요성

6

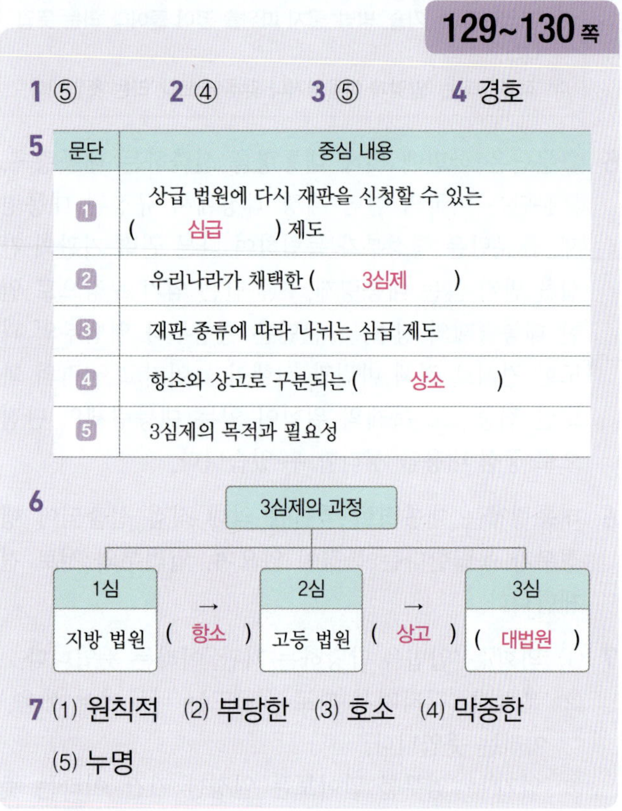

7 (1) 원칙적　(2) 부당한　(3) 호소　(4) 막중한
　　(5) 누명

1 이 글에서 3심제의 보완책에 대해 설명하고 있지는 않습니다.

2 1 문단에서 심급 제도는 법원의 계급을 상급 법원과 하급 법원으로 나누었을 때, 하급 법원에서 받은 판결에 대해 상급 법원에 다시 재판을 신청하는 제도라고 했습니다.

> **오답 풀이**
>
> ① 4 문단에 따르면 상급 법원에 재판을 다시 신청하는 것을 상소라고 합니다.
> ② 2 문단에 따르면 우리나라는 한 사건에 세 번의 심판을 받을 수 있는 심급 제도인 3심제를 채택하고 있습니다.
> ③ 3 문단에 따르면 선거 재판은 2심제 또는 단심제를 진행하고 있습니다.
> ⑤ 2 문단에 따르면 대법원에서 내린 판결에 대해서는 더 이상 재판을 신청할 수 없습니다.

3 ㉠ 앞에서 재판 종류에 따라 3심제, 2심제, 단심제가 있다고 했고, ㉠ 뒤에서 민사 재판, 형사 재판, 행정 재판, 선거 재판이 어떤 심급 제도를 채택하였는지 예를 들고 있으므로, 이어 주는 말로 알맞은 것은 '예를 들어'입니다.

4 선거 재판은 2심제 또는 단심제를 진행하고 있으나 대통령이나 국회 의원, 시·도지사의 선거 재판은 재판 기간이 길어지면 나라 운영에 혼란이 빚어질 수 있어 단심제로 진행하고 있다고 했습니다. 그러므로 재판 결과를 받아들이지 못해도 상급 법원에 재판을 신청할 수 없습니다.

> **오답 풀이**
>
> 윤지: 같은 사건이라 하더라도 여러 번의 재판을 거치면 판결 내용이 달라질 수 있습니다.
> 민우: 심급 제도는 지방 법원, 고등 법원, 대법원 순으로 재판을 하는 것으로, 고등 법원을 건너뛰고 바로 대법원으로 갈 수 없습니다.

5 1 문단은 상급 법원에 다시 재판을 신청할 수 있는 심급 제도, 2 문단은 우리나라가 채택한 3심제, 3 문단은 재판 종류에 따라 나뉘는 심급 제도, 4 문단은 항소와 상고로 구분되는 상소, 5 문단은 3심제의 목적과 필요성에 대해 설명하고 있습니다.

6 3심제는 1심 지방 법원, 2심 고등 법원, 3심 대법원에서 이루어집니다. 3심제에서 1심의 판결에 대해 2심에 재판을 다시 신청하는 것을 항소, 2심의 판결에 대해 3심에 재판을 다시 신청하는 것을 상고라고 한다고 했습니다.

7 (1) '원칙성이 있거나 원칙에 따르는 것.'이라는 뜻의 '원칙적'이 들어가야 합니다.
(2) '이치에 맞지 아니한.'이라는 뜻의 '부당한'이 들어가야 합니다.
(3) '억울하거나 딱한 사정을 남에게 간곡히 알림.'이라는 뜻의 '호소'가 들어가야 합니다.
(4) '더할 수 없이 중대한.'이라는 뜻의 '막중한'이 들어가야 합니다.
(5) '사실이 아닌 일로 억울하게 얻은 나쁜 평판.'이라는 뜻의 '누명'이 들어가야 합니다.

> **비주얼 사회 교과서 개념**　　**131쪽**
>
> (1) 사법부　　　　(2) 법원

(1) '법에 따라 판결을 하는 국가 기관.'을 '사법부'라고 합니다.

(2) '재판을 통해 옳고 그름을 밝히는 곳.'을 '법원'이라고 합니다.

• **글의 종류** 설명문
• **글의 특징** 삼권 분립을 통한 견제와 균형이 중요한 까닭에 대해 설명하는 글입니다.
• **주제** 삼권 분립의 중요성

133~134 쪽

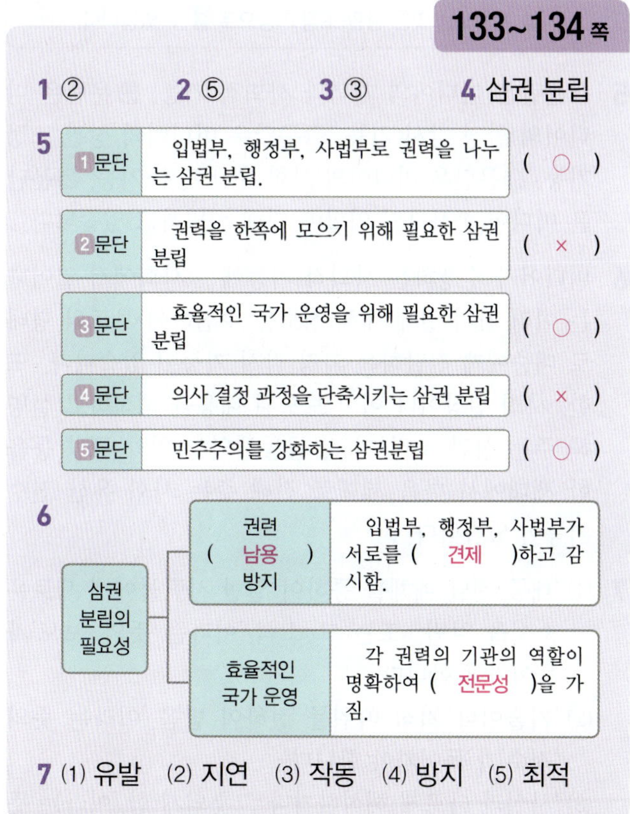

1 ②   2 ⑤   3 ③   4 삼권 분립

5
1문단	입법부, 행정부, 사법부로 권력을 나누는 삼권 분립.	(○)
2문단	권력을 한쪽에 모으기 위해 필요한 삼권 분립	(×)
3문단	효율적인 국가 운영을 위해 필요한 삼권 분립	(○)
4문단	의사 결정 과정을 단축시키는 삼권 분립	(×)
5문단	민주주의를 강화하는 삼권분립	(○)

6
삼권 분립의 필요성	권력 (남용) 방지	입법부, 행정부, 사법부가 서로를 (견제)하고 감시함.
	효율적인 국가 운영	각 권력의 기관의 역할이 명확하여 (전문성)을 가짐.

7 (1) 유발   (2) 지연   (3) 작동   (4) 방지   (5) 최적

1 이 글에서는 삼권 분립의 필요성과 중요성을 서술하여 삼권 분립을 해야 하는 이유를 설명하고 있습니다.

2 삼권 분립은 어느 한 기관이 더 많은 권력을 행사하지 못하도록 서로 견제하여 균형을 이루게 하는 제도입니다.

오답 풀이

① 3문단에서 입법부, 행정부, 사법부로 권력 기관의 역할을 명확하게 나누면 각 기관은 전문성을 가지고 효율적으로 국가를 운영할 수 있다고 했습니다.
② 2문단에서 삼권 분립은 각 기관이 서로를 감시함으로써 권력 남용을 방지한다고 했습니다.
③ 1문단에서 우리나라에는 법을 만드는 입법부, 법을 실행하는 행정부, 법을 해석하는 사법부라는 세 가지 권력 기관이 있다고 했습니다.
④ 4문단에서 삼권 분립은 세 기관이 독립적으로 운영되어 의사 결정 과정이 지연될 수 있다고 했습니다.

3 권력 기관의 의사 결정에 대한 국민의 신뢰를 높이는 방법과 관련한 내용은 이 글에서 언급되어 있지 않습니다.

4 국가 권력을 입법, 행정, 사법의 세 가지 권력으로 나누어 각 권력이 서로 독립적으로 운영하는 제도를 삼권 분립이라고 합니다.

오답 풀이

① 1문단에서 입법부는 법을 만들고, 행정부는 법을 집행하며, 사법부는 법을 해석하는 일을 한다고 했습니다.
② 2문단에서 입법부가 너무 많은 권력을 가지면 특정 사람들의 이익만을 반영하여 법을 만들 수 있다고 했습니다.
④ 4문단에서 권력 기관의 서로에 대한 견제와 감시가 지나치면 정치적 갈등을 유발하여 효율적인 국가 운영에 방해가 될 수 있다고 했습니다.
⑤ 5문단에서 민주주의 사회는 모든 사람이 공정하게 대우 받고 권리와 자유가 존중되어야 한다고 했으며 이를 가능하게 하는 것이 삼권 분립이라고 했습니다.

5 2문단에서 삼권 분립은 권력이 한쪽에 집중되는 것을 막기 위해 필요하다고 했으며, 4문단에서 삼권 분립은 의사 결정 과정을 지연시키고 서로의 감시와 견제가 지나치면 권력 기관 간의 정치적 갈등을 유발할 수 있다고 했습니다.

6 삼권 분립은 권력 분산을 통해 감시와 견제를 통해 권력 남용을 방지하고 그 과정에서 공정하고 투명한 의사 결정이 이루어지게 합니다. 또한, 각 기관의 역할이 나뉘어 전문성을 가지고 일할 수 있어 효율적으로 국가를 운영할 수 있게 합니다.

7 (1) '유발하다'는 '어떤 것이 다른 일을 일어나게 하다.'라는 뜻입니다.
(2) '지연되다'는 '무슨 일이 더디게 끌어져 시간이 늦추어지다.'라는 뜻입니다.
(3) '작동하다'는 '기계 등이 움직여 일하다.'라는 뜻입니다.
(4) '방지하다'는 '어떤 일이나 현상이 일어나지 못하게 막다.'라는 뜻입니다.
(5) '최적'은 '가장 알맞음.'이라는 뜻입니다.

비주얼 사회 교과서 개념   **135 쪽**

(1) 삼권 분립   (2) 균형

(1) '국가 권력을 입법부, 행정부, 사법부로 나누어 맡도록 한 것.'을 '삼권 분립'이라고 합니다.
(2) '삼권 분립을 통해 각 기관이 서로 견제하고 감시함으로써 권력에 대해 이루는 것.'을 '권력의 균형'이라고 합니다.

- **글의 종류** 설명문
- **글의 특징** 미디어의 사회적 기능에 대해 설명하는 글입니다.
- **주제** 미디어의 사회적 기능

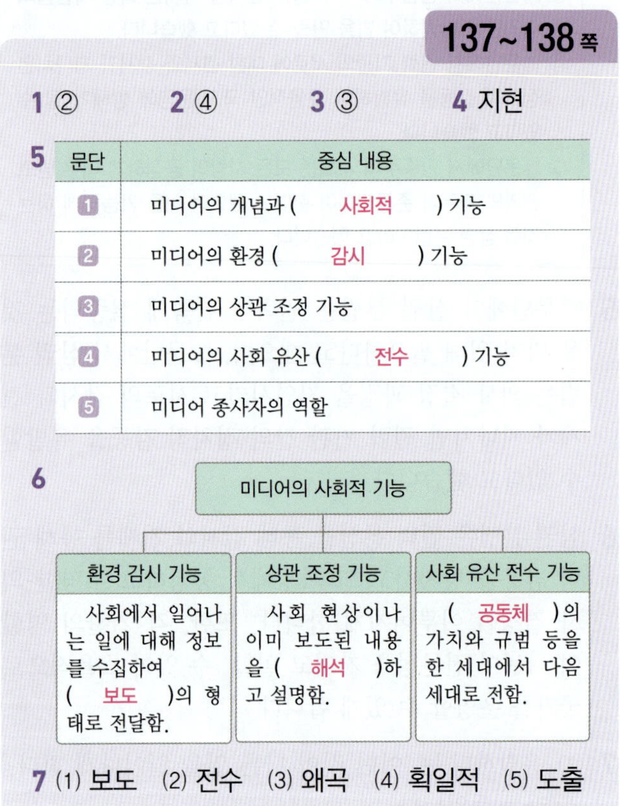

137~138쪽

1 ②　　2 ④　　3 ③　　4 지현

5

문단	중심 내용
1	미디어의 개념과 (사회적) 기능
2	미디어의 환경 (감시) 기능
3	미디어의 상관 조정 기능
4	미디어의 사회 유산 (전수) 기능
5	미디어 종사자의 역할

6

7 (1) 보도　(2) 전수　(3) 왜곡　(4) 획일적　(5) 도출

1 이 글은 미디어의 사회적 기능을 환경 감시 기능, 상관 조정 기능, 사회 유산 전수 기능으로 나누어 설명하고 있습니다.

2 이 글에서는 미디어에 대한 대중의 평가에 대해서는 설명하지 않았습니다. ①은 1문단, ②~③은 2~4문단, ⑤는 5문단을 통해 알 수 있습니다.

3 4문단에서 사람들이 공동체의 가치를 받아들여 사회 통합에 도움을 준다고 했으므로 미디어를 통해 형성된 공동체의 가치는 의사소통에 도움을 줄 것입니다.

오답 풀이

① 2문단에서 미디어는 사회적 제도 운영의 효율을 높이는 순기능이 있다고 했습니다.
② 3문단에서 미디어가 정확한 사실을 바탕으로 하지 않으면 왜곡된 주장을 전달할 수 있는 역기능이 있다고 했습니다.
④ 4문단에서 미디어를 통해 가치관, 규범 등이 지속적, 장기적으로 제시되면 사람들은 이를 공동체의 가치로 받아들인다고 했습니다.
⑤ 3문단에서 미디어는 서로 다른 견해를 조정함으로써 사회적 합의를 도출할 수 있다는 순기능이 있다고 했습니다.

4 일기 예보는 일상생활에 필요한 정보를 전달하는 것이므로 이는 미디어의 환경 감시 기능에 해당한다고 할 수 있습니다.

오답 풀이

수지: 전통 문화의 우수성을 알리는 영상물을 제작하여 공유하는 것은 미디어의 사회 유산 전수 기능으로 볼 수 있습니다.
현우: 웃어른을 공경하는 문화가 사라지는 현상에 대한 해설 기사를 제공하는 것은 상관 조정 기능으로 볼 수 있습니다.

5 1문단은 미디어의 개념과 사회적 기능, 2문단은 미디어의 환경 감시 기능, 3문단은 미디어의 상관 조정 기능, 4문단은 미디어의 사회 유산 전수 기능, 5문단은 미디어 종사자의 역할에 대해 설명하고 있습니다.

6 미디어가 수행하는 사회적 기능에는 사회에서 일어나는 여러 가지 일에 대해 정보를 수집하여 보도의 형태로 대중에게 전달하는 환경 감시 기능이 있습니다. 또한, 사회 현상이나 이미 보도된 내용을 해석하고 설명해 주는 상관 조정 기능, 공동체의 가치와 규범 등을 한 세대에서 다음 세대로 전해 주는 사회 유산 전수 기능이 있습니다.

7 (1) '대중 전달 매체를 통하여 일반 사람들에게 새로운 소식을 알림. 또는 그 소식.'이라는 뜻의 '보도'가 들어가야 합니다.
(2) '기술이나 지식 따위를 전하여 받음.'이라는 뜻의 '전수'가 들어가야 합니다.
(3) '사실과 다르게 해석하거나 그릇되게 함.'이라는 뜻의 '왜곡'이 들어가야 합니다.
(4) '모두가 한결같아서 다름이 없는 것.'이라는 뜻의 '획일적'이 들어가야 합니다.
(5) '판단이나 결론 따위를 이끌어 냄.'이라는 뜻의 '도출'이 들어가야 합니다.

비주얼 사회 교과서 개념　**139쪽**

(1) 언론　　(2) 여론

(1) '매체를 통해 사람들에게 다양한 정보를 제공하는 것.'을 '언론'이라고 합니다.
(2) '국민의 생각이나 의견이 하나로 모여진 것.'을 '여론'이라고 합니다.

내신과 수능의 빠른시작!
중학 국어 빠작 시리즈

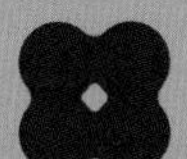

정답과 해설

초등 비문학 독해 통합사회

믿고 보는 동아출판
초등 교재
기초학습서부터 교과서 개념 다지기, 과목별 전문서까지!
초등학교 입학 전부터, 예비 중등까지!
초등학생에게 꼭 필요한 영역을 빠짐없이! 동아출판 초등 교재 라인업
초등력
비주얼씽킹 과학
초능력
비주얼씽킹 초등 한국사
초능력
수학 연산
초능력
급수 한자
초능력
국어 독해
초등 영역별 기초학습서
초능력 국어 / 수학 / 과학 / 한국사 / 한자
BEST
초능력
맞춤법 + 받아쓰기
초등 국어
1·2
2022 개정 교육과정
쉽고 빠른 맞춤법 학습
받아쓰기 단계별 연습
국어 교과서 어휘 학습
초고필
비문학 독해 1
5-6학년
예비 중등
초고필
유리수의 사칙연산
초고필
지금, 국어 문법을 해야 할 때
초고필
국어 어휘
초고필
한국사
반편성 배치고사 + 진단평가
예비 중등
초고필 국어 / 수학 / 한국사
적중 반편성 배치고사 + 진단평가